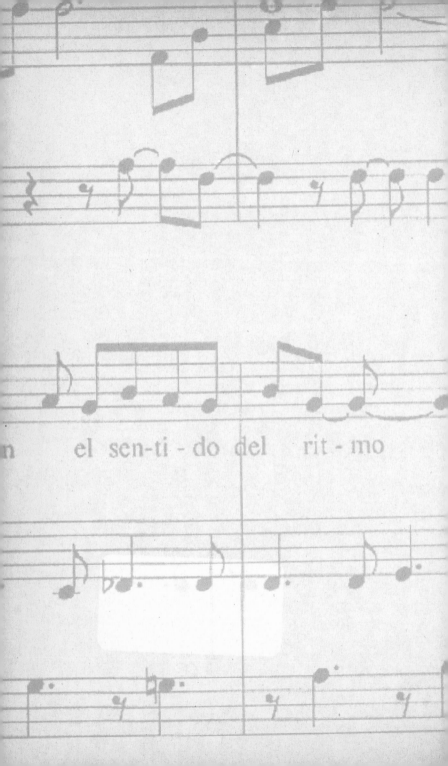

el sen-ti - do del rit - mo

Recordando a Tito Puente El Rey del Timbal

Recordando a Tito Puente
El Rey del Timbal

Steven Loza

Random House Español
New York

UN LIBRO RANDOM HOUSE ESPAÑOL, NOVIEMBRE 2000
PRIMERA EDICIÓN
Traducción copyright © 2000 por Random House, Inc.

Publicado por Random House Español, una división de Random House
Information Group, 280 Park Avenue, New York, New York 10017. Miembro de
Random House Company. Fue publicado por primera vez, en inglés, en 1999
por University of Illinois Press, bajo el título *Tito Puente and the Making of Latin
Music*. Copyright © 1999 por Board of Trustees of the University of Illinois.
Random House, Inc. Nueva York, Toronto, Londres, Sidney, Auckland.

www.randomhouse.com
RANDOM HOUSE ESPAÑOL y colofón son marcas registradas de Random
House Information Group.
Impreso en los Estados Unidos de América.
Traducido por Amalia Laverde de Forero
Diseño por Vincent Gagliostro

Library of Congress Cataloging-in-Publication data available
ISBN 0-609-81079-0
10 9 8 7 6 5 4 3 2 1
Primera Edición

Un canto a mi padre,

Rubén G. Loza,

quien me enseñó a amar . . .

y

a Max Salazar,

quien amaba la música;

a Urs Jacob,

quien creía en la música;

a Josie Powell,

quien bailaba la música;

a Joe Conzo, quien vivía la música;

y a Tito.

n   el sen-ti - do del   rit - mo

Contenido

Agradecimientos

Estoy en deuda con muchas personas y compañías, por su participación invaluable en la realización de este libro. Sin su dedicación y asistencia este libro no se habría terminado. Agradezco especialmente a las siguientes dependencias de la UCLA, el Centro latinoamericano, el Comité del Senado para la Investigación Académica, el Centro César Chávez y la Rectoría de Desarrollo Académico, por las diversas concesiones otorgadas. Dichos privilegios, consolidaron el trabajo de campo y la asistencia de investigación que fueron parte integral del proyecto. También extiendo mi reconocimiento a la Universidad Kanda, de Estudios Internacionales del Japón, que me ayudó en las etapas finales del libro, con un estipendio para investigación y muchas otras formas de ayuda, que recibí durante el año en el que enseñé en esta prestigiosa Institución durante 1996–97. Al Colegio de Artes y Arquitectura y al Departamento de Etnomusicología de la UCLA, mi hogar base, les agradezco el tiempo del Año Sabático y su apoyo constante en mi investigación y en mis clases. Deseo extender mi reconocimiento especial, por su amistad y trabajo positivo de tantos años a mis colegas, estudiantes y directivos de la UCLA.

A Urs Jacob, un amigo de toda la vida, le doy las gracias por su generosidad para conmigo, especialmente por haberme alojado en el Gershwin, su hotel en Manhattan, durante mis largos viajes de investigación a Nueva York. También debo agradecer a un hombre que ha sido mi mentor por más de veinte años, Robert Stevenson, quien fue de ayuda especial para mí al escribir este libro, ya que me proveyó de un lugar donde trabajé por tres meses, antes de viajar al Japón. Si no hubiera sido por la soledad de ese apartamento en Westwood, yo no hubiera terminado a tiempo el manuscrito. Como muchos de nosotros sabemos, el Doctor Stevenson es un enviado de Dios de muchas maneras.

Agradezco profundamente a mis colegas Daniel Sheehy, Norma Cantú y Danilo Lozano por leer cuidadosamente este texto y por sus sugerencias valiosas.

También quisiera expresar mi gratitud a los asistentes de investigación graduados, de los cuales he dependido constantemente por su trabajo generoso, meticuloso, excelente y por su dedicación. A Jay Keister, mi asistente principal de investigación durante todo el proyecto, le agradezco profundamente su siempre excelente edición, formato, entrevistas y transcripciones musicales lo mismo que su contribución administrativa en este trabajo. David Borgo, también dedicó mucho de su tiempo en la preparación del manuscrito, la transcripción de entrevistas y muchas de las transcripciones musicales (incluyendo la transcripción del intrincado solo de timbal).

Francisco Crespo, trabajó intensamente en numerosas tareas de investigación esenciales, como la transcripción de varios textos de canciones, entrevistas y muchas traducciones. También fue mi asistente principal para sacar permisos y cesiones de derechos de la industria de materiales artísticos; en este mismo campo de búsquedas detalladas y tediosas, trabajó Vicente Contreras. A ellos, a Colleen Trujillo por su lectura de prueba y a George Olshevsky quien elaboró el índice, muchísimas gracias.

También quiero expresar mi profunda gratitud a varios profesionales del campo, que me dieron ayuda directa para el libro. Ramón Rodríguez, director del Boys Harbor School for Performing Arts en Nueva York, me ofreció su asistencia invaluable, al permitirme el uso de los ricos archivos de datos históricos de la música latina del Colegio. Estoy adeudado por el permiso que él me concedió, para incorporar en mi libro gran cantidad de esos datos. También quiero expresar mi agradecimiento a Max Salazar y Joe Conzo, que con su ayuda y amistad en el proceso de investigación hicieron posible este libro; también ha sido indispensable en este trabajo Judith Mc Culloh, directora asistente del periódico de la Universidad de Illinois; su asistente Margo Chaney y su corrector de manuscritos Bruce Bethell.

Quiero reconocer especialmente a mi madre, Carmen Miranda Loza, quien ha estado a mi lado en mis luchas y alegrías y en mis períodos de "agonía y éxtasis". Ella, mis hermanos (Mitch, Bob y Jerry), mi cuñada (Rebecca) y mi padre recientemente fallecido; lo echamos de menos y lo haremos siempre, hasta que nos reunamos de nuevo.

Hace más o menos veinte años, también murió una gran dama. Ella siempre me alentó, me ayudó y creyó en mí. María Terry Miranda Roberts, mi madrina, mi tía y mi refugio, así como él de muchos otros. Espero que Dios y la tía Terry nos miren favorablemente por lo que estamos tratando de hacer.

También deseo aquí honrar la memoria de Miriam Laskofsky, otra gran dama que ha dejado este mundo.

A algunos de mis más cercanos compañeros y colegas quiero simplemente decirles "gracias" por ser mis amigos: Dwight Dickerson, Kenny Burrell, Alfonso Smith, Aarón Ballesteros, Simeón Pillich, Reggie Waddell, Danilo Lozano, Francisco Aguabella, Nati Cano, Raúl Pérez, Charlie Tovar, Miguel Delgado, Rudy López, James Wilkie, Juan Carlos Torres, Héctor Calderón, Raymond Paredes, Kenzo Kitahara, Takashi e Hiroko Sasaki, Koichiro, Yoko e Hiroaki Yaginuma, Carlos Haro y Juan Gómez-Quiñones entre otros, que han sido tan importantes para mí—¡Ustedes saben quienes son!

Finalmente, hay otra persona que ha estuvo a mi lado "todo el camino". El Maestro Tito Puente nunca me abandonó. Gracias Maestro, por todo lo que me diste. Nos has abandonado aquí en la tierra, pero nunca dejarás nuestras almas. Pronto te veremos allá en el cielo, donde podremos bailar de nuevo con tu música, esta vez en el paraíso.

Introducción

Por décadas se refirieron a Tito Puente como "El Rey" de la música latina, su arte acompasó todo, desde el mambo al cha-cha-cha, al jazz latino y la salsa. En inglés fue "The King," pero sin importar en que lengua se habló, la gente de todo el mundo le reconoció como el exponente máximo de la música latina caribeña—basada notablemente en la música afrocubana. Tito Puente fue, de acuerdo a lo que dicen muchos músicos, musicólogos y críticos, el artista que más influyó en el desarrollo de la música latinoamericana en los Estados Unidos.

James Lincoln Collier, en su libro *Louis Armstrong: Un genio americano,* caracterizó al gran maestro del jazz como el arquetipo del siglo veinte: "Primero fue un americano, durante un período en el cual el mundo veía a los Estados Unidos como la fuente de nuevas ideas, nuevas formas de pensamiento y nuevas formas de hacer las cosas. Segundo era afroamericano, en el momento en que uno de los movimientos políticos más importantes, era la lucha de los afroamericanos por la igualdad en el mundo. Finalmente, durante un siglo en el cual la expresión personal ha sido al mismo tiempo, filosofía de vida y un principio de liderazgo en el arte, Armstrong fue el genio creativo que demostró, primero las posibilidades inherentes a la improvisación en la música". (1983, 3–4).

Genio, es un término reservado para los líderes, pensadores y creadores en todo los campos de la vida. Se puede hacer un gran paralelo entre el genio de Tito Puente y el legado de Armstrong al siglo veinte: Armstrong nació en América y Puente también; Armstrong era afroamericano, con todas las implicaciones socioculturales que entraña esa herencia y Puente era latinoamericano con todas las asociaciones relativas a su legado; Armstrong fue un genio creativo de acuerdo a los valores contemporáneos del arte individual y la conexión africana con la improvisación, lo mismo que Puente.

Múltiples comparaciones, se han hecho entre Tito Puente y otros maestros de la música. Permanentemente me he referido a él como "El Ellington de la música latina". Colegas puertorriqueños se han referido a él como el Count Basie, el Bach o el Beethoven de la música latina. Con 116 álbumes en su haber (todos con él a la cabeza), Puente grabó más, se presentó en más países y disfrutó de una carrera ilustre, más que cualquier otro artista en el campo de la música latina.

Al visitar cualquier almacén de discos reconocido, garantiza lo que hemos dicho anteriormente, que Puente predominará en la sección de artistas de jazz latino; aún más, Puente predominará también en la colección de artistas de salsa. Dos mundos, dos mercados que se han asociado con la música de Tito Puente: las Américas de habla inglesa y de habla española. Sumada a esta matriz cultural, la popularidad de Tito Puente se ha extendido geográficamente, al incluir África, Asia y Europa.

Conocí a Tito, muy de cerca, durante los últimos veinte años de su vida. En los inicios de los ochenta comencé a invitarle a dirigir talleres y conferencias en la Universidad de California, Los Ángeles (UCLA) y a tocar con el grupo de estudiantes que yo dirigía, UCLATINO. En 1983, un número de la revista *Caminos,* de la que yo era editor invitado, tuvo como historia de portada una entrevista que hice con Tito. A lo largo de los años ochenta, continué invitándolo a dar conferencias y a tocar con UCLATINO y esta asociación culminó cuando en 1994, Tito fue nombrado como Conferencista Regente de la Universidad de California. Durante el tiempo que permaneció, dio muchas conferencias en la Universidad y tocó con mi grupo, un sexteto de jazz latino y con el conjunto de Poncho Sánchez en un concierto con lleno completo en el Teatro Wadsworth de la UCLA. Otros conciertos que he producido y en los que toqué con Tito, tuvieron artistas como Linda Ronstadt, Los Lobos, Poncho Sánchez, Vikki Carr, Lalo Guerrero, Daniel Valdez y el Mariachi Los Camperos de Nati Cano.

Después que mi libro *Barrio Rhythm: Mexican American Music in Los Angeles* fuera publicado en 1993, Tito me dijo que lo había disfrutado y que sentía que era una obra importante, especialmente porque lo había escrito un músico. Le pregunté si estaría de acuerdo con que yo escribiera un libro sobre él y le gustó la idea. Quiso que fuese él que escribiera el libro oficial sobre él, porque sentía que yo lo representaría como músico y como alguien que conoce de música. Me tuvo confianza y eso me inspiró aun más para escribir el libro.

La última vez que vi a Tito fue en Yale University, unos dos meses antes de su muerte. Me invitaron para hablar de su vida y él terminó el simposio con otro gran concierto. Fue allí, en el escenario, donde lo vi por última vez, tocando con toda su alma para dos mil jóvenes estudiantes universitarios. De esta manera lo recuerdo y creo que ésta es la forma en que él hubiera querido que yo lo recordara.

Fue como músico y como académico, que desarrollé una profunda amistad llena de significado con Tito y es por esta misma razón que él—antes de fallecer—me pidió que escribiera este libro. Tito Puente falleció el 31 de mayo de 2000 a las 11:05 de la mañana a causa de complicaciones durante una intervención quirúrgica. Tito fue más que una simple leyenda de la música latina, fue un hijo del pueblo, el gran orgullo de los hispanos en los Estados Unidos.

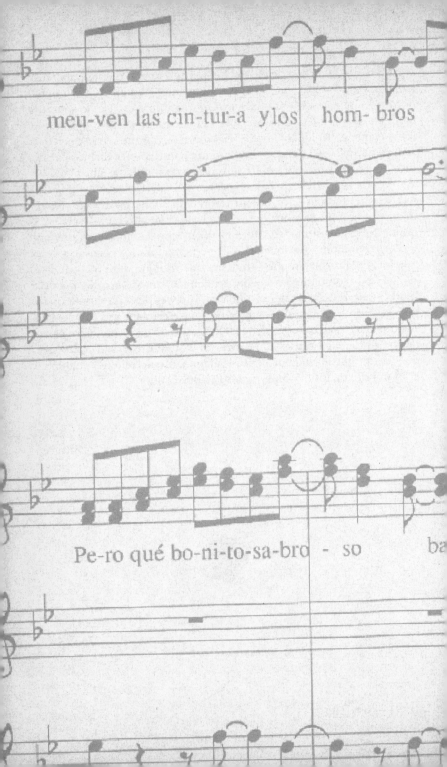

meu-ven las cin-tur-a y los hom- bros

Pe-ro qué bo-ni-to-sa-bro - so ba

Boceto histórico

El mundo que dio vida a Tito Puente fue el de Nueva York, tal como el de Nueva Orleáns—cuna del jazz—le dio vida a Louis Armstrong. Para muchos, Nueva York se sitúa primero entre aquellos sitios donde la música latina—específicamente, la música que migró de Cuba—se readapta, tal como Chicago y Nueva York readaptaron la música que migró de Nueva Orleáns.

Ernest Anthony "Tito" Puente nació el 20 de abril de 1923 en el Hospital de Harlem y fue criado en East Harlem, conocido como "Spanish Harlem" o El Barrio. Sus padres Ernest y Ercilla, emigraron de Puerto Rico a Nueva York, cuando éste ya era una "posesión" de los Estados Unidos luego de la Guerra Hispanoamericana de 1898. La familia vivía en el apartamento 1850 de Madison Avenue. En 1928 nació su hermana menor, Anna. Su hermano, Robert Anthony nació más tarde, pero murió trágicamente, cuando cayó de una escalera de incendios a la edad de 9 años. El joven Tito, hizo la primaria en los Colegios Públicos 43 y 184, Cooper Jr. High School y Galvanni Jr. High School, antes de terminar en el Central Commercial High School.

Los años de infancia representaron para Tito el desarrollo seminal de lo que sería la prolífica comunidad latina puertorriqueña. Ruth Glasser hace las siguientes observaciones en su libro sobre la música puertorriqueña, en la ciudad de Nueva York durante los años 1917 a 1940:

Aunque los puertorriqueños han estado llegando al Continente desde mediados del siglo XIX, no fue sino hasta que se le otorgó la ciudadanía de los Estados Unidos en 1917, que la gente comenzó a dejar la isla en números considerables. Como ciudadanos de los Estados Unidos, los puertorriqueños no fueron incluidos en el censo de población de los nacidos extranjeros; por lo tanto, hay una controversia sobre la cantidad de emigrados hasta 1930, en rangos estimados entre 45.000 y 100.000 (Glazer y Moynihan 1963).

Los miembros de esta migración post 1ª Guerra Mundial, se asentaron en cinco vecindarios de Brooklyn y Manhattan agrupados en las riberas, las fábricas y las industrias de cigarrillos donde conseguían sus trabajos. Dentro de estas áreas los puertorriqueños se encontraron viviendo en suburbios dispersos entre una constelación de grupos étnicos. La población de este vecindario no sólo era variable, sino en cambio constante de residencia, trabajo y relaciones políticas y sociales con sus asociados multi-étnicos . . . estratificación por clases dentro de los grupos raciales, reales para judíos, irlandeses, alemanes, afroamericanos e italianos, hizo que la clase trabajadora de diferentes etnias y antecedentes, viviera junta en suburbios, que proporcionaban hospedaje lo más cerca posible a sus trabajos. Los puertorriqueños mantenían negociaciones interétnicas diarias, con la misma gente con que vivían y trabajaban, muchas veces en la intimidad de ser huéspedes (Glasser 1995, 94–95).

La madre de Tito los alentó a él y a su hermana, Anna, a practicar la música y la danza. En 1935 entraron a formar parte de "Estrellas del Futuro," una organización montada por el director de la funeraria local. Las reuniones eran llevadas a cabo en la Iglesia Católica La Milagrosa, en 115th Street con Lenox Avenue, siendo ésta la iglesia parroquial a donde pertenecía la familia Puente y donde Tito hizo su primera comunión y donde fue confirmado. "La iglesia patrocinaba una coronación anual de los niños más talentosos, coronados rey y reina por su habilidad artística y su popularidad. Existe una fotografía, tomada en el año 1935 en la Milagrosa, que muestra al joven Tito con un uniforme azul de soldado y gorra. También aparecen allí, Anna y su amiga Olga San Juan, quien años más tarde se convertiría en actriz de cine. Tito fue coronado rey en cuatro ocasiones por ser tan buen bailarín (Salazar 1994, 5).

Años más tarde, durante la Segunda Guerra Mundial, Anna moriría adolescente, víctima de una larga enfermedad. El tiempo que

Tito pasó bailando con su hermana, le aportó una experiencia que le serviría toda su vida artística. En una entrevista con Bobby Sanabria, él recordó esta experiencia: "Annie y yo estudiamos todas las formas de baile de salón, incluyendo el tap acrobático, inspirados claro está por Fred Astaire y Ginger Rogers. Estoy orgulloso de ser uno de los pocos directores de banda que realmente sabe bailar; es algo que directores de banda más jóvenes deberían investigar" (Sanabria y Socolov 1990, 1–3).

El mundo musical de Tito abarca la diversidad; la diversidad del Nueva York multicultural y el entorno bicultural, bilingüe del barrio. Su madre lo inscribió en el Colegio de Música de Nueva York de 125th Street, cerca de la casa familiar. Las lecciones de piano costaban 25 centavos cada una y Tito recuerda que su madre "tomaría la moneda de mi padre mientras él dormía" (ibid., 1). Tito tomó lecciones de música por unos siete años, "recibiendo ocasionalmente clases privadas de la pianista Victoria Hernández, hermana del compositor más renombrado de Puerto Rico, Rafael Hernández y por Luis Varona, un joven pianista de la Orquesta Machito, quien un día tocaría en la orquesta de Tito Puente" (ibid.). Tito también estudió tambores con un tal Mr. Williams, un profesor y artista del tambor. Tito recuerda: "Él no sabía absolutamente nada de la música latina, pero yo no iba allí por ella. Me dio buenos fundamentos; la técnica del pequeño tambor militar, como interpretar diagramas y el acompañamiento en los espectáculos. Yo oiría en la radio, todas las grandes bandas del momento como Goodman, Artie Shaw, Duke Ellington e iría a teatros como el Paramount y el Strand para verlas tocar. Mi héroe era Gene Krupa y gané un concurso de tambores tocando nota por nota su solo 'Sing, Sing, Sing' "(ibid., 3).

Max Salazar, nos aporta puntos de vista adicionales, sobre varios períodos de la experiencia musical temprana de Tito:

En 1937, a los 14 años, Tito era un niño explorador y su tropa se reunía semanalmente en la Legión Americana de la calle cinco, al mismo tiempo que asistía al Central Comercial High School. En lo único en que él pensaba era en la música. Durante el recreo después del almuerzo, encontraríamos a Tito en el auditorio, con una multitud alrededor mirándolo tocar Boogie Woogie. Él y su hermana, ya habían recibido la enseñanza de un pianista llamado Blue Mountain. Durante el día, Tito era visto y oído como participante de un trío o un cuarteto en las escaleras del colegio o en la esquina de la calle, cantando "Sweet Sue", "Am I Blue", y otras canciones que popularizó el cuarteto Ink Spots. Las lecciones de piano comenzaron, cuando Tito fue impactado por el solo "Dolor Cobarde" del pianista cubano Anselmo Sacazas, grabación del Casino de La Playa RCA. Meses más tarde, comenzó a estudiar el tambor redoblante, después que se entusiasmó con Gene Krupa tocando en Goodman el solo "Sing, Sing, Sing". Aprendió saxofón alto, cuando sus padres le arrendaron una habitación al profesor Millian, maestro de música.

A los 16 años, Tito dejó la escuela para convertirse en un músico profesional. Al no tener la edad para la membresía de La Unión Local de Músicos 802 (Federación Americana de Músicos), se las ingenió para calificar para una tarjeta de Nueva Jersey. En esta época, vivía en 53 East 110th Street, entre Madison Avenue y Park Avenue. Fue en ese año que conoció a otro chico de 16 años llamado Pablo Rodríguez, quien había dejado Puerto Rico para vivir en Nueva York. Pablo vivía con su hermano Johnny en 65 East 110th Street. Pablo, quien más tarde sería conocido como el famoso "Tito Rodríguez" en el mundo de la música latina, encontró a Puente en la Casita María, un sitio de reunión de los adolescentes en el barrio donde vivían. Ambos pertenecían al mismo equipo de béisbol y eran compañeros cercanos, no sólo porque estaban orgullosos de ser puertorriqueños, sino principalmente por su interés en la música.

En diciembre de 1939, Puente consiguió un trabajo tocando tambor con una banda latina en la unión de Músicos, localizada en ese entonces en 50th Street & 6th Avenue. En el mismo asunto, estaba el pianista cubano recién llegado José Curbelo, quién quedó muy impresionado con las habilidades de Tito para el tambor. Luego de haber recibido una oferta de tres meses en Miami, Curbelo recomendó a Puente para el trabajo de redoblante. "Pensé" dijo Curbelo, "que había conocido los mejores tambores en Cuba . . . hasta que vi tocar a Tito". Por tres meses fueron compañeros de habitación, cada uno pagaba cinco dólares por semana (Salazar 1994, 16).

El conocer y trabajar con José Curbelo, llevó a Tito a experimentar uno de los más significativos aprendizajes de su carrera. Curbelo se convirtió en su mentor en la música y especialmente en los negocios. Esta relación, también le llevó a una confluencia de la cultura musical cubana con la puertorriqueña, en la ciudad de Nueva York; el interés musical fue la fuerza más importante que dirigió esta fusión. Más adelante, otro director de banda cubana, Machito (Frank Grillo), quien había llegado de Cuba a Nueva York en 1937, llegaría a ser el modelo musical principal para Puente. En los años treinta, la música cubana, no sólo había comenzado a llenar los salones de baile de Spanish Harlem, sino que se estaba extendiendo por toda la ciudad.

> Finalizando los treinta, se abrieron varios salones nocturnos elegantes en el distrito central, con nombres tales como Habana-Madrid, Club Yumuri, La Conga y Casa Cubana, quedaba claro, que estaban tratando de aprovechar la locura por la rumba y otros bailes cubanos. La demanda por la música latina por parte de la audiencia neoyorquina, estaba tan extendida, que aún salas de baile de clubes y hoteles sin orientación latina explícita, se vieron en la necesidad de contratar bandas de estilo cubano, para alternar con sus bandas de swing (Glasser 1995, 122–23).

Muy pronto, después de conocer a Curbelo, Tito comenzó a tocar los tambores para la orquesta Stork Club de Johnny Rodríguez y luego para la banda de Anselmo Sacassas en el Club Colony de Chicago. En 1941, grabó con la orquesta Suave Swing de Vincent López ("Los hijos de Buda", "Yumba", "La Conga" y "Cachita"); ese mismo año tocó para Noro Morales, grabó con Decca Records y apareció en cuatro cortos de cine representando a Morales: The Gay Ranchero, Cuban Pete, Ella, y Mexican Jumping Bean.

Poco después Tito abandonó a Machito junto con Chino Pozo, para unirse a Jack Cole Dancers. Luego retornó a la orquesta de Machito y pronto fue reclutado para la armada de los Estados Unidos. Comenzaba la Segunda Guerra Mundial.

La guerra, cambió radicalmente las vidas de gran parte de la población latina y afectó profundamente la visión que tenían de ellos mismos y su cultura. Las notas de Glasser dicen "que los músicos que emigraron a la ciudad de Nueva York, en los años entre las dos guerras mundiales, nacieron en una era de transición. Heredaron viejas tradiciones y prácticas y se beneficiaron de alguna nuevas" (Glasser 1995, 27). Los soldados latinos fueron muy condecorados como héroes en Europa y en el Pacífico Sur y la cultura latina como fuerza social dentro de la sociedad norteamericana, comenzó a tomar nuevas formas y direcciones. A nivel cultural, Hollywood y las industrias musicales y del cine comenzaron a capitalizar e incorporar temas latinoamericanos. Xavier Cugat, Carmen Miranda, el tango argentino y la rumba cubana, todos fueron representados en filmaciones y grabaciones, aunque muchas veces de forma trivial. Rita Hayworth, de padre español, fue la "chica glamorosa" durante la guerra y los americanos de diferentes etnias, comenzaron a bailar mambo junto con los otros bailes que tocaban en las grandes bandas de la época swing. Con la guerra se consolidó la cultura y la industria creció.

Puente fue reclutado en 1942 a los 19 años. Al terminar su entrenamiento, fue asignado al barco U.S.S. *Santee,* un portaaviones remodelado que escoltaba buques de abastecimiento y de pasajeros. Tito tocaba con la banda del buque saxofón alto y los tambores, para el entretenimiento de la tripulación, haciendo arreglos de tonadas como "Sunny Side of the Street", "Sweet Georgia Brown", "Green Eyes", "Just Friends", "How High the Moon", y "One O'clock Jump". Adicionalmente a su trabajo con la banda, le fue asignada la carga de las municiones para la artillería.

Durante este viaje de servicio, Puente aprendió de un piloto que tocaba el saxofón con la banda de Charlie Spivak una gran cantidad de técnicas de adaptación musical, "Él me enseñó los fundamentos para escribir una buena pauta, como anotar la parte vocal y como darle sabor a los cobres y a los vientos; durante este tiempo comencé a escribir" (Sanabria, Socolov 1990, 4). Estando todavía en la armada, Puente terminó un arreglo de la canción "El bajo de Chapotín". Le envió por correo este arreglo a Machito, quien lo hizo interpretar por su orquesta. También allí Puente fue informado de la muerte de su hermana por una meningitis. "Le dieron una licencia de emergencia y durante su estadía en casa por una semana, acompañó a sus padres a La Perla del Sur, un club social puertorriqueño en la 116th Street y Madison Avenue. Por solicitud del publico se sentó al piano y tocó "Mis Amores" dedicada a su madre y el "Claro de Luna" de Debussy, en memoria de su fallecida hermana" (Salazar 1994, 18).

Mientras sirvió en la armada, Puente estuvo en nueve batallas, tanto en el Pacífico como en el Atlántico. Fue dado de baja en 1945, con una recomendación presidencial y volvió a Nueva York en busca de su trabajo con la orquesta de Machito (una ley federal, exigía a los hombres que regresaban del servicio, recibieran de nuevo sus trabajos de antes de la guerra). Uba Nieto, quien había reemplazado a Puente como percusionista con Machito, tenía una familia que mantener y ambos, Machito y Puente, aceptaron que sería mejor que Nieto se quedara con el puesto. Puente fue contratado por la banda Copacabana de Frank Martí. Luego trabajó en la orquesta de José Curbelo y con una banda brasileña, dirigida por Fernando Alvarez (que tenía a Charlie Palmieri en el piano) hasta que finalmente en septiembre de 1947, se convirtió en timbalero, contratante y director musical de la orquesta de Pupi Campo. Fue allí donde Puente conoció al trompetista Jimmy Frisaura, un veterano de las grandes bandas, que continuó tocando y fue contratista en las bandas de Tito por más de 40 años. Ambos llegaron a ser los más grandes amigos. (Frisaura murió el 26 de febrero de 1998.)

La ciudad de Nueva York cambió dramáticamente en el período de la posguerra, especialmente en los sectores puertorriqueños y latinos. Aunque la migración desde Puerto Rico hacia los Estados Unidos, había sido importante desde la niñez de Puente, el movimiento masivo hacia el continente ocurrió después de la Segunda Guerra Mundial. Las razones para esto fueron principalmente económicas, los puertorriqueños fueron atraídos también por la presencia de sus compatriotas establecidos en Nueva York. La relevancia cultural, incluyendo la música, era parte del barrio. A fin de cuentas, era en Nueva York donde los líderes musicales puertorriqueños, como el Canario y Rafael Hernández habían estado tocando y grabando. La composición de Hernández "Lamento borincano", que significó tanto para Puerto Rico durante la guerra, había sido compuesta y grabada en la ciudad de Nueva York. Otro factor de la postguerra fue el que Jorge Duany llamó "El intercambio continuo entre Nueva York y San Juan", que "intensificado por los vuelos comerciales económicos después de la guerra, han creado un circuito migratorio entre estas dos ciudades, que mantienen lazos de parentesco y amistad en las dos playas" (Duany 1984).

Inmediatamente después de la guerra, mientras trabajó con las bandas de Martí, Curbelo, Alvarez y Campo, Puente pasó mucho tiempo estudiando en el Juilliard School of Music. Becas del gobierno le permitieron cubrir el costo de la matriculación en este prestigioso colegio, donde estudió orquestación, dirección y teoría desde 1945 hasta 1947. Durante este período, incrementó sus habilidades de composición y arreglos, estudiando el método Schillinger con Richard Bender. "Este método, desarrollado por el matemático y teórico Joseph Schillinger, fue popular entre los músicos de jazz, como Stan Kenton, cuyos escritos influenciaron bastante a Tito" (Sanabria y Socolov 1990, 5). Puente mismo dijo, "Mi aspiración al estudiar a

Schillinger, era escribir partituras musicales, pero fui desviado al convertirme en director de banda" (ibid.).*

Otra faceta musical que Puente desarrolló extensamente en este período fue el vibráfono, muy usada por los músicos jóvenes y que estaba siendo ajustada para la interpretación de baladas.

Entre muchos de los pianistas que tocaron en la orquesta de Pupi Campo durante el ejercicio de Puente, estaba José Esteves Jr., conocido por el público como "Joe Loco", un compositor y arreglista talentoso. Loco y Puente colaboraron en muchos arreglos ejecutados por la orquesta de Campo, que comenzó a ser reconocida como una de las mejores bandas latinas de su tiempo. Cada uno de ellos se aseguraba de lograr el crédito por su trabajo, haciendo que su nombre, apareciera en el rótulo de cada grabación. Algunos de los arreglos de Tito Puente fueron, "How High the Moon", "Son de la loma", "Está friazo" y "Piérdete", y otros arreglos de su propia música son "Pilarena", "Cuando te vea" y "El mambo de Earl Wilson" (Salazar 1994, 18).

La era del Palladium

Uno de los momentos más importantes en el desarrollo y la popularización de la música latina, fue el período del Palladium Ballroom, al final de los cuarenta y durante los cincuenta (el club permaneció abierto hasta 1966). Fue en el Palladium donde orquestas como la de Machito, Tito Puente y Tito Rodríguez cambiaron el curso del estilo musical en la ciudad de Nueva York y en todas partes. Localizado en el centro de Manhattan, el club se convirtió en un foro multicultural, para lo que hoy se podría llamar arte de la ejecución. Los músicos de jazz se interesaron por el mambo y los latinos, como Mario Bauzá, incorporaron el jazz y el bop en arreglos de baile. Un almácigo de intercambio musical nuevo estaba emergiendo. Tito Puente jugó un papel importante en el desarrollo del Palladium y su popularidad.

Federico Pagani, promotor de bailes, le ofreció a Puente un matinée dominical de baile en el Alma Dance Studios (que al año

---

* Joseph Schillinger, fue un académico ruso, que enseñó, compuso y escribió extensos trabajos teóricos. Entre las instituciones en las que enseñó están el New School for Social Research, New York University y Columbia University. Escribió el muy apreciado libro *Mathematical Basis of the Arts*. Para más información, ver Schillinger 1940.

siguiente se convertiría en el Palladium Ballroom) con una banda de músicos escogidos. Después que Tito aceptó, Pagani dijo, "Presentaré su grupo como 'The Picadilly Boys'". Los muchachos, en su mayoría de la banda de Campo, eran: Jimmy Frisaura, Al Di Risi, Tony Di Risi (trompetas), Manuel Patot (bajo), Angel Rosa (vocal), Chino Pozo (bongoes) y pianistas en diferentes ocasiones, Al Escobar, Luis Varona y Charlie Palmieri, con Tito Puente en los timbales y el vibráfono.

    "Tito era increíblemente bueno", recuerda Pagani, "tenía un sonido fresco, con influencia de jazz. Por semanas, después de la presentación, su nombre seguía siendo recordado . . . los bailarines querían oír más de su música". En la semana previa al 1° de junio de 1949, antes de la sesión de grabación en el Spanish Music Center Alfredito Valdés, Tito escribió arreglos para "El mambo de Broadway", "Enchanted Cubano", "Afro-Cuban Serenade", y "Picadillo", tonada que fue rebautizada por el dueño de SMC, Gabriel Oller, como "The Arthur Murray Rumba" (Salazar 1994, 18).

    Hacia marzo de 1949, Puente estaba listo para volverse un director de banda independiente. Luego de notificar a Campo, procedió a llevarse varios de sus músicos, los que constituían el corazón de los Picadilly Boys. La nueva banda de Puente, ahora incluía a Jimmy Frisaura (primera trompeta), Chino González (segunda trompeta), Luis Varona (piano), Angel Rosa (vocal), Manuel Patot (bajo), Manny Oquendo (bongoes) y Frank (Frankie) Colón (conga). Puente tocaba los timbales, el vibráfono y los tambores. De acuerdo a Salazar (1994, 20), el conjunto ejecutaba principalmente arreglos del Pop Americano Instrumental, en los cuales Colón (conga) no tocaba, pero el gran esfuerzo que esto significaba, fue bien expresado por Sanabria: "Desde aquella ejecución del matinée, Tito Puente nunca dejaría de ser director de banda" (Sanabria y Socolov 1990, 5).

    Uno de los aspectos esenciales para la decisión de Pagani, de presentar las mejores orquestas latinas en el Palladium, fue el contexto intercultural de las salas de baile. "Por primera vez, los latinos y los afroamericanos, venían al centro a oír y a bailar el nuevo y excitante sonido del mambo, ejecutado por sus preferidos. Machito, José Curbelo y Noro Morales (también por Miguelito Valdés y Marcelino Guerra)" (Sanabria y Socolov 1990, 5). Determinando el papel de semillero del Palladium, Vernon Boggs nos ofrece otro punto de vista.

    La música latina ha sido entregada en dos modalidades: una para los residentes de Harlem, primordialmente hispanos y la otra para los residentes del centro, primordialmente blancos. Durante los años siguientes, las cosas comenzaron a cambiar drásticamente; la música latina bajó al centro y se "unificó". . . . Para el cambio de década (1950) el Palladium, se había convertido en uno de los más importantes clubes de danza latina en la ciudad de Nueva York. Aunque la sala de baile Park Palace, situada en la calle 110th Street y 5th Avenue, aun podía alardear sobre las bandas latinas que tocaban allí, el Palladium, situado en Broadway, comenzaba a perfilarse como una institución de baile latino (Boggs 1992, 127, 128).

El Palladium existió desde 1942 y en 1949 Max Hyman le compró el club a Tommy Morton y lo renovó. Complacido por el número creciente de clientes latinos, Imán le dio un nuevo nombre al club y comenzó a tocar más música latina. Puente se convirtió en una de sus mayores atracciones y él recuerda que "El Palladium era un fenómeno. . . . Las noches de los miércoles, 'Killer Joe' Piro le enseñaba los pasos del mambo a la muchedumbre. El lugar era un caldero enorme donde se fundían—judíos, italianos, irlandeses, afroamericanos, puertorriqueños, cubanos, lo que se le ocurra. Todo el mundo era igual bajo el techo del Palladium, porque todo el que iba allí, iba por la música y el baile" (Sanabria y Socolov 1990, 6). Sanabria también dice lo siguiente: "El Palladium atraía a la élite del arte y la literatura en Nueva York y a las estrellas de Hollywood. Cualquier noche Sammy Davis Jr., Jackson Pollack, Marlene Dietrich, Allen Ginsberg, Le Roi Jones (Amiri Baraka) o Kim Novak podían ser vistos en la pista de baile o podríamos encontrar a Marlon Brando sentado ante un bongó con la orquesta de Machito" (ibid.). Tomando prestado un comentario que Max Salazar dice en un próximo capítulo, se podría decir que el Palladium y su música latina hicieron más por la integración que todas las teorías y métodos de los sociólogos. La música, la danza y el arte de todo esto parece cautivar el alma, exorcizando las restricciones físicas y culturales de una sociedad segregada históricamente.

La orquesta de Tito Puente

La recién formada orquesta de Tito Puente, hizo su estreno formal en el club El Patio, en Atlantic Beach, Nueva Jersey, el 4 de julio de 1949. Al poco tiempo, Puente expandió su grupo de siete a nueve miembros, adicionando una tercera trompeta, Tony Di Risi y un bongó, Chino Pozo. Por esta misma época el director de la banda Tito

Rodríguez, quien conocía a Puente desde la infancia, lo contrató para que le hiciera arreglos de grabación para "Un Yeremico", "Frisao con gusto", "Guararé" y "Mango del Monte". La grabación de Rodríguez, se llevó a cabo el 31 de agosto de 1949, en el estudio del Spanish Music Center.

En septiembre de 1949, el *sonero* cubano Vicentico Valdés, comenzó a cantar con la orquesta de Puente, estrenándose con la banda y siendo invitado a cantar el bolero "Tus ojos" (una de las primeras grabaciones de Puente, donde él tocaba el vibráfono) en el Palladium. Finalizando 1949, Puente grababa orquestaciones para cuatro trompetas, tres trombones, cuatro saxofones y una sección completa de ritmo para piano, bajos, timbales, congas y bongoes. Él usó estos instrumentos para grabar "Un corazón", "Sólo tu y yo" y "Mambo macoco". En la grabación inicial de "Abaniquito", su primer gran éxito, eliminó las secciones de saxofones y trombones, dejando únicamente las cuatro trompetas (Frisaura, Di Risi, González y Mario Bauzá). Para las voces usó a Vicentico Valdés, Graciela y Frankie Colón. El disk jockey Dick "Ricardo" Sugar, contratado por Tito Records como anfitrión para un programa de 15 minutos y para poner al aire sus grabaciones, tocó "Abaniquito" cada noche y permitió que Puente y Valdés obtuvieran reconocimiento inmediato (Salazar 1994, 20). En un artículo sobre Valdés, Salazar escribió, "Fue la ardiente improvisación de Valdés y los estremecedores solos de trompeta de Mario Bauzá, los que hicieron correr la adrenalina y permitieron que 'Abaniquito' fuera identificado con el Palladium" (Salazar 1993, 29).

Los cambios de personal continuaron en la orquesta de Puente y en 1950 Charlie Palmieri, reemplazó al pianista Gil López. En 1951, Mongo Santamaría reemplazó a Frankie Colón en las congas. Fue también por esta época que comenzó una rivalidad notoria y a veces exagerada, entre Tito Puente y Tito Rodríguez. En una entrevista, conducida por el músico Willie Rosario en 1967, Tito Rodríguez respondió a una serie de sensacionalismos míticos sobre sus relaciones con Tito Puente.

Rosario: Aclaremos algo para el público de Nueva York, para sus admiradores. Hay un interrogante sobre sí aparecería como Rodríguez/Puente. ¿Qué cree . . . su orquesta . . . siempre se ha dicho, que si los dos Titos aparecieran juntos sería el baile del año.

Rodríguez: Sí. (*Se ríe*)

Rosario: El baile que produciría la mayor cantidad de dinero. ¿Cuál es la verdad sobre esto Rodríguez?

Rodríguez: No. La verdad es que cuando yo tenía mi orquesta él y yo fuimos amigos por mucho tiempo, ¿no? Por lo menos de mi parte, yo no tengo nada en contra de Rodríguez/Puente. Y nunca lo tuve. Pero fuimos rivales, usted sabe como es de buena la rivalidad para los negocios.

Rosario: Sí.

Rodríguez: Y claro, cuando uno tiene negocios, los protege, tal como yo protegí mi orquesta. Como él protegió la suya. Eso es algo por lo que no se le puede culpar, por la simple razón, que él había invertido allí. Es la manera de ganarse la vida. Y era la manera de ganarme la mía. Y cada vez que nos llamaban para tocar en un baile, él insistía en que su nombre fuera primero. Y cuando me llamaban a mí, yo insistía en que el primero fuera mi nombre (*se ríe*). Y es por eso que el baile nunca se hizo realidad. Nunca fue por que él tuviera algo en mi contra o yo en la suya. Era tan solo un problema que aparecía por las cuentas, por cómo aparecerían los nombres en los tiquetes, en las taquillas, en los carteles, en los "desprendibles" y en el resto.

Rosario: En otras palabras, ¿por las cláusulas de los contratos?

Rodríguez: Mi contrato especificaba que yo tenía el 100 por ciento de la primera cartecera en todos los contratos de los bailes en donde toqué. Él tenía lo mismo.

Rosario: ¿Lo mismo?

Rodríguez: La misma cláusula. Por lo tanto nunca sería posible hacer un evento único.

Rosario: Entonces esa es la verdad . . . fue una cuestión de—¿cómo se dice?—¿fricción profesional?

Rodríguez: No, no, no.

Rosario: Bueno, usted sabe que esto también ocurre en la industria del cine; por ejemplo, un artista de la talla de Richard Burton, cuando trabaja con otros como Richard Harris ambos quieren que su nombre sea el primero en el entoldado.

Rodríguez: Sí, sí.

Rosario: Como son grandes estrellas para evitar estos problemas los ponen por orden alfabético.

Rodríguez: En tal caso no quiero llegar allí. Sólo imagínelo ya estaría perdido pues el mío comienza . . .

Rosario y Rodríguez:—Con "R". (*risas*)

Voz: ¡Y presentando a los dos Titos!

Rosario: No. No era posible por las reglas de los contratos.

Rodríguez: ¿Por los contratos, que existían en las cláusulas de los dos?

Rosario: Exactamente.

Voz: ¿Entonces nunca aparecieron juntos?

Rodríguez: Bueno, sí. Al comienzo, cuando empezamos trabajamos juntos. No sé cual de los dos comenzó con esto y desafortunadamente algunas veces cuando uno dice algo, cuando dice algunas palabras que la gente repite y repite cuando han pasado por 50 o 100 personas, cambia.

Rosario: Sí.

Rodríguez: Lo que pasó fue que cambió. Y es por eso que tanta gente . . . piensa que hay algo más. Pero no. ¡No es cierto! Eso es lo que pasó en este caso, él tenía esa cláusula y yo también la tenía y es por eso que nunca pudimos presentarnos juntos. Pero sobre si existe algo más . . . de mi parte, nada. Nada ha existido, ni existirá jamás por que yo le considero como un gran talento . . . enorme. Era un buen músico y además puertorriqueño como yo.

Rosario: Exactamente, eso es algo que debemos recordar siempre. Bueno, el público le reconoce como un cantante, tanto en el campo de las guarachas como en el de los boleros; pero hay algunos que no le han visto ejecutar. No vieron sus presentaciones con su orquesta, no saben la cantidad de instrumentos que usted sabe tocar. Por ejemplo, sé que tocó el redoblante por algún tiempo.

Rodríguez: Sí, verdaderamente nunca estudié el tambor redoblante. Hice unas grabaciones con los timbales y en algunos discos hago solos de bongó, pero . . . no fue algo que yo estudiara. Yo . . . no sé. Sentí esto . . . la habilidad natural. Tengo un don para ello. El único instrumento que realmente estudié y lo hice por cuatro años, fue el vibráfono. Lo estudié con un profesor de Julliard . . . del Julliard School of Music. Grabé algunos discos con ella pero decidí no usarla más, pues cuando se presentó el problema de si los Titos estaban en competencia entre ellos, no quería formar una orquesta que sonara como la de él, ¿verdad?

Rosario: Oh, claro.

Rodríguez: Siempre pensé que para tener una orquesta exitosa, debería tener mi propio estilo y mi propio sonido.

Rosario: Y lo hizo.

Rodríguez: Sí, lo logré.

(Entrevista en la estación de radio WADO, Nueva York, el 12 de marzo de 1967; conducida por Willie Rosario).

Sanabria también consciente de las exageraciones en las "cuentas" en ese tiempo, anota el impacto que se hizo común en las orquestas de Machito, Rodríguez y Puente: "Hacia 1950 Tito grababa sin descanso discos de 78 para Tico, RCA, SMC y Verne, bajo nombres como Tito Puente y los Diablos del Mambo, Tito Puente y su Conjunto, Tito Puente y sus Muchachos del Mambo. El mambo era la locura y se desarrolló de dos maneras distintas: la forma más comercial representada por la orquesta de Xavier Cugat y la de Pérez Prado y un híbrido de jazz afrocubano de las orquestas de Machito, Tito Puente y más tarde Tito Rodríguez" (Sanabria y Socolov 1990, 6).

En su mayoría, Puente emulaba el trabajo de Machito, Mario Bauzá y el arreglista de piano René Hernández, quien también hizo muchos arreglos para Puente, Rodríguez y otros. Puente comentó: "La orquesta de Machito siempre estuvo adelantada a su tiempo, combinando jazz y latina. Yo quería mantener esto" (Sanabria y Socolov 1990, 6). La capacidad de grabación de Puente comenzó su marcha productiva, "cuando cubop estaba en lo más alto de su popularidad y Tito Puente tenía agitadas pautas afrocubanas, que se oirían en vivo desde Birdland el 22 de septiembre de 1952 (en el show de radio Sinfonía de Sid Torin, una tarde). Tito Puente conquistó a Nueva York con 'Babarabatiri,' 'El Mambo de Carl Miller,' 'Ran Kan Kan,' 'Mambo Inn,' 'Mambo City,' y 'Esy'" (Salazar 1994, 20).

La controversia sobre el "auténtico mambo" tuvo su aliciente, en la comparación entre el mambo internacionalmente popular de Pérez Prado y el estilo del mambo de las orquestas del Palladium. John Storm Roberts, descaradamente proclamó lo siguiente en su libro *The Latin Tinge: The Impact of Latin American Music on the United States*:

> Prado tuvo menos éxito en Nueva York, donde el sonido de sus pesados cobres y su excesiva simplificación, no caían bien a los huéspedes del Waldorf-Astoria, acostumbrados a Xavier Cugat ni tampoco al corazón del público latino, acostumbrado a la mayor sofisticación de Machito y Curbelo, Tito Puente y Tito Rodríguez. Más para la mayoría, fuera de los ya nombrados, Prado simbolizó el mambo para el público americano—y su comercialización para la mayoría de los latinos.
>
> Al final, Prado difícilmente superó los problemas causados por su popularidad. La tensión entre el presentador y el artista creativo frecuentemente ha sido fructífera como lo ilustran los trabajos de Puente y Machito. Aún en sus mejores momentos, el trabajo de Prado lo sufría; tal vez por que le faltaba un grupo claramente definido, capaz de relacionar al mismo tiempo los dos elementos, así que sucumbió a la tentación de diluirse en exceso, impulsado por sus considerables triunfos durante el comienzo de los años cincuenta.
>
> Si Prado simbolizó, a la larga el impacto del mambo en el público americano, Tito Puente y Tito Rodríguez simbolizaron su logro creativo. La gran era del mambo en Nueva York, se puede decir que comienza en 1952, cuando el Palladium empezó a tocar solo mambo, presentando las grandes bandas de Puente, Rodríguez y Machito (Roberts 1979, 127, 29).

Sin embargo, hay puntos de vista contrastantes respecto a los logros y a las innovaciones de Pérez Prado. Según dicen muchos críticos, la importancia de su versión del mambo no solo igualó a la de los neoyorquinos, sino a la de los intérpretes originales del mambo, Orestes y Cachao López durante el tiempo en que tocaron con Antonio Arcaño en Cuba. El estilo de Pérez Prado no era solo comercialmente viable, era virtuoso, fácilmente bailable, orquestado soberbiamente y en diferentes épocas interpretado por algunos de los mejores músicos de Cuba, México y los Estados Unidos. De todas maneras se debe reconocer que el mambo del Palladium, ejerció una profunda influencia, llegando a ser una fuerza social y artística que eventualmente modeló a muchos músicos jóvenes que nacían y afectó no sólo la música latina, sino el jazz, el pop y la clásica también. Esta influencia es especialmente pertinente con respecto a los beboppers de los años cuarenta y los cincuenta. Dizzy Gillespie, Charlie Parker, Max Roach y Thelonious Monk estaban entre los principales músicos de jazz que incorporaron el mambo y sus formas relacionadas. Muchos músicos en el club de jazz Birdland, a una cuadra del Palladium, fueron expuestos a la nueva música latina creada allí. La mezcla de jazz y latina era llamada con frecuencia "cubop" y comenzó un movimiento que eventualmente evolucionó en otros títulos como jazz-mambo, jazz afrocubano y jazz latino.

El periodo de 1951–1960 fue fértil para la orquesta de Tito Puente, Mongo Santamaría y Willie Bobo, se unieron a la orquesta y ambos tuvieron más adelante carreras exitosas como solistas en sus propias bandas. Durante esta época (1952–1955) Puente grababa con Tico Records donde se le daba mucha libertad de experimentación. Uno de sus álbumes más innovadores, *Puente in Percussion,* fue grabado en 1955. El álbum fue grabado solo con percusión y bajo, sin cornos ni piano. Eventualmente los álbumes de solo percusión se hicieron más comunes en los sellos de música latina comercial, pero en su momento este esfuerzo fue un hito creativo. En una entrevista con Bobby Sanabria, Puente recordó el proyecto:

> George Goldner, un ejecutivo de Tico, no estaba de acuerdo con el proyecto al comienzo. No podía imaginarme haciendo un álbum sin piano ni cornos. Le expliqué el significado del tambor en el Africa; sus usos en las danzas religiosas rituales y en la comunicación y como la tradición nos llegó a nosotros en América latina. Finalmente me autorizó con la condición que usáramos el estudio tarde en las noches para mantener los costos bajos, grabamos todo en una o dos sesiones y el álbum tuvo mucho éxito desde el punto de vista de las ventas y también por la calidad de los tambores (Sanabria y Socolov 1990, 22).

El año 1955 fue especialmente importante para las primeras grabaciones de Tito Puente. La RCA sacó un álbum que era la compilación de sus grabaciones en 1978. También fue el año, en el que Puente aceptó tener un contrato exclusivo de grabación con la RCA. En los años siguientes, la producción de LPs del artista para el sello, fue prolífica, aunque él nunca estuvo del todo satisfecho con el papel de la compañía. Le hizo el siguiente comentario a Sanabria:

> En ese entonces, la RCA estaba encantada con Pérez Prado y Alacaraz, y los empujaba hacia una mayor audiencia por el fácil acercamiento que tenían hacia la música latina. Y aquí estaba yo, listo para grabar nuevos arreglos y composiciones y me tuvieron esperando por tres meses. Finalmente tuve que acercarme a sus oficinas y formar un lío. De allí en adelante en la RCA me llamaban "El pequeño César". La RCA no sabía como manejar la música latina, todavía no lo saben. Me trataron como un pequeño artista local aunque yo les rendía muchos discos (Sanabria y Socolov 1990, 22).

Entre 1955 y 1960 la orquesta de Puente tuvo muchos cambios de personal. En 1956 el *sonero* Santos Colón, dejó la orquesta de José Curbelo para unirse a la de Puente, convirtiéndose en una de las figuras más populares y dinámicas de la orquesta de Puente. En 1957, Mongo Santamaría y Willie Bobo dejaron a Puente para unirse al grupo de jazz latino de Cal Tjader.

El primer álbum altamente exitoso de Puente con la RCA fue *Cuban Carnival* grabado en 1956. Más tarde en ese mismo año, grabó *Puente Goes Jazz*, álbum que también alcanzó gran éxito comercial, vendiendo 28.000 copias en dos semanas el álbum presentaba arreglos instrumentales de Puente sobre varias obras de jazz conocidas y una composición original.

En 1957, Puente grabó dos álbumes, continuación de trabajos anteriores. Uno de ellos complementaba *Puente Goes Jazz* y su título *Night Beat,* representaba arreglos de jazz con músicos como el trompetista Doc Severinsen. El otro álbum explotaba los tambores afrocubanos, complementando el álbum de 1955 *Puente in Percussion.* Con el nombre de *Top Percussion,* la grabación presenta percusionistas como Mongo Santamaría, Willie Bobo, Francisco Aquabella, Julito Collazo, Enrique Martí, el bajo Evaristo Baro y un coro (El Viejo Machucho, Merceditas y Collazo) interpretando el lucumí, (yoruba) cantos de alabanza de la *santería* afrocubana, que es una tradición religiosa. Tito se había interesado por la *santería* y más adelante sería un iniciado de la *orisha* Obatalá. *Top Percussion* mostró a una gran cantidad de público que lo desconocía, la naturaleza inseparable de la religión africana con la música y sus lazos profundos con el ritmo latino.

Otro gran evento que ocurrió en 1957, fue el reconocimiento formal por parte del gobierno cubano, de Tito Puente como uno de los grandes músicos cubanos de los últimos 50 años. La inclusión de Puente en este acto fue patrocinada y trabajada con gran esfuerzo por Mario Bauzá y Puente se convirtió en el único no-cubano reconocido allí.

A finales de 1957, Puente y su orquesta grabaron su álbum comercial y artísticamente más exitoso, *Dance Mania,* que para 1994 había vendido más de 500.000 copias. El primer vocalista Santos Colón, presentó una variedad de arreglos basados en los diferentes ritmos bailables cubanos, incluyendo *son montuno, guaguanco,* mambo, cha-cha-cha y boleros. Los percusionistas presentados en el álbum fueron Ray Barretto, Julito Collazo y Ray Rodríguez. Puente hizo los arreglos musicales y tocó los timbales, el vibráfono y la marimba. En las notas para la reedición del álbum, el cubano Domingo Echevarría y el puertorriqueño Harry Sepúlveda escribieron lo siguiente:

> (La grabación) también presenta el debut vocal del sensual sonero puertorriqueño vocalista Santitos Colón (antes cantaba para el famoso arreglista y pianista José Curbelo); el joven y dinámico Ray Barretto tocaba las congas y estaba surgiendo como director de banda; el pianista puertorriqueño, arreglista y compositor Ray Coen; el maestro cubano de los tambores Julito Collazo; el famoso y grande Bobby Rodríguez en el bajo; en los bongoes Ray Rodríguez; lo mismo que las secciones de las brillantes trompetas y el saxofón—complementadas con el trabajo espectacular del coro de Vitín Avilés, Otto Olivar y Santitos Colón. Hay aquí gran sonido y gran música—un tributo a todos los bailarines de la época del gran Palladium Ballroom de Nueva York . . . Si alguna vez un álbum mereció este título, ¡fue éste! Es un paraíso para los bailarines, una cosecha de música colorida y rítmica, tocada por una de las mejores orquestas de música bailable latina y afrocubana del mundo (Echevarría y Sepúlveda 1991).

Uno de los mayores éxitos de *Dance Mania* fue "Cayuco", que fue y continúa siendo el baile favorito de los aficionados. También en el LP estaba "Hong Kong Mambo", original de Tito Puente, con él tocando en la marimba, un riff imitando la estructura del Lejano Oriente. "3-D Mambo", un arreglo instrumental, compuesto por Ray Santos, fue representativo de la influencia del jazz en la grabación. "Varsity Drag Mambo" fue otro arreglo para el álbum, que adaptaba una forma más temprana de la influencia del jazz, que aquella del estilo swing de la gran banda, convirtiéndose en la base rítmica del mambo.

En su excelente boceto biográfico de Tito Puente, publicado en *HIP*, Bobby Sanabria ofrece la siguiente sinopsis del trabajo de Puente, posterior a *Dance Mania*:

> Tito mantuvo una agenda de grabación variada y laboriosa durante los años finales de la década produciendo *Tambo*,* una profundización en temas afrocubanos, *More Dance Mania*, un álbum de puro baile y grabaciones de grandes bandas con Count Basie, Woody Herman, Charlie Barnett y Abbe Lane. En 1960, Puente colaboro con Buddy Morrow y su trombón para la grabación de *Revolving Bandstand*. El concepto radical de Tito sobre el álbum, hizo que se reunieran en el estudio dos grandes bandas , la primera con una sección de ritmos latinos y la otra con una sección de ritmos de jazz. "Primero", Tito explicó, "la gran banda de jazz tocará una pieza como 'Autumn Leaves' dándole su propio tratamiento. Luego la gran banda latina hará un puente tocando la misma tonada con su estilo auténtico". El álbum, que no salió al público hasta 1970, mostraba las habilidades de Tito como conductor y arreglista, mezclando su profundo conocimiento de ambos lenguajes, latino y jazz. *Revolving Bandstand* fue la última grabación de Tito para la RCA. Joe Conzo, productor y por mucho tiempo publicista de Tito dice: "Tito grabó literalmente cientos de pistas inéditas para RCA. Ellos nunca entendieron el gran talento que tenían con Tito" (Sanabria y Socolov 1990, 22).

Luego de dejar la RCA, Tito grabó un álbum en 1961, que se volvería uno de sus favoritos, *Puente in Hollywood* (retitulado *Puente Now*). El álbum fue producido por Norman Granz para su sello GNP. De allí, Puente regresó a grabar con su primer sello, Tico Records. Al año siguiente comenzó un período de reconocimientos internacionales y de aclamación para el director de la banda; hizo la primera de muchas giras en concierto al Japón, popularizando así la música

---

* *Tambo*, presentó el importantísimo flautista cubano Alberto Socarrás junto con las trompetas de Bernie Glow, Ernie Royal y Doc Severinsen.

latina junto con Pérez Prado y otros artistas latinos. Salazar anota que desde 1960 al presente Tito Puente ha sobrevivido a muchos ritmos nuevos, como pachanga y boogaloo, soul latino, y disco, ritmos que han servido para coronar nuevos reyes de la música latina, como Johnny Pacheco, Charlie Palmieri, Joe Cuba, Johnny Colón, Eddie Palmieri, Ray Barretto y Larry Harlow (Salazar 1994, 20).

Puente también comenzó a recibir nuevas oportunidades fuera del reino de la industria de la música latina. En 1967 presentó un concierto de sus composiciones en la Metropolitan Opera en Nueva York y al final de los años sesenta fue anfitrión de su propio programa de televisión, *El Mundo de Tito Puente* en una cadena de televisión de habla hispana. En 1968, sirvió como maestro de ceremonias para el desfile del Día de Puerto Rico en Nueva York y en 1969, recibió las llaves de la ciudad del alcalde John Lindsay.

Durante los años sesenta, Puente grabó un número significativo de LPs con dos importantes cantantes femeninas, Celia Cruz y La Lupe. Entre estas grabaciones del sello Tico estaban *Cuba y Puerto Rico son . . . , Quimbo, Quimbumbia* (ambas con Celia Cruz), *Etc., Etc., Etc.,* con Celia Cruz, *Puente Swings La Lupe, Tú y Yo: Tito Puente and La Lupe, The King and I—El rey y Yo* y *Homenaje a Rafael Hernández* (con La Lupe). La Lupe se presentó como vocalista con la orquesta de Puente en varias ocasiones entre 1965 y 1969. Extraordinaria vocalista y ejecutante, ella medió intensamente para mejorar el papel de la mujer no sólo en la orquesta de Puente sino en la música latina en general. Aunque Celia Cruz ha sido la personificación dominante de la mujer en la música latina, la contribución de La Lupe no debe desestimarse (La Lupe murió en 1992).

Los años setenta: salsa, Santana y jazz latino

Con la muerte del Palladium en 1966, se desarrollaron matices que caracterizaron la música latina, no solo en Nueva York sino en el resto del mundo. Finalizando los sesenta, la música rock revolucionaba la industria musical y a las audiencias y parecía que el estilo musical era cada vez más irrelevante. Muchos artistas en América experimentaban con combinaciones de blues, soul, rock, jazz y latina, emergiendo así varios estilos nuevos.

En Nueva York, la confluencia de estas corrientes produjo el bógalo y el soul latino, pero la corriente mas importante ejemplificó un estilo que se llamó "salsa". Aunque no está basada en ningún ritmo o forma musical en particular, la salsa básicamente se adhiere a la estructura tradicional y a la instrumentación de las formas de baile afrocubano, pero embellecidas y adaptadas con nuevos formatos e influencias. Entre los muchos artistas que diseminaron este movimiento estaban Eddie Palmieri, Ray Barretto, Johnny Pacheco y Willie Colón. Otros artistas como Tito Puente y Mongo Santamaría, que habían tocado básicamente la misma forma musical, se adaptaron bien y con oportunidad al nuevo formato popular pero también permanecieron callados respecto al concepto "salsa". Puente y Santamaría dijeron respectivamente:

> Salsa quiere decir aderezo, literalmente; es tan sólo un término comercial usado para promover la música bailable afrocubana. Mi problema es que yo no toco aderezos, toco música y la música latina tiene muchos estilos diferentes; cha-cha-cha, mambo, guaguancó y el son. La salsa no comprende las complejidades y la rica historia de la música que tocamos. Pero ahora ha sido aceptada y ayuda a promover la música (Puente en Sanabria y Socolov 1990, 23).

> Cualquier cosa que sea la salsa aquí, en México es "música tropical". Es simplemente otro rótulo para la música cubana básica. Quiere decir "salsuda" o "tropical", dos elementos de la vida cubana. Los músicos emigraron de Cuba, Machito llegó hace cuarenta y cinco años cuando no había músicos latinos aquí. Cuando yo llegué en el '48, las únicas bandas latinas que se oían eran las de Machito, Marcelino Guerra y Noro Morales. En los cincuenta, finalmente oí a Puente y a Tito Rodríguez (Santamaría en Smith 1977, 19–20).

El comienzo de los años setenta, también oyó los exitosos experimentos de Carlos Santana mezclando blues, latino y rock. Mexicano de nacimiento, Santana vino en su juventud a San Francisco, conociendo artistas de blues como Muddy Waters y B.B. King, aunque reteniendo su base auténtica y sus intereses en la música latina. Después de grabar su primer álbum, que incluía una versión de rock-latino de "Evil Ways" de Willie Bobo, incluyó en su segundo LP con Columbia, *Abraxas* (1970) una versión de "Oye como va" de Tito Puente. La grabación del cha-cha-cha de Puente, grabado originalmente en 1962, fue un éxito internacional, convirtiéndose finalmente en un clásico de la música popular. Santana, fusionando el latino y el rock, le dio ímpetu a la música de Puente y al movimiento de salsa del momento. Otro clásico de Puente "Pa' los rumberos",* grabada por primera vez en 1956, fue grabada por Santana en su tercer lanzamiento con Columbia, *Santana III* (1972) y también se convirtió en un éxito internacional. El año 1977 será recordado como el año en que Puente y Santana se presentaron juntos en concierto, con los dos grupos tocando en Roseland Ballroom de Nueva York. Pablo Guzmán en su reseña del concierto para *Village Voice,* se refirió a Puente como el "Muhammed Ali de la música latina, con una buena baraja y muy despierto. Después de 40 años, enfrentado a un nuevo reto, 'el viejo' todavía sabe como poner las cosas en su lugar"(en Sanabria y Socolov 1990, 23). Es interesante anotar que en 1977 a Puente ya le llamaban "el viejo", especialmente si lo observamos a la luz de sus presentaciones continuas y su agenda de grabación, que ha llegado hasta el final de los noventa.

Como anota Sanabria, "a finales de los setenta se incrementó el interés por los instrumentos de percusión, tanto en Estados Unidos como en el resto del mundo" (Sanabria, Socolov 1990, 23). Martín Cohen, desarrolló una compañía llamada *Latin Percussion, Inc.* (más conocida como "LP"), que fabricaba instrumentos de percusión latina. La empresa, eventualmente adquirió un mercado internacional, convirtiéndose en líder mundial de fabricación de instrumentos de percusión estilo cubano y latinoamericano. Cohen decidió llevar a Europa a un grupo de músicos latinos. En una entrevista con Sanabria, Cohen recuerda este proyecto:

> Firmé con Johnny Rodríguez, intérprete del bongó en la banda de Tito y él lo involucró en el proyecto. Carlos "Patato" Valdez tocaba la conga, Eddie Martínez el piano y Sal Cuevas el bajo, hacían el quinteto. Yo estaba extasiado de tener a Tito en el proyecto. Me había impactado desde la primera vez que le vi tocando en el Palladium al comienzo de los sesentas. Sólo años más tarde llegué a conocerlo a nivel personal . . . Por este tiempo, la percusión latina estaba en pañales y yo usé como prototipo de un diseño *ribbed shell* (calderas rebordeadas) un juego de timbales y timbalitos, hechos en Cuba, propiedad de Tito. Basé mi campaña promocional de "Confía en el director" en las habilidades de Tito como director de banda y músico . . . Fue un privilegio único para mí, poder compartir todo esto con mi héroe. En todo el viaje y frente a todas las cosas que pueden salir mal, Tito se mantuvo como fuente constante de inspiración. Su

---

* Esta composición se documenta frecuentemente como "Para los rumberos."

lengua aguda siempre me mantuvo sonriendo. Probablemente la ocasión más memorable, fue cuando Tito ejecutaba con Toots Thielman, el músico de jazz que tocaba armónica, en un concierto que conmemoraba los 1.000 años de la ciudad de Bruselas. Fue electrizante (ibid.).

El conjunto que Cohen llamó "LP Jazz Ensemble", ofreció numerosos conciertos y seminarios en Europa y en 1979 viajó por Japón con una excelente respuesta por parte del público. Cohen comentó: "Fue aquí, creo yo, que Tito se dio cuenta de la popularidad mundial que había alcanzado" (ibid.).

Ese mismo año, 1979, quedó marcado con el primer premio Grammy que recibió Puente por su álbum *Homenaje a Beny* (había sido nominado el año anterior por su LP *La leyenda*). La grabación dedicada a la memoria de la leyenda cubana el *sonero* Beny Moré*, reunió a toda su orquesta y a vocalistas como Celia Cruz, Cheo Feliciano, Santos Colón, Ismael Quintana, Adalberto Santiago, Junior González, Héctor Casanova, Nestor Sánchez y Luigi Texidor. Los coros fueron cantados por Tito Allen, Rubén Blades, Adalberto Santiago y Puente. El larga duración fue producido por Louie Ramírez y salió bajo el sello Tico con la producción ejecutiva de Jerry Masucci. Masucci† era el dueño de Fania Records, que en 1978 se había convertido en la principal productora de la música conocida como "salsa". Entre sus grabaciones había clásicos compuestos por Moré, como "Que bueno baila usted", "Bonito y sabroso", "Dolor y perdón", "Se me cayó el tabaco" y "Santa Isabel de las lajas". Los arreglos fueron hechos por Puente, Eddie Martínez, Jorge Milet, Frankie Colón, Marty Sheller, Louie Cruz y Sonny Bravo.

Después de recibir el premio Grammy, Puente fue honrado con un tributo testimonial jocoso, por miembros de la comunidad de la música latina y por la revista *Latin N.Y.*

Al final del encuentro, recuerda Joe Conzo: "Habíamos recibido todos aquellos cheques, entregados por los patrocinadores del tributo jocoso y no sabíamos que hacer con ellos. Decidimos unirlos para fundar una beca a nombre de Tito, para patrocinar la educación musical de jóvenes dotados". "El fondo para la beca", decía Tito, "era

---

* El nombre de Moré muchas veces se escribe "Benny."
† Masucci murió en diciembre 1997.

un sueño que yo tenía desde hacía mucho tiempo. En la comunidad latina tenemos muchos jóvenes dotados, que no tienen una oportunidad de desarrollar su talento, porque no tienen dinero. "Después que me haya ido", decía Puente, "la fundación estará ayudando a los muchachos" (Sanabria y Socolov 1990, 23).

Desde que se estableció el fondo de la beca en 1980, se han hecho presentaciones anuales de Puente y su grupo para recaudar fondos y otros autores también han colaborado para ayudar a la fundación. Originalmente afiliados a la escuela Juilliard, donde Puente estudió, el proyecto se volvió independiente. Hasta 1995 se habían ofrecido 100 becas a diversos músicos jóvenes interesados en estudiar música en niveles de colegio, universidad y conservatorio.

Los años de "Concord"

Al comienzo de los años ochenta, Puente fue invitado a firmar un contrato con Concord Records, una compañía de San Francisco de propiedad de Carl Jefferson, que anteriormente había grabado primordialmente discos de jazz. Carl Tjader grababa para esta compañía y fue la clave en la recomendación de Puente como artista "Concord".

Puente se adaptó rápidamente al nuevo momento que había sido construido por medio de las presentaciones del Conjunto de Jazz Percusión Latina (LP). Tito le añadió una pequeña sección de cornos al grupo y le cambió el nombre a Conjunto de Jazz Latino de Tito Puente (llamado más tarde Tito Puente y su Conjunto Latino), el lanzamiento del primer LP del grupo, *On Broadway,* comenzó a abrir una nueva etapa en la carrera de Puente.

Esta transición tuvo un profundo significado y fue muy emocionante, tanto para la industria musical como para el público. Aunque el jazz latino se había establecido como viable, era un estilo comercial desde que fue aceptado por artistas como Mario Bauzá, Chano Pozo* y Dizzy Gillespie, aunque había mantenido sus directrices por los esfuerzos de Mongo Santamaría, Carl Tjader y Willie Bobo, no había recibido la atención del mercado que merecía. El pacto de

---

* Chano Pozo—reconocido mundialmente como el conguero, ejecutó y compuso con Dizzy Gillespie, no debe confundirse con el anterior Chino Pozo.

Puente con Concord, creaba un compromiso con el jazz latino en su ejecución y en su grabación, por un director de banda latina reconocido, asociado por muchos años con la música bailable que producía éxitos internacionales reconocidos por la prensa. De hecho y especialmente después de la muerte de Carl Tjader en 1983, Puente expresó el sentimiento de obligación que sentía por continuar el legado musical del jazz latino y sus estilistas como Tjader y otros. Muy pronto, después de firmar con Puente, Concord comenzó a arreglar contratos de grabación con otros artistas de jazz latino, como Clare Fisher, Poncho Sánchez y Jorge Dalto.

Artísticamente *On Broadway* y con los lanzamientos del Conjunto de Puente, redirigieron a los aficionados de la música latina y el jazz hacia material tradicional en los dos géneros, pero con arreglos innovadores y refrescantes, hechos por Puente entre otros. *On Broadway* fue nombrado recordando una antigua pista de grabación (una tonada clásica de *Rhythm & Blues*) grabada originalmente por The Drifters. *On Broadway* recientemente había sido un éxito para el popular guitarrista y vocalista George Benson. El álbum ganador del Grammy incluía también versiones de "Sophisticated Lady" por Duke Ellington y "Primera Luz" de Freddie Hubbard, títulos de un álbum grabado por el trompetista Hubbard, que había tenido éxito en el mercado del Jazz. *El rey*, (1984) el segundo lanzamiento de Puente con Concord, presentaba arreglos de algunos de los más notables clásicos del jazz, como "Giant Steps" y "Equinox" de John Coltrane y clásicos como "Autumm Leaves" y "Stella by Starlight". Incluida en el álbum, estaba una nueva versión de "Oye como va" de Puente, que ya era un clásico reconocido mundialmente. El álbum también tenía un arreglo de "Ran Kan Kan", de él, inicialmente grabado por su propia orquesta en los años cincuenta. El sexto lanzamiento de Puente con Concord, la "Salsa Meets Jazz" presenta un solista invitado, Phil Woods con el saxofón alto.

A través de los años con su conjunto de jazz latino y grabando para Concord, Puente trabajó con algunos virtuosos de la música latina. En el personal de su conjunto ha incluido a Jorge Dalto (piano), Alfredo de la Fé (violín), Jimmy Frisaura (trompeta, trompeta baja), Bobby Rodríguez (bajo), Johnny Rodríguez (bongoes), José Madera (congas), Jerry González (congas, trompeta y corno flugel), Ray González (trompeta), Edgardo Miranda (guitarra y cuatro), Mario Rivera (saxofón tenor y soprano, flauta), José "Piro" Rodríguez (trompeta), Francisco Aguabella (congas) y Sonny Bravo (piano). Bravo reemplazó al pianista Jorge Dalto, quien murió en 1984, luego de obtener gran reconocimiento mundial como miembro del conjunto de Puente y a través de su distinguida carrera y de sus grabaciones.

El éxito de Puente y su conjunto de jazz latino, también trascendió en la nominación de sus grabaciones para más premios Grammy, uno de los cuales recibió en 1985 por el *Mambo diablo* y otro en 1989 por *Goza mi timbal*. Para 1994, Puente había recibido cuatro premios Grammy y ocho nominaciones. Muchos otros premios y reconocimientos le fueron otorgados con frecuencia a medida que se acercaban los noventas. En 1987, se le nombró el mejor percusionista en la revista de encuestas *Downbeat* y en el mismo año, fue honrado por la National Academy of Recording Arts and Sciences con el premio Eubie, en reconocimiento a sus cincuenta y tantos años de hacer significativas contribuciones artísticas a la industria de la grabación.

También fue durante los ochenta, que Puente colaboró con la autora dramática receptora de seis premios Obie, María Irene Fornes, en su obra "Lovers and Keepers". Puente escribió una partitura para la obra, que fue presentada por la INTAR Teatro Hispano Americano, en Nueva York. Durante este último período, Puente fue comisionado por el legendario director Xavier Cugat, para dirigir la orquesta Cugat, en un especial de televisión producido en el Barcelona Hall y dedicado en parte a la música de Cugat.

Otro aspecto significativo del trabajo reciente de Puente, ha sido su asociación con otros artistas y proyectos. Ha tocado en muchas bandas sonoras de películas, apareciéndo en varias cintas, como *Radio Days* y *Armed and Extremely Dangerous* de Woody Allen y *Zoot Suit* de Luis Valdez. En 1992, fue el lanzamiento de la película *The Mambo Kings* y Puente fue figura importante de esta producción de Universal Pictures. Trabajó como coordinador musical de la película, grabó la banda sonora y actuó como un gran director de banda de la época del Palladium. En un compendio de sus numerosas reseñas con el *Chicago Sun-Times*, Roger Ebert escribe que *The Mambo Kings* contiene "una escena maravillosa, donde el actor Assante se sube al escenario con el legendario Tito Puente y se inmiscuye en una ejecución con real audacia" (Ebert 1996, 446).

Durante la entrega televisada de los premios Grammy de ese año, Puente ejecutó el título de la banda sonora de la película con

Plácido Domingo, Arturo Sandoval y otros grandes de la música latina. Puente también ha trabajado con artistas contemporáneos, desde Sugar Hill Gang hasta Tower of Power y Gloria Estefan, tocando en la entrega de los Grammy, donde la premiaron—ganando con el álbum *Mi tierra* en 1993. Puente, tocó otra vez en la ceremonia de los Grammy acompañando a Estefan con Sheila E, Cachao y Arturo Sandoval, entre los que grabaron el álbum. También trabajó de cerca, con varios programas de televisión y celebridades como Bill Cosby, Regis Philbin y Kathie Lee Gifford, Arsenio Hall, Jay Leno, David Letterman y series televisadas como *Los Simpsons* y *Plaza Sésamo* entre otras. En 1986 fue presentado con Dizzy Gillespie en el *Show de Cosby*, que en la edición del 13 de febrero de la *TV Guide*, lo describió como un episodio donde "Cliff (Cosby) mete a los grandes del jazz en aprietos".

Durante los noventa, Tito Puente apareció frecuentemente, como invitado especial en las grabaciones de las generaciones más jóvenes de la música latina, considerando a muchos de ellos como herederos y portadores de la tradición. Como ejemplo, incluimos sus ejecuciones de timbal y los solos en *Chile con soul* de Poncho Sánchez (1990) y presentaciones de solos similares, con el aclamado grupo japonés de salsa, Orquesta de la Luz (1991), *Salsa no tiene frontera* (lanzado en los Estados Unidos como *Sin fronteras*), sumado al vídeo del grupo, *Viviendo en el Madison Square Garden*. Puente también grabó un importante álbum con Pete Escobedo y Sheila E titulado *Familia*.

El 4 de agosto de 1990, Puente fue honrado por la comunidad de Hollywood con una estrella en el Hollywood Walk of Fame. Celia Cruz había recibido la suya poco tiempo antes y un comité se reunió en Los Angeles para proponerle a la Cámara de Comercio de Hollywood, que Puente recibiera su estrella también. Como miembro de ese comité, puedo atestiguar personalmente las largas horas y la emoción que tuvo el proyecto. Se esforzaron especialmente Josie Powell, bailarín profesional y asociado de Puente por muchos años; Joe Conzo; KXLU (Alma del barrio) la disc jockey Carmen Rosado; el actor Dennis Cole y otras importantes figuras en la música y en la industria de Hollywood, incluyendo maestros de ceremonias, como Johnny Grant y Bob Welsh. Para Puente el premio fue muy reconfortante y un gran grupo de sus amigos de trabajo y familiares, hicieron el viaje a Hollywood, para estar presentes en las festividades. El Conjunto de Jazz Latino de Puente, tocó durante la ceremonia (donde Poncho

Sánchez y Francisco Aguabella como invitados, ejecutaron con la banda) y en el banquete especial, que se llevó a cabo en el histórico Hotel Roosevelt de Hollywood, enfrente de la estrella.

El album número 100

Por algún tiempo, antes del evento de la estrella, había mucha especulación acerca del hecho que Puente, se acercaba a la grabación de su álbum número 100, logrado solo por pocos artistas en la industria de la música. El álbum fue finalmente grabado y lanzado en 1991. Aunque Puente todavía estaba bajo contrato con Concord Records, se hizo un arreglo especial con RMM Records, para grabar este álbum, ya que era un nuevo sello creado por el agente de Puente, Ralph Mercado. La grabación fue producida por Sergio George y co-producida por Johnny Pacheco, grabado con un grupo de artistas, que interpretaron el antiguo estilo de la orquesta de Puente, el álbum presentó a Celia Cruz, Oscar D'León, José "El Canario" Alberto, Tony Vega, Tito Nieves, Ismael Miranda, Millie P., Santos Colón*, Danny Rivera y Domingo Quiñones como cantantes. Los arreglos musicales fueron escritos por Sergio George, Ray Santos, Paquito Pastor, José Madera, Mandy Visozo, Louis (Louie) Ramírez y Tito Puente. Titulado *Mambo King*, el álbum tomó prestado el tema de la película *The Mambo Kings* en la que Puente trabajaba. En la contra cubierta había una dedicatoria "Para Jimmy Frisaura, amigo y compañero de toda la vida de Tito Puente". En esos días Jimmy estaba muy enfermo y no pudo tocar para la grabación.

Habiendo cumplido el reto de su álbum número 100, Puente parecía enérgicamente preparado para comenzar su segundo cien. De nuevo con el sello Concord, grabó su siguiente álbum en 1992 con su Conjunto de Jazz Latino, ahora con once músicos además de Puente. El álbum *Mambo of the Times*, incluyendo lo que ahora de conoce como la clásica mezcla de jazz latino de Puente y las piezas latinas "Straight-ahead". Las clásicas de jazz incluían "Things to Come" de Gil Fuller y Dizzy Gillespie, "Jitterbug Waltz" de Fats Waller y "Passion Flower" de Billy Strayhorn. La contraportada fue escrita por Bill Cosby, que se había convertido en un buen amigo y asociado de Puente, a través de varios proyectos y trabajos televisivos. Cosby terminó su nota diciendo:

* Santos Colón murió el 21 de febrero de 1998 en Puerto Rico.

Así pues con su álbum 101, yo diría, señoras y señores que éste es un álbum histórico, pues este hombre ya ha pasado la marca del siglo. También significa, que están ustedes oyendo a un músico con 100 álbumes de experiencia, por lo tanto podemos asumir que este hombre sabe lo que hace. El álbum requiere primero que todo, la compra. Si está leyendo la nota de la contraportada y no se ha decidido todavía . . . créame, no puede—de ninguna manera como dirían los jóvenes (y ya lo han dicho por mucho tiempo)—cometer un error. Si está comenzando o completando su colección de Tito Puente, todo está aquí. Y no olviden damas y caballeros, que están escuchando a un hombre que es reconocido en el mundo entero y esa es la conexión. No tiene nada que ver si Tito habla italiano, yugoslavo, ruso, chino o japonés. La belleza está, en tan pronto como él golpea esos dos palitos juntos, contando el ritmo, como un lenguaje de signos, todos se unen en el baile, todos zapatean, todos se sienten bien. Este hombre ha ganado premios Grammy, tiene una estrella en el Walk of Fame, es una leyenda. Una leyenda latina. Una leyenda del jazz latino.

El señor Puente siempre será un músico, un compositor, un hombre de familia y mi amigo. También se darán cuenta, que es un excelente hombre de negocios. La prueba es que yo no he estado incluido en ninguno de los 100 álbumes anteriores y ahora en el 101 . . . tampoco. El hombre sabe lo que hace. Disfrútenlo.

Como muchos de los artistas de la talla de Puente, la cantidad y variedad de honores que ha recibido, han sido considerables.

Puente recibió el Doctorado Honorífico de la State University of New York (Old Westbury) en 1987, de la Long Island University en 1994 y del Hunter College (CUNY). Además, ha sido invitado a numerosas universidades para dirigir talleres, dar conferencias y ejecutar con bandas de estudiantes y otros conjuntos. Ha tocado para muchos presidentes (Carter, Reagan, Bush y Clinton) en el White House y en otros lugares de Washington, D.C. y para otros jefes de estado en el mundo. El 4 de marzo de 1993, George Wein hizo un tributo a Puente, llevado a cabo en Carnegie Hall de la ciudad de Nueva York, el concierto presentó la orquesta de jazz de las All Stars, dirigida por el trompetista Jon Faddis y presentando entre otros al saxofonista Paquito D'Rivera. En 1994 la ASCAP (Asociación de Escritores de Canciones, Compositores, Autores y Publicistas) premió a Puente con el más prestigioso honor, el premio Fundadores, entregado por la percusionista latina Sheila E, durante la segunda celebración del premio de ASCAP. Otros personajes que han recibido este premio son Don

Henley y Glen Frey, Hal David y Burt Bacharach, Jerry Leiber y Mike Stoller, Smokey Robinson, Paul McCartney, Bob Dylan y Jule Styne. Puente también ha recibido grandes reconocimientos por parte de las revistas *Downbeat, Metronome* y *Billboard*, esta última le otorgó en 1995, el premio Lifetime Achievement. En enero de 1997, como había sucedido muchas veces antes, Puente ganó en las encuestas de *Downbeat* como percusionista "número uno" para el año anterior. El 29 de septiembre de 1997, fue distinguido por el Presidente Bill Clinton en el White House, con la Medalla Nacional de las Artes. Al honrar a Puente con esta medalla, Clinton comentó que la mera mención de su nombre hace que "todos quieran pararse a bailar" (*Los Angeles Times*, 30 de septiembre de 1997).

Una nueva etapa en la carrera de Puente, ha sido el desarrollo de su tercer grupo de ejecutantes, Golden Latin Jazz All Stars, siendo los otros el Conjunto de Jazz Latino y su Orquesta. Grabando bajo el sello Tropijazz y distribuido por Sony, el grupo grabó su primer álbum en vivo durante 1992–93, en The Village Gate en la ciudad de Nueva York. El álbum presentaba los principales artistas contemporáneos Paquito D'Rivera (saxofón alto), Mongo Santamaría (congas), Dave Valentín (flauta), Claudio Roditi (trompeta), Giovanni Hidalgo (congas), Hilton Ruiz (piano) e Ignacio Berroa (trombones) con la aparición del invitado Mario Rivera (saxofón tenor). Un segundo álbum fue lanzado en 1994, presentando las mismas personas a excepción de D'Rivera quien fue reemplazado por Mario Rivera y Roditi reemplazado por Charlie Sepúlveda. Con el título *In Session* esta grabación fue hecha en estudio y también tuvo un artista invitado, el saxofonista de jazz James Moody, quien cantó su popular composición "Moody's Mood for Love".

En años recientes, el ímpetu asociado con el jazz latino de Puente, fue caracterizado por los viajes del director por todo el mundo—de acuerdo con los críticos, a un paso más ligero como nunca antes. Durante el comienzo de los noventa, Puente ejecutaba entre 30 y 40 festivales al año, en países como Inglaterra, Grecia, Holanda, Finlandia, Alemania, España, Suecia, Francia, Italia, Singapur, Rusia, Japón, Australia, México, Argentina, Puerto Rico y Canadá. También presentaba conciertos y tocaba en clubes y salones de baile en muchas ciudades de los Estados Unidos, desde el club de jazz Blue Note en Nueva York hasta el Hollywood Bowl. En una reseña de *Los Angeles Times* del 16 de septiembre de 1993, sobre un concierto de Puente en el Hollywood Bowl, Enrique Lopetegui, hace las siguientes observaciones sobre las ejecuciones de esa noche, cuando también se presentaron Eddie Palmieri y Rubén Blades.

Al final de la "Explosión de jazz latino" el martes en el Hollywood Bowl, Tito Puente alcanzó lo que parecía imposible en las 2½ horas: rompió el hielo e hizo que la multitud bailara en los pasillos.

Fue una multitud que casi llenaba el estadio, que conversó, merendó, se rió y discutió familiarmente mientras Eddie Palmieri, Rubén Blades y Tito Puente, ofrecían una muestra de la más importante música latina de la segunda mitad del siglo XX.

Palmieri, ganador de cinco premios Grammy, abrió el show con un viaje de 40 minutos a través de todos los aspectos de su música. Tocando el piano y dirigiendo su orquesta de siete músicos, el neoyorquino ofreció líneas de salsa y largas composiciones de las últimas fusiones latinas.

Desafortunadamente, la presentación de Palmieri predijo el absurdo concepto de toda la tarde: tres genios de la música latina reducidos a versiones abreviadas de sí mismos, tocando para una audiencia que en su mayor parte no era de su grupo.

Después de la ejecución agridulce de Blades (estaba haciendo su última presentación en Los Angeles, antes de retornar a Panamá para dedicarse a la política), Puente cerró el show, condimentando la tarde. Mucha gente estaba casi dormida en sus palcos (para el asombro de sus fanáticos vecinos) y otros tantos abandonaban el estadio con sus canastas de merienda, cuando el rey de los *timbales* tomó su última carta y comenzó a tocar su mayor éxito: "Oye como va" popularizado en todo el mundo por Santana a comienzos de los setenta.

Fue como apretar un botón que cambió toda la noche. Cientos de fanáticos de la salsa y el jazz latino, descendieron de sus asientos baratos y ocuparon los palcos dejados libres y los pasillos, haciendo con dos canciones lo que no habían podido en el resto de la noche (Lopetegui 1993, FI, II).

En 1996, Puente grabó en el primer álbum de su hijo, Tito Puente hijo, quien con su Latin Rhythm Crew hizo (Guarachando, EMI Latin) un proyecto de rap latino que alcanzó considerable atención en el mercado. En el mismo año Puente padre, también grabó lo que muchos han considerado como un álbum notable, *Jazzin'* presentando a Puente, la joven cantante popular India y un invitado especial—La Orquesta de Count Basie. Junto con Sheila E, Puente ejecutó un solo con Gloria Estefan en la ceremonia de clausura de los Olímpicos en Atlanta durante el verano de 1996. El evento fue televisado internacionalmente. Apareciendo también a mediados de los noventa, está el álbum de la RMM, *Latin All Star Tribute to The Beatles* donde Puente se presenta con otros artistas latinos contemporáneos. En 1997, el álbum *Jazz latino* fue lanzado por el sello Tropijazz (RMM), presentando grabaciones de los grupos de Puente y del conguero Giovanni Hidalgo. En ese mismo año el vídeo de *Tito Puente* fue entregado al público, como parte de *Las mejores series de RMM,* incluyendo cinco ejecuciones musicales y "El Documental de Tito Puente". En el vídeo se presentan India, Millie P., Hilton Ruiz, Dave Valentín, Mongo Santamaría, Celia Cruz, Oscar D'León, Tony Vega y Tito Nieves entre otros.

En 1998, el nuevo arreglo de Puente del "Brassmen's Holiday" clásico de Mario Ruiz Armengol, fue incluido por el trompetista Arturo Sandoval en su *Hot House.* Además de utilizar el excelente arreglo de Puente, Sandoval incluyó su propio tributo a Puente llamado "Tito". En su contraportada Sandoval escribió "Esta pieza es un homenaje al músico latino que, en nombre de nuestra raza, se ha elevado sobre todos y ha sido una verdadera inspiración para muchos músicos" (Sandoval 1998).

En 1997, RMM Records, lanzó un álbum celebrando 50 años de Puente en la industria musical. Titulado "50 Years of Swing", el álbum doble incluye una gran variedad de sus grabaciones, representativas de su carrera diversa y dinámica, como artista que dirige la música latina. También fue uno de los artistas presentados en el exitoso *Nuyorican Soul Album* (1997), un proyecto dirigido por los productores y artistas hip-hop Kenny "Dope" González y "Little" Louis Vega. Otros músicos incluidos en este proyecto fueron: Roy Ayers, Eddie Palmieri, George Benson, Jocelyn Brown, Jazzy Jeff, India, Vincent Montaña hijo, Dave Valentín, Hilton Ruiz, David Sánchez, Steve Turre, Charlie Sepúlveda, Lisa Fisher, Paulette McWilliams y Richie Flores. En las notas de la contraportada del álbum Carol Cooper escribió:

Al comienzo González y Vega, sólo planeaban tener unos pocos artistas invitados. El escritor y arreglista de Philly soul Vince Montaña hijo, el artista de fusión de jazz Roy Ayers y el maestro de jazz latino Tito Puente, fueron escogidos inicialmente. Todos hombres reconocidos como escritores y directores, a propósito, todos expertos en el vibráfono. Las ideas principales para el desarrollo del proyecto, salieron de las memorias de aficionados a los setentas de Vega, un momento de increíble diversidad y mezcla. Centrándose en estos primeros tres artistas, Vega y González hicieron muestras sobre las áreas de énfasis donde cada artista se destacaba. Puente simbolizaba la explosión de salsa de los setentas, liderada por los sellos Tico, Alegre y Fania. Roy Ayers simbolizaba un rico cauce de un politizado jazz trepidante, atado por un lado a Weather Report y por el otro a Earth, Wind and Fire. Los aportes de Montaña al sello Salsoul y su asociación con los arreglos orquestales trepidantes, que Gamble y Huff (entre otros) vendieron en todo el mundo como "the Philly Sound" lo convirtieron en símbolo de todo aquello que era innovador, inteligente y serio sobre el disco americano.

Veamos, M.A.W. (Masters at Work, el nombre escénico de González y Vega) nunca fueron consumidos por el facilismo, como ilustra la propaganda revisionista de los años '70s, "la década que olvidó el buen gusto", porque tienen colección de grabaciones que prueban lo contrario.

Ambos músicos, los latinos y los afroamericanos, han creado un trabajo sofisticado sin precedentes durante este período, muchas veces trabajando juntos, en pistas que combinan elementos de jazz, rock, funk y afrolatino. *Nuyorican Soul* es una cariñosa mirada hacia el pasado, a ese período entre el post hip-hop y la sensibilidad post-techno. Vega habla de llevar a el publico en un viaje con Nuyorican Soul. Un viaje a través de diferentes eras y músicas, sin nostalgia sino con una visión firme de cómo llevar estas tradiciones completas hacia un futuro mejor (Cooper 1996).

Con la presentación de un artículo sobre el proyecto Nuyorican Soul en *Straight No Chaser,* hablando sobre González y Vega, Tito Puente dijo: "Estos tipos son genios. Cuando yo me muera se van a hacer cargo de todo". En el mismo artículo Vega expresó su gran respeto por la sabiduría y participación de Puente en el proyecto. "Hemos mejorado nuestro trato con los músicos, pero definitivamente este álbum, nos ha hecho desear aprender más musicalmente. Es tener la posibilidad de hablar su lenguaje; es conocer lo que queremos hacer pero sin saber como hacerlo, porque somos básicamente de la calle. Muchos de los músicos del proyecto tienen el sentido de la calle . . . gente como Tito Puente, lo hace así, 'Hey, ¿cómo lo quieres . . . ticaticatica . . . ticaticatica . . . ticaticatica . . . así es como lo quieres? Es como entenderse con alguien de la misma edad" (Bradshaw 1996, 24).

En 1997, *50 Años de swing* fue lanzado por el sello RMM. La caja con tres CDs incluía pistas seleccionadas, representativas de los cincuenta años de ejecución y grabación de Puente. Las notas de la contraportada, incluían testimonios personales de los siguientes artistas, dedicados a Puente: Johnny Pacheco, Eddie Palmieri, Carlos Santana, Dr. Billy Taylor, Hilton Ruiz, Ray Barretto, Michael Camilo, Lou Rawls, Mario Rivera, Dave Valentín, James Brown, Andy García, Cristina Saralegui, Graciela, Celia Cruz e Israel "Cachao" López.

En 1999, fue lanzado *Mambo Birdland* en vivo desde Birdland, por el cual Tito recibió el quinto Premio Grammy de su carrera. Él aceptó el premio de Los Angeles, formando parte del histórico año de los premios Grammy, en el que los latinos dominaron el evento y los premios. Carlos Santana recibió un record de nueve Grammy, Poncho Sánchez recibió uno por jazz latino y Christina Aguilera ganó el de la artista revelación del año. Santana, Ricky Martin y Marc Anthony tocaron en la presentación televisada de los Grammy.

En la primavera del año 2000, Tito trabajaba diligentemente en el que sería su último álbum, *Masterpiece: Obra Maestra*. Era un proyecto de grabación en el cual hacía equipo con otra leyenda de la música latina, el pianista Eddie Palmieri. El CD fue lanzado en el 2000.

Para el año 2000, Tito Puente ya tenía 117 álbumes, más de 450 composiciones y más de 2000 arreglos en su haber. Estas cuentas no incluyen muchas otras grabaciones que él hizo con otros artistas, sus recopilaciones o sus apariciones en películas, televisión y radio. Es difícil calcular cuantas veces se presentó en vivo en su carrera, pero ciertamente se acerca a 10.000.

Por más de 50 años, Puente dirigió sus propias bandas, emergiendo como el músico y director más capaz en el campo de la música latina. El legado de Tito Puente tiene muchas fuentes, especialmente su gran habilidad de ejecución y conocimiento musical a lo largo de su carrera, sus logros creativos e innovadores, su afinidad consistente y resistente por el fomento a su empresa y su vigor competitivo. Tito Puente fue, es y seguirá siendo un gran genio de la música latina y "El Rey del Timbal".

Una conversación
con El Rey

Este capítulo, es la transcripción de una entrevista
que le hice a Tito Puente en noviembre de 1994,
mientras hacía la investigación principal para este
libro.

Después de conocer a Tito por más de diez
años, finalmente tuve la oportunidad de entrevistarlo
en forma personal y profunda. El propósito de mis
preguntas y los temas se refieren más a su concepto
musical y su filosofía, más que a su biografía, examinada en el capítulo anterior. La entrevista que tuvo
lugar en el Hotel Gershwin de Nueva York, fue
grabada en vídeo y duró dos horas.

En esta entrevista con Tito, intento
contextualizar su vida en la música latina, exami-
nando algunos de los eventos más importantes en el
desarrollo de la música latina en la ciudad de Nueva
York y el mundo, investigando no solo cómo Puente
se ha vuelto un icono cultural popular, sino cómo
representa totalmente este movimiento que se
conoce como música latina, mambo, cha-cha-cha y
salsa. ¿Por qué se considera a Tito como rey (el Rey
de la salsa y del timbal)? También fue importante
para mí, entrevistarlo en su ciudad natal, Nueva
York.

Loza: Tito, quiero comenzar con un concepto básico. Todo el mundo comienza con esta pregunta, ¿de dónde viene, dónde nació? Yo quiero comenzar más allá, ¿cómo fue que se convirtió usted en músico, aquí en la ciudad de Nueva York? ¿Qué importancia tienen en esto sus padres, su familia, el barrio donde creció, Spanish Harlem? Y ¿por qué se convirtió en músico? ¿Por qué tenía talento?

Puente: Es una pregunta fácil de responder. Nací en Spanish Harlem; mis padres eran puertorriqueños; fueron unos de los primeros en venir aquí desde Puerto Rico. Primero Atlanta, después Brooklyn. Yo nací en Nueva York y fui allá (a Puerto Rico) cuando tenía un año de edad, luego me regresaron cuando tenía tres años y crecí en Spanish Harlem. Durante toda mi infancia, permanecí asociado con el jazz y la música latina, ya sabes, estudiando. Mi mamá me hizo estudiar mucho, porque se dio cuenta del talento musical que yo tenía. Me pusieron a estudiar piano. Yo siempre estaba haciendo sonar tarros, las paredes, haciendo mucha percusión. Unos vecinos le dijeron a mi madre, "Hey, ¿por qué no lo mandas a estudiar tambor?" Veinticinco centavos cada lección, allí mismo en el New York School of Music. Asistía una vez por semana, generalmente los sábados. Gracias a ella, desarrollé mi sentido musical. Estudié allí. Estudié saxofón, estudié tambores, aprendí baile, también tap. Luego me metí de lleno en la percusión. Como hombre joven, comencé a tocar con las bandas locales del vecindario y allí fue donde más o menos desarrollé mi reputación y mi experiencia. En el instrumento que elegí, el timbal, se necesita muchísima práctica en la calle para tocarlo, es el instrumento de percusión que yo toco.

Loza: Tito, ha mencionado una palabra que es muy importante, "el vecindario", Spanish Harlem. ¿Cuáles son las cosas que cree importantes de la forma en que fue criado? Por ejemplo, ¿doméstico, su hogar? ¿Hablaban sus padres generalmente en español? ¿Preparaban comidas típicas de Puerto Rico? ¿Sus vecinos hablaban español y estas bandas locales, trabajaban para la clientela local? ¿Cómo era la vida en el vecindario?

Puente: Bueno, teníamos muchas barreras, sabes, el vecindario no era realmente hispano; había muchos judíos viviendo allí en ese tiempo. Así que, nací en el Hospital de Harlem, uno para los afroamericanos de Nueva York. Mi crianza fue bastante agitada. En el vecindario teníamos italianos por una parte, negros al otro lado y ¡los puertorriqueños aprisionados en el centro! Una de las cosas más difíciles de hacer entender fue la música. Teníamos que incorporarla al vecindario, a todos los clubes de allí—toda la música latina se tocaba allí. No se conocía como jazz, eso fue más tarde. Allí todos los latinos éramos muy unidos, particularmente los puertorriqueños y a medida que pasaba el tiempo, nos unimos con cubanos, dominicanos y toda clase de gente. Hoy hay suramericanos, colombianos y centroamericanos, pero mientras yo crecía era difícil. Éramos muy pobres; mi familia solía mudarse mucho, a diferentes edificios, sabes; algunas veces, al llegar del colegio encontraba que se habían mudado al otro lado de la calle, pues les habían ofrecido dos meses de renta.

Loza: Hoy en día usan la palabra *minorías* para las personas de ascendencia latina o afroamericana. Aquí en un sitio como Nueva York, Chicago o Los Angeles, tienen más de cien culturas desarrollándose en esas ciudades, pero aún las llaman minorías y en mucho del trabajo que he realizado, he buscado el punto de conflicto. Esto es algo que usted trajo a colación, "barreras" pues comenzó viviendo entre dos mundos, ¿verdad? Uno es en inglés y el otro es en español. ¿Eso le ha representado un conflicto en algo que haya tratado de hacer? ¿Lo vio como conflicto o fue más bien fue una ventaja?

Puente: Bueno, fue una ventaja para mí. Hoy mis hijos hablan muy poco español; es porque van al colegio y allí hablan en inglés; mi esposa les habla en inglés en casa; cuando yo era chico, mis padres insistían en que habláramos y leyéramos en español. Estoy feliz que lo hayan hecho, porque desarrollaron en nosotros su cultura y sus raíces. Aprendí la cultura latina, lo que es muy importante, porque en este país no nos enseñaron nada sobre la cultura latina, mientras crecíamos. Sólo aprendes la historia de América; pero las culturas latinoamericanas son muy grandes y me encanta que mi madre me haya criado de la forma que lo hizo. Nunca tuve dificultades por esto, pues como nací y me eduqué aquí, hablo inglés y además español. Esto es una ventaja, ser bilingüe.

Loza: Creciendo en el área de Spanish Harlem y también estando cerca de muchas culturas afroamericanas y otras —pues había judíos e italianos en los vecindarios en los que vivió—¿confrontó o consideró el punto de la discriminación? ¿Le prestó atención a lo que ocurría con los negros, comparándolo con lo que le ocurría como latino?

Puente: Bueno, yo estaba mucho con los negros; les llamábamos gente de color en mis tiempos, ¿sabes? Yo estaba comprometido con el jazz, fui al colegio de negros—estaban allí, en el vecindario. Nunca tuve problema con ellos y respecto a la música eran mis héroes. Algunos me enseñaron, como Ellington y Basie en ese momento y Lucky Mullinder y Chic Webb . . . todas esas bandas. Yo era jovencito y oía jazz en esos días, también música latina. Tuvimos esto en nuestro vecindario que no estaba tan expuesto, como lo estaba el jazz. Me encanta haber crecido con las dos culturas y realmente nos entendimos y desarrollamos juntos nuestra música en todos estos años.

Loza: De alguna manera, esto es la esencia de lo que sucedió con la música latina. Gente como usted, con antecedentes puertorriqueños, muchos cubanos y otros latinos, pero especialmente gente grande, como Machito y antes que él Arsenio Rodríguez, vinieron a Nueva York, comenzando lo que se puede llamar el transplante de la música caribeña, especialmente la cubana. Algunos de los jóvenes como usted, comenzaron emulando a esta gente y al mismo tiempo estaban exponiéndose al jazz pesado de Ellington, Gillespie y Charlie Parker. ¿Fue esto esencial para moldear la música latina aquí en Nueva York?

Puente: Bueno, Machito, como lo mencionó, fue mi mentor cuando yo era joven y también el Sr. Mario Bauzá, quien murió hace dos años. Ellos son mis principales maestros en el campo latino y luego en el jazz, yo era joven y tenía a Count Basie, Duke Ellington, la Orquesta de Stan Kenton, Woody Herman y todas esas grandes orquestas que algunas veces usaban algo de . . . oh, claro, Dizzy Gillespie fue otro; ellos usaron mucha influencia latina en su música. Amaban nuestros ritmos. Cuando yo era chico, el rey de la rumba era el Sr. Xavier Cugat; él hizo muchas películas, porque su música era muy comercial; la música que tocábamos en el

Spanish Harlem o aquí, era a la vez muy moderna, muy típica, viniendo de Cuba—como mencionó antes Arsenio Rodríguez, gente como él y otras grandes estrellas. Machito y Mario (Bauzá), fueron los que realmente entraron en el jazz latino como lo llamamos hoy y realmente desarrollaron ese estilo hace muchos años. Eso es lo que hace nuestra música moderna para la gente del jazz y también para la gente latina, porque une al mismo tiempo el ritmo de la percusión con el concepto armónico, melódico del sentimiento del jazz, lo que moderniza. Eso era lo que emergía en ese momento, al comienzo de los años cuarenta. Machito es el responsable.

Loza: ¿Cómo comenzó su relación con Machito?

Puente: Creo que tenía 13 o 14 años y toqué con él en el vecindario en el fin de semana, pues él tocaba en 110ᵗʰ Street con 5ᵗʰ Avenue, cerca de (Park) Plaza, como nosotros lo llamábamos. Yo iba allí los domingos, entraba y me sentaba, aunque todavía asistía al colegio y todo eso; por eso nos conocimos y él vio mi talento y todo eso. Me querían mucho, querían a mis padres—sabes, casi toda la gente del vecindario se conoce entre sí, así que yo llegaba y tocaba todo el tiempo. Estaba adquiriendo experiencia y así es como llegaron a mí. Me enseñaron lo que era el músico callejero, pues era muy importante tocar, andando con los cubanos tocaba timbales y tambores; también tocaba el saxofón y el piano, desarrollando así mi experiencia, andando por ahí con los músicos. Más tarde trabajé para él. Me convertí en timbalero.

Loza: ¿En ese tiempo, ya experimentaba con arreglos y escribiendo música?

Puente: Oh, sí. Mucho más tarde me volví arreglista. Fui al Juilliard Conservatory of Music y también donde estaba Richard Bender y estudié adaptación. Pero eso no fue nada, ya tenía 19 o 20 años. La verdad es que al final de los años cuarenta, después de la guerra, comencé mi formación como arreglista, director, orquestador y copista, pero como instrumentalista ya estudiaba mucho antes de la guerra.

Loza: Entremos en ese período de la guerra, pues ya mencionó que para ese tiempo, Machito lo tenía bajo su ala. ¿Hay más músicos—como mencionó los músicos callejeros del Spanish Harlem—hay otras personas que valga la pena mencionar, que tal vez no hayan sido muy nombradas, pero que le hayan inspirado realmente o que le hayan enseñado algo?

Puente: Oh, sí. Hay muchas de ellas, algunas que ni siquiera recuerdo; pero hubo muchas. Claro, ahora tenemos al famoso Charlie Palmieri . . . Eddie Palmieri. Son músicos con los que crecí . . . Pacheco . . . fue el clan que nos acompañó en el Palladium.

Loza: ¿Se acuerda de esos tipos cuando eran jóvenes, adolescentes?

Puente: Bueno, estamos hablando de mucho tiempo, como Rafael Hernández; teníamos la orquesta de los Muchachos Felices. A esta gente no la mencionan excepto por Machito y Mario. Habían otros músicos importantes que me influenciaron como Noro Morales, Marcelino Guerra, Miguelito Valdez y Arsenio Rodríguez, pues se mantuvieron activos toda su vida. Éstos son los músicos, los músicos del vecindario, muy populares en el barrio y que se desvanecieron después.

Loza: Ahora, una de las cosas importantes que sucedían en ese momento, era que la mayoría de la población latina de Nueva York era puertorriqueña, pero usted tuvo mucha influencia cubana. Machito y Mario Bauzá eran cubanos. René Hernández y otros como Eddie y Charlie Palmieri eran puertorriqueños, Johnny Pacheco, dominicano. ¿Cómo se mezcló la cosa? ¿Los puertorriqueños y los cubanos? ¿Fue fácil? ¿De qué se trataba todo eso?

Puente: Fue fácil porque los puertorriqueños también son buenos músicos. Los cubanos tienen su propio estilo, por eso es que tocamos. No estamos tocando música puertorriqueña, esa música sería *la bomba, la plena;* la isla tenía su propia música típica. En ese entonces, tocábamos música cubana y eso fue lo que desarrolló realmente—el jazz, el bebop cubano y todo lo demás en los años siguientes. Ahora los puertorriqueños, están metidos en la música y ya no tenemos muchos directores cubanos. Son los puertorriqueños, los que han mantenido esta música desarrollándose desde finales de los años cincuenta hasta hoy.

Loza: Es casi lo que han dicho otros, que lo que desarrolló desde los años treinta, hasta digamos que, hasta el final de los años cuarenta, fue una escuela de música, basada principalmente en los viejos maestros cubanos, desde Arsenio Rodríguez hasta Machito y que luego, gente como usted, como Tito Puente entre otros—tal vez Tito Rodríguez o tal vez Johnny Pacheco—los que comenzaron a emular a estos músicos.

Puente: Bueno, crecimos en ese medio, amamos esa música; nos metimos en ello y siempre tuvimos a esos grandes a nuestro alrededor—Arsenio y los mejores—oíamos discos, eso es muy importante, oíamos todos los discos que venían de Cuba y los usamos para desarrollar nuestro propio estilo.

Loza: Y finalmente mientras la migración de puertorriqueños seguía creciendo, la mayoría de estos jóvenes aprendices del "colegio" eran en su mayoría de Puerto Rico.

Puente: Oh, sí, claro. Muchos músicos puertorriqueños, desarrollaron un montón de música cubana. A medida que yo crecía, me convertía en director de banda (y) entonces, llegué a todo tipo de gente, tocando realmente música cubana—que aún toco, porque es una excelente música para bailar: el mambo, *el guaguancó*, el cha-cha-cha, *la guajira*, toda esa música.

Loza: ¿Qué hay de algunos famosos percusionistas que venían de Cuba—especialmente Patato Valdez y Mongo Santamaría, aquellos que vinieron en los cuarenta, sus contemporáneos—como lo influenciaron?

Puente: Una de las mayores influencias fue Chano Pozo. Él era el Dizzy Gillespie. Él hizo "Manteca" y todo eso. Ese fue el comienzo del jazz latino y de todas las orquestas que han utilizado los tambores conga. Él fue la gran influencia entre el jazz y la latina. Luego algunas de las bandas latinas, comenzaron a introducir tambores conga, bongoes y timbales en sus bandas, porque al comienzo ni las orquestas de jazz, ni las orquestas latinas tenían siquiera un tamborilero. Tal vez un timbalero, pero no tenían congas ni nada parecido. Finalizando los cincuenta, fue cuando todos comenzaron; Machito y Noro Morales fueron las grandes influencias aquí; ellos comenzaron a poner instrumentos de percusión.

Loza: Una de las cosas que ha marcado el oído en su estilo musical, es la diversidad de la instrumentación—el punto es que se convirtió en orquestador, arreglista y compositor. Usted compuso todas esas canciones importantes, tonadas, arreglos y . . . también comenzó la experimentación con diferentes instrumentos. Ahora los Chano Pozo y los Mongo Santamaría, pueden haberlo influenciado como percusionista, entre los músicos callejeros de los que hablamos. ¿Qué le hizo comenzar a expandirse? Usted tocaba saxofón y por supuesto el *trap set.* Usted experimentó con tambores conga, bongoes; terminó haciendo mucho timbal, lo que se convirtió en su mejor instrumento de percusión. ¿Qué le hizo comenzar a experimentar, con tal diversidad de instrumentos de percusión y hasta con instrumentos armónicos y melódicos después de eso—el vibráfono que se convirtió en su segunda maestría?

Puente: Bueno, tiene que darse cuenta, que todos estos percusionistas que venían de Cuba no eran realmente músicos. La verdad es que en Latinoamérica y América Central, llaman a los percusionistas músicos callejeros, pero yo estudié. Fui a estudiar música. Yo fui a un colegio de música y ellos no. Ellos tenían la habilidad de la percusión, lo que hoy todavía se respeta, pero en su momento no estaban musicalmente orientados, por lo tanto, al estudiar música y convertirme en arreglista y siendo un hombre de percusión al mismo tiempo, traté de darle al instrumento de percusión más clase y ponerlo en un primer plano en la música. Eso es lo que sucede hoy en día alrededor del mundo. La gente ama nuestra música latinoamericana. Algunas veces no comprenden nuestro *lirismo,* pero aman nuestro ritmo y eso es lo más importante en la música latinoamericana—en nuestra música caribeña o brasileña o de donde sea. Es la percusión la que hace esa música interesante.

Loza: Entonces, ¿cuándo comenzó a tocar, digamos, el piano, eso le preparó para otras cosas, por ejemplo, para las orquestaciones y las adaptaciones?

Puente: Pues claro, orquestaciones. También grabé tres o cuatro álbumes de percusión. Aprendí a tocar ritmos 6/8 y ritmos de *santería,* esos también son muy importantes.

Loza: Entonces, ¿la habilidad para relacionar las formas armónicas y melódicas con la percusión, se convirtió en una ventaja importante, en lo usted llegó a ser como director de banda?

Puente: Muy importante, pues hay arreglistas que son excelentes adaptadores de baladas y son armónicamente muy buenos, pero cuando vamos a la percusión en la música, que es muy importante—una pequeña clave, la participación de un bajo o la participación de un piano—no han llegado a ello todavía. ¿Ves lo que le digo?

Loza: Por ejemplo, Stan Kenton trató de hacerlo y tal vez contrató gente para arreglar algo de esto, pues no era la clase de conocimiento a la que él pudiera acceder, no sabía tocar clave.

Puente: Todavía sucede hoy en día. Los músicos latinos tocan mejor jazz, de lo que los músicos de jazz pueden tocar el ritmo latino. Siempre sucede.

Loza: En realidad Dizzy Gillespie dijo eso. Usted dice exactamente lo mismo que él dijo.

Puente: Oh, sí, seguro. Claro, él amaba nuestra música. Siempre estaba en ella . . . todo el tiempo. Él compuso (y ejecutó) gran cantidad de cosas con influencia latina, como "Cubano Be" y "Cubano Bop", "Tin Tin Deo", "Manteca" y luego "Night in Tunisia".

Loza: Pero la gran diferencia es la base rítmica. En otras palabras, muchos músicos de jazz no han ejecutado arreglos basados en la clave o en el piano pesado con *guájero* o en el *tumbao* y éstas son cosas que deben saber. Hay que hacerlas por mucho tiempo. Es lo mismo que hacer cambios en el jazz.

Puente: Oh, sí, seguro. Venían mucho a visitarnos al Palladium. Allí, era como nuestra casa del mambo de hoy, en 53rd Street con Broadway y las mejores bandas y toda la gente, solían venir a escuchar nuestra música y a ver a los bailarines. A una cuadra de allí, estaba Birdland, en la esquina de 52nd Street. Así que todos los tipos que estaban en el jazz, venían hasta aquí a oír la orquesta de Machito o a mí banda, tocando ritmos afrocubanos o estos mambos excitantes y les fascinaba. De allí también sacaron la influencia.

Loza: ¿Además de Dizzy Gillespie, cuáles eran los otros músicos que iban al Palladium a escuchar?

Puente: Pues casi todos . . . Charlie Parker, él grabó con Machito . . . el trompetista Howard McGee muy famoso en su tiempo. Oh, bastantes trompetistas y ejecutantes de jazz . . .

el saxofonista tenor Dexter Gordon. Todos venían al Palladium, se reunían con nosotros y grabábamos. Por supuesto también Stan Getz y su gente.

Loza: Menciona al Palladium, el escenario latino y lo compara con lo que estaba sucediendo en, creo que 52nd Street y el asunto del jazz. ¿Cuáles eran los clubes latinos? ¿Cuáles eran los principales salones de baile, los sitios importantes de la música latina? ¿Dónde estaban y porqué eran tan importantes en el desarrollo de esta música?

Puente: Eran muy importantes porque . . . teníamos a Roseland, un salón de baile muy importante. Teníamos al Palladium. Estaba Arcadia y arriba del centro estaba el Plaza y en el Bronx también había salones de baile. En el centro, había un salón allí y todos esos lugares. Después, los hoteles, solían dar muchos bailes latinos, pues tenían salones bellísimos. La música era realmente muy popular y nosotros tocábamos allí y en todos los hoteles en las montañas, en los grandes hoteles y en los clubes de playa de Long Island. La música en sí, se estaba volviendo muy popular y no tenías que ser latino para quererla. A los no latinos, les gustaba mucho también.

Loza: Ahora Tito, por supuesto usted mencionó, Juilliard. Estudió allí y claro, una cantidad de . . . bueno, gente como Miles Davis en la actualidad, venían a Nueva York en los años cuarenta para estudiar en Juilliard. Usted también estudió allí, probablemente durante ese mismo tiempo. ¿Por qué fue que . . . gente del jazz—y en su caso, latina—repentinamente deciden ir a Juilliard? ¿Qué era lo que los llevaba allí? ¿Era el prestigio o era la técnica que usted buscaba aprender? Pues básicamente era la tradicional música clásica la que se aprendía allí. ¿Qué lo hizo ir a Juilliard?

Puente: Bueno, originalmente fui a Juilliard a estudiar orquestación, pues no fui allí por la percusión. Fui por composición, orquestación y adaptación y naturalmente para transcripción y copia. Allí tomé diferentes materias, pero me di cuenta que estudiar en Juilliard, no enriquecía lo que yo quería aprender a tocar, porque estaban principalmente en el campo clásico. Como ahora que tengo el fondo para la beca. Les di becas y todo eso, pero comprendí que esas becas no significaban nada para ellos pues no estaban en mí campo. Yo era más del jazz y latino y sentía que esos músicos necesitaban más esa educación o algunas becas, así que me salí de allí y dejé las becas a esta gente, ¿comprende? Y muchos de ellos son músicos de jazz, pues ir a Juilliard, es ir a un conservatorio de música. Ellos están más con los clásicos, no conocen realmente la música latina que nosotros tocamos. La percusión que ellos enseñan se basa en tímpanos, tambores, címbalos y trabajo sinfónico.

Loza: Entonces, mientras que originalmente su beca estaba específicamente asociada con Juilliard, ¿ahora la ha ampliado a algo más libre?

Puente: Oh, sí, amplié a Boys Harbor y a todas las universidades y conservatorios de música; es principalmente para gente joven que ya ha comenzado a estudiar música, que lleven dos o tres años y que necesitan ese último año para obtener su grado bachiller o su maestría y necesitan los fondos. Por esto los ayudo para que se gradúen. Sí uno comienza con gente muy joven, pueden cambiar de manera de pensar al año. Pueden decidir convertirse en odontólogos o abogados o cualquier otra cosa. ¿Entiende lo que le digo? Esta gente ya ha estado estudiando música, sabe artes de ejecución. Conociendo esto les doy la beca a bailarines—bailarines de ballet, como a esa chica del Ballet Hispánico, Tina Ramírez. Bueno, se las doy a los que tocan, a los arreglistas, a los compositores e instrumentalistas que estén estudiando.

Loza: Es interesante que esto haya sucedido con muchos músicos que quisieron ir a Juilliard. Lo mismo, creo, de lo que usted cuenta que le sucedió en los cuarenta en Juilliard, se parece a lo que le sucedió a Miles Davis. Recuerdo que en su autobiografía, él escribe que después de un año más o menos, se cansó de las restricciones que imponían, al estudiar solamente la armonía de Europa occidental y no podía imaginar como la usaría en lo que él quería hacer. ¿Es esto, lo mismo que usted sentía?

Puente: No. Lo que sucedió fue que después de la guerra, el gobierno pagaba la mitad del costo de las clases, sí usted estudiaba. Entonces, primero . . . presenté mi audición—tenía que presentar un examen antes de entrar a Juilliard . . . y luego estaba estudiando el sistema Schillinger con el Sr. Richard Bender, pero en ese tiempo las lecciones eran muy costosas, valían $15, así que yo pagaba $7.50 y el gobierno pagaba los otros $7.50. Mientras estudié allá, traté de aprender como se escribía la música de las películas. Me interesaba en eso, en las gráficas y en lo demás—sabe, transferencia de melodías—eso era lo que realmente estudiaba allí. Al final me di cuenta, que no estaba en ello del todo, que ese no era mi interés principal, así que no estudié más. Tengo mis libros y todo, salí de allí uno o dos años después y me dediqué a desarrollar mi estilo y todo eso, ejecutando y tocando, pues todo el mundo tiene los mismos libros, todos van al colegio; todos estudian; todos se gradúan; reciben un diploma bien grande, van a casa y lo cuelgan en la pared y lo miran todo el día. "¿Qué hiciste"? No haces nada. Conoce a los médicos y odontólogos, todos es lo mismo. Tiene que seguir adelante, tiene que practicar. Practique y gane experiencia en ello. Es lo mismo para los músicos. Allí, en aquellos días solía haber muchas sesiones mezcladas—podía quedarse y tocar—eran lugares donde los músicos solían reunirse a discutir diferentes arreglos y tonadas, o "¿oíste ese disco"? y todo eso, usted sabe. Todo esto es parte de su crecimiento y de su experiencia en cualquier profesión.

Loza: Un comentario más sobre Juilliard. Es un punto interesante, ya que ahora hay gente como Wynton Marsalis, anteriormente asociado con Juilliard. Creo que asistió allí; ha hecho programas de radiodifusión PBS con Juilliard. Ahora está haciendo algo con Tanglewood, con PBS, con Sony . . . El asunto es, que como usted decía Tito, para muchos músicos—y es algo importante que el público comprenda—que algunas veces es importante, para algunos como Miles Davis o un Tito Puente el haber estado en Juilliard, donde pueden competir con el tan llamado otro estándar, pero al mismo tiempo comenzar a demostrar que, pues, hay otros patrones de excelencia y que dos o tres años allí pueden ser suficientes para ello. Usted sintió que llegó el momento de entrar en el mundo de la ejecución, para poder usar realmente las herramientas que había recibido, ¿verdad?

Puente: Claro, seguro. La ejecución es un punto importante; es mi punto ahora. Todavía estoy en el momento de la ejecución. En un punto duro de la profesión, porque tiene que mantener el nivel (the chops up) como decimos. Tienes que tocar el corno; tienes que mantenerte al día con lo que está ocurriendo y con la generación joven—el tipo de música que prefieren—y tienes que mantener al día los conceptos melódicos y armónicos, el fraseado y lo demás. Muchas de las orquestas de jazz que tienen en las universidades, como la de Indiana . . . (y) todas esas orquestas de jazz que hay en los Estados Unidos, están hambrientos de algo nuevo; por eso el jazz latino se ha vuelto muy popular ahora. ¿Ve? Combina el jazz con lo latino; no pierda autenticidad en la percusión latina, pero mantenga una buena concepción, un buen conocimiento de la armonía y la melodía para que el músico de jazz, se interese en ejecutar solos, soportado en el ritmo latino y esto es lo que encanta. Sé que está comenzando a gustarles mucho, pues recibo muchas llamadas por ello. Estuve de residente en la UCLA; estuve allí cinco días. Estuve al norte de Illinois, en la Universidad de Miami—tres o cuatro días en la universidad, haciendo talleres, seminarios . . . tocando con ellos, ejecutando conciertos con ellos y eso es muy importante. Para cuando me retiraba, ya ellos habían aprendido algo diferente sobre la música y les encantaba.

Loza: Y ha estado haciendo esto a lo largo de todo el país por bastantes años. También ha recibido numerosos doctorados honoríficos de . . .

Puente: Oh, sí, cuatro de ellos ya, pero he trabajado por cada uno de ellos. Tengo Westbury y tengo Long Island University y Hunter College; es un reconocimiento bonito, pues no mucha música de percusión es reconocida con estos premios. Voy a recibir el Hispanic Heritage Award en Washington y el Presidente Clinton me lo va a entregar; y toco en la Casa Blanca y en las casas de muchos dignatarios, siempre con música latina. Naturalmente, también toco en festivales de todo el mundo hasta en el Japón, Singapur y Australia. Acabamos de regresar de Europa, así que nuestra música está obteniendo mucho reconocimiento mundial y estoy feliz de tener todavía la posibilidad de ejecutarla.

Loza: Tito, quisiera cubrir un punto que estuvimos discutiendo juntos el otro día, pues creo que es importante: ya no tenemos muchos maestros músicos que realmente tengan la experiencia. Usted todavía está allí, compitiendo con los jóvenes *timbaleros*.

Puente: Sí, y están saliendo bien y son buenos—pero

de una u otra manera hacen parte de mi escuela y estoy contento por ello—y creo que seguiré por aquí uno o dos años más. Probablemente le bajaré un poco a la ejecución y me concentraré más en mis becarios y en el desarrollo de nuevos talentos.

Loza: Ya ha estado diciendo eso por unos diez años, que se va a retirar en un año o dos. Podría mostrarle un vídeo de hace diez años en el que decía lo mismo, así que esperaremos a ver sí sucede o no. No creo que eso vaya a suceder con usted.

Puente: Bueno, tengo salud—usted sabe, estoy tocando, es por eso. Mientras tenga salud estaré bien. Mi mayor ambición, es la de ser la primera banda que toque en la luna. Siempre se lo he dicho. Podría suceder en el año 2000. Dos mil y algo más estoy seguro.

Loza: Bien, el punto que estábamos discutiendo era: es veterano de la Segunda Guerra Mundial, antes del período de Juilliard y después de sus años de adolescente y joven en las calles de Spanish Harlem rodeado de esa gran música—en el medio, tenemos esta enorme guerra mundial en la que fue reclutado. Sirvió en la armada, ¿cómo influyó esto no sólo en su carrera militar, sino toda su filosofía al respecto? Experimentó algo que casi ningún otro joven músico vivió, aunque ha habido otras guerras desde entonces. La verdad, esto fue desafortunado, la guerra del siglo, probablemente de muchos siglos. ¿Cómo le afectó esto?

Puente: Sí. Tuve suerte, y . . . primero que todo estuve en un portaviones; estuve allí por tres años; participé en nueve batallas. Tengo una recomendación presidencial; quiero decir, estuve en acción, pero en un barco. Formamos una orquesta allí y resultó que uno de los tenientes era un piloto, que había sido arreglista en una banda [dirigida] por Charlie Spivak. En aquellos días muchos arreglistas, directores e instrumentalistas estaban en la armada. Yo estaba en la armada y generalmente llegaban como pilotos. Entonces crearon un vínculo conmigo; me enseñaban como escribir música, arreglos y como hacer partituras y todo eso—como escribían para Benny Goodman y para esas grandes bandas que habían por allí. Así que aprendí mucho mientras estuve en el servicio, a la par que hacía mi trabajo en el barco. Mi vida profesional estaba detenida, pero yo estaba aprendiendo, estudiando, tocaba los tambores en el barco y luego me pasé al saxofón. Teníamos cinco saxofones; yo comencé tocando el alto y escribiendo partituras para banda, en ese tiempo de jazz-pop, música bonita; no era un jazz pesado ni bebop ni nada por el estilo. Allí desarrollé una gran experiencia en escribir. Durante el servicio tuve tiempo para eso.

Loza: Una de las cosas que encontré, cuando escribía mi otro libro sobre la música de los mexicanoamericanos de Los Angeles, fue que muchos veteranos que habían estado en la guerra—gente como Eddie Cano, llegaron a ella en el momento sublime del final . . . había terminado, pero otros como Andy Russell y Lalo Guerrero, estuvieron allí todos esos años—y el comentario de muchos sociólogos e historiadores al respecto, es que muchos latinos de este país, realmente emergieron de la guerra, pensando de una manera totalmente diferente, en el aspecto social y hasta en el político, porque en un instante había miles de latinos en el extranjero, peleando por este país y desarrollaron un sentimiento de "bien, nosotros también estamos defendiendo el país". Esto hizo que muchos latinos y afroamericanos, por ejemplo, fueran más francos, sobre sentirse americanos al regresar. ¿Alguna vez sintió esto?

Puente: Bueno, yo no lo sé. El sentimiento anda por ahí, hoy más que en la época de la guerra y fui a pelear por mi país, que era este país, como hicieron todos los veteranos. Y también hubo cosas, como la ley que decía que cuando regresabas del servicio, debían devolverte el trabajo que tenías. Ahora que, cuando yo regresé—había dejado la orquesta de Machito—cuando volví, fui a donde Machito y le dije, "Gee, ahh . . . tu sabes, ¿crees que podrías darme trabajo? Sabes, ¿con la banda? Estoy buscando trabajo". Su timbalero era mi amigo, Uba Nieto, murió hace muchos años. Él le dijo a Machito, "Tu dile a Tito, que no puedo devolverle su puesto, pues tengo cinco hijos que mantener". Entonces fui a donde José Curbelo, un gran director de esa época y no tuve problema para conseguir el trabajo. En ese entonces las bandas latinas tocaban en clubes nocturnos del centro, còmo Conga y Habana—Madrid. Teníamos buenos clubes, pero debíamos ser excelentes músicos ya que tocábamos durante el espectáculo, no sólo música bailable sino debíamos tocar valses, tangos, sambas y boleros. Tocábamos toda clase de música, no sólo la del barrio como en el Spanish Harlem. Gané mucha experiencia tocando en el tambor toda esa música, así que fue de esa manera, como desarrollé mi capacidad de leer y ejecutar toda clase de música . . . música del espectáculo. Estuvimos en el Bill Miller's Riviera en Nueva Jersey, un club grande . . . grandes, grandes espectáculos, interpretábamos y grabábamos en ese entonces. En el estudio, hombre, tenías que saber leer música. Entraba, paraba en el octavo compás, y comenzaba nuevamente en el noveno, ¿comprende? Muchos músicos de percusión latina no sabían leer música, dependían del oído y el oído no llega tan lejos. La verdad es que debemos aprender nuestra profesión, nuestro instrumento. Eso es. Hay que estudiar, es lo que todos hacen hoy en día y estamos teniendo profesionales músicos muy buenos y talentosos.

Loza: Ahora, Tito regresó de la guerra. Estudió un poco en Juilliard. Entró en la banda de José Curbelo, como ya lo dijo. Éste es el periodo de Machito, Tito Rodríguez y otras bandas y por supuesto se puede decir, es el comienzo de su propia banda. Éste fue un período intenso de salones de baile—música latina en la ciudad de Nueva York, la cual se extendió por otras áreas, no sólo de este país sino a través del Caribe, de regreso de donde había venido y luego a otras partes de América latina. ¿Cuáles fueron algunos de los eventos esenciales como grabaciones, artistas que se volvieron importantes durante la posguerra y que hicieron que el asunto latino se disparara a tal grado de éxito y popularidad?

Puente: Bueno, uno de los nombres más importantes de ese período después de la guerra, era el de un hombre al que llamaban "El Rey del mambo", Pérez Prado. El señor Pérez Prado tenía gran renombre, particularmente en la Costa Oeste con los mexicanos y desde luego en México. En Nueva York mi música era diferente a la suya. Mi música era bailable principalmente, era más tipo cubano o cha-cha-cha tipo americano. Lo que gustaba, así que yo tenía muchos seguidores no-latinos, mientras que Prado, tuvo grandes éxitos porque en ese entonces grababa con el gran sello de la RCA Victor y fue allí que hizo "Mambo Jambo" y "Patricia" y "Cherry Pink and Apple Blossom White". Preciosos éxitos los suyos, pero esa música no era música bailable. Podías escucharla y era medio comercial, si se puede llamar así. Era un hombre muy talentoso e hizo grandes grabaciones en México con Beny Moré, sencillos y cosas así, pero en este país, Machito, Tito Rodríguez y yo éramos más bien obstáculos para él, porque nuestra música era seguida por gente que realmente amaba nuestro estilo . . . buena música bailable, mientras que la suya no lo era. Por eso la RCA firmó conmigo, claro que me archivaron un par de meses, sabes, para que no dañara las ventas de Prado y todo lo demás.

Firmamos porque yo tenía . . . mi música era . . . como los álbumes *Carnaval cubano* y *Dance Mania* que aún son actuales y la gente los compra, pues es muy buena música para bailar, porque yo estaba adelantado a mi tiempo, tocando como Machito, ¿entiendes? Ahora, que salieron los CDs, la nueva generación—sus padres les hablaron de la orquesta—ahora oyen esos CDs y ponen ¡su mente a volar! por eso estamos tan ocupados hoy, porque ellos dicen, "Gee . . . ¡esto es grande! Manía, sabes, ¿que ese tipo loco del que me hablabas, Puente, está en la ciudad? Viene para un concierto aquí. Quiero agarrarlo". Y cuando regresan a casa, le dicen a sus padres, "Gee, ¡fue grandioso! Realmente él toca divino".

Entonces es ahí donde estamos ahora, por el realce de la música en la era del CD, porque sí hubiéramos dejado quietas todas esas grabaciones no hubiera pasado nada. Haciéndolas salir a la luz de nuevo, todo ese jazz . . . ¡está sucediendo también en el campo del jazz! La gente está oyendo las grabaciones de *Blue Note* de los días del viejo Charlie Parker y Miles y de los viejos tiempos y del gran Ellington; las cosas viejas están emergiendo de las murallas que las retenían. Ahora la gente es más abierta. Tienen los oídos más dispuestos. Tienen el concepto de la música, del jazz . . . hasta los latinos. Están al tanto de todo, naturalmente viajan a través de todos los Estados Unidos y conocen los artistas del jazz y los latinos. Y les dan reconocimiento.

Loza: Ahora, estas diferencias entre los dos mambos, es una cosa muy interesante, hasta John Storm Roberts en su libro, hizo la diferencia entre Pérez Prado y del otro lado menciona a Tito Puente, Tito Rodríguez y por supuesto a Machito, pero especialmente a Tito Puente y Tito Rodríguez. Si el mambo de Pérez Prado personifica la comercialización del mambo en el mundo, Tito Puente y Tito Rodríguez personifican el destino artístico o la culminación artística del mambo. En otras palabras, él decía que el mambo en Nueva York era un complejo de cosas, más complicadas en marcha.

Puente: Era auténtico, no artístico. Estábamos tratando de producir la música más auténtica del Caribe, mientras que Prado no entró en ello. Él era más comercial, más pop, con el "huuhh" y los ademanes y las trompetas de notas altas y todo eso. Tu sabes, era su propio sonido, realmente. Tenía un buen sonido propio. Su sonido, definitivamente, pero ese no era el sonido de Rodríguez, ni el de Machito, ni mi sonido, ¿ves? Y las tres bandas, también tenían sonidos diferentes. Si usted es realmente un músico, está en ello. Siente lo excitante que da Machito. Machito se concentraba más en los cantantes y yo en los instrumentos, con buenos vocalistas también, pero mis instrumentales eran emocionantes.

Loza: Exactamente y claro, siendo Tito Rodríguez un cantante . . .

Puente: Claro, naturalmente. Seguro, él apreciaba eso mucho más.

Loza: Usted es el arreglista, el orquestador, el percusionista, ¿verdad?

Puente: Bueno, arreglista, orquestador, percusionista, vibráfono . . . usted sabe que yo estaba más por el lado musical; mientras que Machito que también era cantante, tenía que depender de Mario [Bauzá] para los arreglos. Siempre necesitaba de un tercero para que le diera ideas. Yo, no. Yo estaba en lo mío. Me sentaba, escribía lo que quería, le pedía al cantante que tomara su clave o le decía, "¿Qué piensa de esto"? y yo lo escribía, ¿ves? Esa es la diferencia.

Loza: Irónicamente fue el mambo cubano, que en la propia Cuba nunca despegó como en México con Prado o aquí con las tres bandas a las que se refiere Puente, Rodríguez y Machito. ¿Era parte de la autenticidad también, que aquí en Nueva York y más aún que su música, junto con la de Machito y Rodríguez fuera ejecutada más comúnmente en el contexto del salón de baile? Mencionó que Prado hacía muchos conciertos, fue de gira a Europa con Stan Kenton, estaba mucho en la Costa Oeste. ¿Qué tan importante era esto en la música? Mucha gente olvida el punto, "Hey, recuerden que la gente bailaba", y esto era tan artístico como los tipos que tocaban en el escenario. ¿Cuál era el corazón, la esencia de esta relación con el baile? ¿Qué tan importantes eran los bailarines?

Puente: Muy importantes, pues nacían muchos ritmos a través de los años, hasta el bossa-nova, que llegó a ser muy popular. Cuando nace un ritmo y no hay un baile para él, el ritmo muere. Por ejemplo la era boogaloo, pasó. El shingaling, ¿sabes? No pasó nada. Es por eso que la música se ha mantenido siempre, porque tiene bailes bellos para acompañarla. Puedes hacer un lindo cha-cha-cha, un bolero, tu sabes, parejas que se unen y bailan. Muy importante en aquellos días. Teníamos estudios en todas partes. Los estudios de Arthur Murry y Fred Astaire, todos esos estudios a lo largo del país, enseñando el tango, el mambo, el cha-cha-cha y todas esas clases de ritmos. Y todos esos hoteles arriba en las montañas Catskills, tenían clases de baile todos los días. Todos los clubes de la playa tenían estudios. Así que, al tiempo que aprendían a bailar, escuchaban los discos y luego se reunían en el salón de baile, asistían a horas de conciertos y bebían champaña, Miami Beach, la música latina era muy popular allí, en todas las playas. Así que el concepto de tener un estudio de danza era muy importante para la música, porque la música sola aunque maravillosa y todo eso, necesita poder bailarse para mantenerla unida y popular. Algunas veces yo no podía tocar música de verdad. Debía tocar una música, donde ellos pudieran sentir lo excitante del mambo y que pudieran levantarse a bailar con ella ¡sintiéndola! Todavía le pregunto a la gente, "¿La sentiste?" y ellos me dicen, "Sí, Tito, la siento". Debo llegar a ellos. ¿Lo ves?

Loza: ¿Y si no hubiera existido este contexto, de salones de baile como el Palladium, Roseland, etc, probablemente la música no hubiera sobrevivido, verdad? Eso es lo que hizo posible la música.

Puente: ¡Oh, sí! Bajó un poco cuando apareció el rock and roll. Llegó el rock and roll y la música latina comenzó a morir. Nunca se fue . . . La escena seguía allí, pero ya no era tan popular, aunque en aquellos días teníamos orquesta. Estaba Carlos Molina, una gran orquesta; Nano Rodríguez y Noro Morales, ellos acostumbraban a tocar en teatros al igual que Miguelito Valdez y Xavier Cugat. Tocaban en el Strand Theater, el Paramount Theater. Éstas eran bandas que estaban haciendo aquello. Pero el concepto 'baile' es distinto en las bandas de teatro. Allí se toca más comercial y artístico, como usted dijo . . . bailando . . . un grupo cubano bailando la rumba y todo eso, la *guarachera* y todo el colorido. Pero la música que nosotros tocábamos era principalmente para el salón de baile, para bailes de sociedad. Aquí, en el lado este tenían esos bellos clubes; los clubes privados siempre tenían una pequeña banda de rumba para llamar; cuatro o cinco piezas y todos de levantarían a bailar "Frenesí". Muy importante, en esos días ese baile se fue con la música y eso es lo que está sucediendo hoy.

Loza: Tito, usted grabó . . . creo que 105 álbumes . . .

Puente: Sí.

Loza: Seguramente es un record mundial en el campo de la música latina. Muchos de los artistas del jazz, no han grabado esa cantidad, muchos artistas sinfónicos tampoco lo han hecho. Así que está bastante delante de los artistas en general. Entre esos álbumes, ¿cuáles son en particular, algunos en los que usted sienta que demuestra los cambios que hizo, las innovaciones en el campo de la música latina y más allá de ella? ¿Cómo comenzó a comprometerse con algo que llamó "jazz latino?" Eventualmente la gente comenzó a llamar a esa música "salsa" en los sesenta; algo que no se había visto antes. Usted hizo muchos comentarios interesantes, sobre porqué apareció súbitamente esa palabra, para una música que ya había existido desde antes. ¿Cuáles son algunos de sus mejores arreglos, orquestaciones y composiciones grabados en esos 105 álbumes, que usted considere sobresalientes, con elementos que puedan llamarse innovaciones en la música latina?

Puente: Bueno, cuando comencé a grabar—naturalmente digo hoy (yo era) terco, pero no es que fuera terco; tenía mis ideas musicales y eso era lo que quería grabar. En aquellos días era la compañía disquera la que decía que se grababa o el hombre de A & R, como le llamaban. Tenías que grabar lo que ellos quisieran. "No" les dije, "Yo tengo mi propio estilo y esto es lo que quiero hacer", y continué haciendo lo mismo hasta que salió mi primer álbum y todavía está por ahí. Su nombre es *Carnaval cubano* y luego hice *Dance Mania*. Molestaba tanto a estas personas, pues las cabezas de cada departamento no conocían nada de música. Muchos de los jefes de las compañías disqueras son hombres de negocios, no son músicos, tienen a otros trabajando y luego dicen al tipo como grabar esto, porque en esos días llegaba el editor, que les pagaba por hacer que tal artista grabara tal número. Entonces uno debía ir al estudio a hacer lo que le mandaran. ¡Ve!, hoy en día es distinto. El artista llega con su composición, su propio arreglo y algunas veces hasta con su propia casa disquera. Entonces tratan de hacer, lo que querían que uno hiciera y es por esto que yo grabé diferentes tipos de álbumes. Hice un precioso álbum de cuerdas. Hice álbumes de guitarra y álbum de percusión. Y tuve suerte, fui afortunado que un hombre apareciera, Marty Gold, todavía está por allá. Escribe para películas. Hicimos un álbum revolviendo dos bandas, la orquesta de Buddy Morrow y una orquesta latina. Dos bandas en el mismo estudio, tocando la misma tonada en jazz y latino. Es mi álbum favorito. Eso era un concepto adelantado a su tiempo, ¿lo ves? Justo ahora acaba de salir en CD. Eso fue en 1960, o sea que ese álbum ya era bastante adelantado . . . lo mismo que todo lo que se grabó en ese período. No es como ahora; hoy llegas al estudio y le dices a la compañía lo que quieres hacer y luego grabas. No es lo mismo con los cantantes. A veces es mejor consultar con alguien que sepa de que estamos hablando o entregar el material. Escogiendo lo que uno quiere. En ese tiempo grababas lo que ellos querían que grabarás, como el cha-cha-cha—grocery goods (víveres). Sabes que me obligaron a grabar ese álbum de cha-cha-cha, en las montañas donde yo no tenía nada en común. "Yo no quiero grabar allá. No es mi estilo". Tenía que hacerlo y lo hice.

    Loza: Una de las diferencias, claro, si lo comparas a hoy, es que había un publico gigantesco, un gran mercado para esos bailes especiales . . . el cha-cha-cha . . . por el mambo.

    Puente: Y yo estaba con ese publico. Es el publico que compra mis discos.

Loza: Entonces la compañía disquera quería otro álbum de cha-cha-cha, ¿verdad?

Puente: Verdad. Seguro, hice muchos. Es por eso que grabé tantos álbumes. Todos mis álbumes están en lista. Todo está allí y cuando oyes la música, es música bailable preciosa, ¿entiendes lo que te quiero decir? Eso era lo que hacía en ese momento, porque creía en ello y yo también soy bailarín y vi todos esos lugares en los que toqué y todos los estudios que se comprometían con el baile, enseñándole a la gente a bailar— ¡y la gente lo adoraba! Sabes, aún hoy, les fascina bailar y tomar lecciones como ejercicio, si lo quieres llamar así. Eddie Torres, un querido amigo mío, es coreógrafo, da clases de danza en salones de baile y tiene de 100 a 200 personas en la clase. Todas las edades, todos los colores, toda clase de gente aprendiendo como es el cha-cha-cha, el merengue o el tango; todo tipo de bailes. A la gente le encantaba salir a bailar y la música al mismo tiempo.

Loza: Tito, es gracioso como a veces miramos los años cincuenta, como una época que se deslizó y donde había mucho egocentrismo, americanos que producían y compraban, pero increíblemente tantos estilos musicales que salieron durante este período. Finalmente, claro está, la palabra jazz latino apareció en los cincuenta. En los sesenta apareció la palabra *salsa*. En otras palabras la música latina comenzó a cambiar, ¿no? Y muchos de los exponentes del jazz latino, muchos de los que practicaban la salsa, de música latina, también pasaban por un cambio social. Ya no hablaban tanto español como antes. Asimilaban más y más el inglés, la música de James Brown. Antes mencionaste el boogaloo; éste era un ejemplo de combinación, de la fusión de la música latina con *Rhythm & Blues* o jazz. Bueno, ¿cómo estos cambios afectaron su acercamiento, sus arreglos, su compromiso como músico latino, también como músico de jazz y como músico en general? ¿Especialmente, los llamados nuevos términos que aparecieron, *jazz latino* y *salsa*?

Puente: Bueno, usted sabe, cuando apareció el rock, entró con fuerza, muy popular. El problema que le encontré al rock, era que estaba usando nuestros instrumentos de percusión, hicieron reconocimiento, ¿ves? Siempre había uno que tocaba la conga o un timbalero de jazz, así una banda de *swing*, mientras tuviera tocando su propia conga, nunca daban reconocimiento, hasta muchos años más tarde. Desde hace diez o quince años lo vienen haciendo. Todas las bandas tienen algo de sentimiento latino en ellas, cencerros, maracas o una conga, timbales o bongos o una pandereta. Todas están relacionadas. Hace la música más excitante, hasta el jazz.

Como el *lindy-hop*, que era un baile de la época. Hoy en día nadie lo baila. Ahora, bailan el, sabes, la música bailable que llaman . . . bueno, simplemente se paran, mirándose el uno al otro, sabes; ni siquiera están sincronizados cuando bailan. Sabes que se parece un poco al boogaloo, no realmente pesado, ¿me entiendes? El baile disco fue bonito, pero no era fácil lograr esos tres pasos que usaban en la música disco y hasta me alejé del escenario, ¿ves? Había gente asistiendo a las discotecas en todas partes; uno se encontraba sentado en el suelo, sobre un cojín y pagando ciento veinte dólares por pasar allí la noche oyendo discos. Eso era lo que escuchaban. Yo dije, "¿Estoy loco? ¡Vámonos a oír una banda en vivo"! Sabes, por ese tipo de cosas que se acabó el disco.

Por supuesto, las discotecas que hay ahora, tienen una música diferente; con el hip-hop y la cantidad de jóvenes bebedores de cerveza que van allí a oír música y se quedan por ahí. Es el andar por ahí toda la noche lo que se parece, pero la música latina de ese tiempo atraía a la gente que venía . . . venían a la ciudad, para asistir a un espectáculo en Broadway o algo como eso. Después del espectáculo irían a cenar y luego irían al Palladium a ver bailar y a escuchar la música . . . o, la gente que salía de vacaciones, casi siempre se comprometía con la música latina.

Loza: Cuando apareció la palabra *salsa*, una de las cosas interesantes, era que había una cantidad de jóvenes más . . . de jóvenes músicos. No quiero decir que más jóvenes necesariamente, pues no creo que Eddie Palmieri, Ray Barretto o Johnny Pacheco sean mucho más jóvenes que usted. Tal vez unos pocos años, pero no mucho, pero aún así, usted fue capaz de hacer una conversión. Usted también se convirtió en *salsero*. ¿Por qué permitió convertirse en parte del movimiento de la salsa?, cuando ya estaba grabado . . . diciendo, "Bueno, salsa es sólo una palabra, ¿qué quiere decir?"

Puente: Bueno, quiero decir sí, ¿qué quiero decir?

No hay música salsa. Tan sólo le pusieron ese nombre a una música que estábamos haciendo todo el tiempo, el mambo, el cha-cha-cha, el merengue: la llamaron "salsa". La salsa es un condimento de la comida. Uno se la come, no la escucha. Tampoco la bailas, ¿verdad? Se volvió una palabra popular y los americanos . . . "Tito, ¿me podrías tocar una salsa"? Entonces yo decía, "¿Tienes dolor de cabeza? Te daré un Alka-Seltzer". Algo así decía. Ahora me uní a ellos. No voy a pelear más, ¿entiendes? El mambo, ¡llámalo como quieras! Sabes, "¿Me podría tocar una salsa tango"? No tienen ni idea de lo que están hablando. Salsa es todo. Salsa es condimento para la comida. *Salsa de tomate,* salsa de espagueti. Los mexicanos han usado la palabra *salsa* por siglos. Salsas mexicanas, salsa picante, sabes, para los tamales. Por eso se lo dieron a la música, para darle calor; la hace emocionante; es fácil de decir para todos. Saben que hasta en mis conciertos les digo a todos, "Ahora, ya lo saben, tocaremos para ustedes, ¡salsa! "Ohhh". Es el mismo mambo que vengo tocando por cuarenta años.

Loza: La salsa es picante, brusca. Es caliente y así es la música y esa es tal vez una de las asociaciones.

Puente: Sí, tal vez ese es el punto. Cuando tocas salsa, tocas música caliente.

Loza: Pero la palabra *salsa* aún existe, aunque ahora se ha vuelto muy distinta. Si oyes a Tito Nieves o a Eddie Santiago. . . .

Puente: Es estilo balada, con un buen *swing* que ellos tocan . . . bueno y muy lindo, muy buena música, muy bien grabada. Grabaron conmigo en, Tito y los muchachos, mi álbum número 100. En él, tuve 13 de los mejores cantantes y cuando hice mi álbum con Beny Moré, sabes que gané un Grammy. Tuve buenos cantantes ahí, así que grabé salsa, pero también cantaron eso todo el tiempo, *son montuno* y todo eso con las guitarras.

Loza: Estábamos hablando del jazz latino y hablaremos de jazz latino y luego de rock latino, pues esos dos realmente nacieron de la música latina o como quiera considerarlo. En un instante el mundo del jazz dijo, "Hola, lo latino se puede usar como base para el jazz", (y) en otro momento un tipo del rock, un conjunto llamado Santana hizo lo mismo. ¿Qué fue lo que lo hizo tan aceptado en el mundo del jazz? Y ¿cómo fue que entró al mismo tiempo en el jazz latino, la música bailable latina pesada y la salsa? Al mismo tiempo, desarrollaba su Conjunto de Jazz Latino, todavía tenía su gran banda, grupo latino y su gran orquesta. ¿Qué le permitió hacer esto?

Puente: Bueno, todavía lo tengo. Todavía tengo mi orquesta y mi Conjunto de Jazz Latino. Verás, todo depende de cuál trabajo consiga. Si tengo un concierto o tengo que tocar en un festival de jazz, en un club de jazz, entonces toco con mi Conjunto de Jazz Latino, pero si tengo que tocar en un baile, donde toda la gente danza y quiere oír buena música latina bailable, entonces uso mi orquesta, pues ese tipo de música necesita cantantes y una sección completa de saxofones; la agenda es completamente diferente. La música es distinta—con el jazz, naturalmente se improvisa más, más moderno, sabes, es más emocionante para tocar en los clubes, la gente lo entiende. Por eso me involucré con los dos.

Loza: Entonces, ¿qué fue lo que hizo comenzar la cosa del jazz? ¿Quiénes fueron los que comenzaron a moverla y cómo? ¿Por qué entró también en ello?

Puente: La verdad de todo es que yo entré tarde en el jazz latino, porque ya algunos de nuestros muchachos estaban allí. George Shearing, tocaba latino y jazz latino muchos años antes y sin duda Cal Tjader y Mongo Santamaría ya se habían involucrado con el latino, jazz latino o rock latino. En la Costa Oeste, Eddie Cano también lo estaba. Muchos grupos latinos entraron al jazz latino, pero yo no estaba del todo en él. Mi música era baile típica . . . buena música bailable latina. Pero en los últimos diez años, ocho años, cuando Cal Tjader todavía vivía, fue él, el que me puso en contacto con Concord Records. Ahora Concord es una compañía de jazz. No es como Fantasía, ¿entiendes lo que digo? Ellos [Concord] no estaban interesados en la música latina y resultó que como yo era un buen músico de jazz latino y Cal Tjader grababa con ellos esa música, él me llevó allí y comencé a grabar jazz latino para el sello Concord.

Y gané un premio Grammy allí. La verdad, gané tres premios Grammy en la categoría de jazz latino, no en categoría de latino. El primero que gané era de música típica en

1978, la música de Beny Moré con la gran banda y lo gané por mi buena música bailable. Pero en mis álbumes de jazz latino, yo siempre tocaba un lindo cha-cha-cha, algo realmente típico. Instrumental latino con un buen compás latino y luego llegué al jazz latino. Mezclé un poco, ¿ves?, no podía perder mi publico latino.

Y eso mismo sucedió con mi álbum número 100: tenía que grabar para ellos un álbum latino, porque los periodistas, la gente de la radio y los críticos, me estaban reprochando que me había olvidado de la música latina y me había pasado al jazz. Así que para demostrarles que yo siempre puedo volver atrás, hice mi álbum número 100 y cuatro más después con jazz latino. Los Grammys de ese año, ahora NARAS, (Asociación Nacional de Artes y Ciencias de la Grabación) nos ha dado la categoría de jazz latino. Allí es donde yo debía de estar todo el tiempo, pues muchos de nosotros tocamos buen jazz latino, sabes, como Paquito D'Rivera, Arturo Sandoval, Michel Camilo y muchos otros, pero no puedo recordar todos sus nombres. Me he reunido también allí, con excelentes grupos de jazz latino que no son típicos de la música latina.

Así en el años que Machito ganó su premio Grammy, lo hizo en la misma categoría que Julio Iglesias, ¿me comprendes? No tenían ni idea de lo que estaban haciendo allí. Todavía no lo saben. Tenían muchos problemas con la música clásica, tienen problemas todos los años y siempre los tienen con la música latina. Tenemos sólo tres categorías; mexicana, tienen pop y ahora tropical o como se llame. Pero allí mezclaron el merengue. Mezclan allí todo tipo de música . . . música colombiana, *cumbia*. Entre el jazz pusieron los blues. Tienen la Biblia; tienen el jazz. Hay muchas categorías en la música jazz—cantantes y esto y aquello. Pero a la música latina nunca le pusieron interés verdadero.

Loza: Y por supuesto éste era el problema y yo puedo atestiguarlo, pues por años he estado sentado en esos comités seleccionadores para NARAS y ese es el problema. Puedo recordar que por tres o cuatro años, su formato de jazz latino había sido lanzado fuera de las tres categorías de latino. Despues fue lanzado nuevamente hacia la fusión de jazz, lo cual es imposible y de repente usted terminaba compitiendo con los Yellow Jackets, con Miles Davis.

Puente: No quisiera ganar. Es como si veo a Dizzy Gillespie compitiendo en el campo latino, le diría, "¿Qué haces aquí? ¡Tu puesto está por allá"! Sabes, algo así.

Loza: Fue inútil. Claro que la categoría de jazz latino ya existe, pero irónicamente va a estar en el campo del jazz.

Puente: Sí, tan pronto como la ponen en la categoría de jazz, la llaman jazz latino; no tiene que ver nada con latino, ¿ves? ¿Por qué no? Lo que estamos tocando es realmente jazz.

Loza: Está bien, va a funcionar.

Puente: Sabes que tocamos jazz con el toque latino, eso es todo.

Loza: Por lo menos es un movimiento, pero nos tocó muy duro para llegar a tener esa categoría, ¿no es cierto?

Puente: Oh, sí, nos tocó duro, seguro, nos costó muy duro.

Loza: Usted puede atestiguarlo, yo puedo atestiguarlo también y muchos otros, pero sigamos adelante. La idea que su música no sólo ha penetrado el jazz, pues usted puede hablar de cosas que ha hecho con formato sinfónico, pues usted estudió y es capaz de orquestar aún para una orquesta sinfónica completa. Pero otra área que ciertamente tuvo gran influencia en todo el mundo, fue el desarrollo de algo llamado rock latino. Entonces su música y la música de otros artistas latinos, probablemente entró al rock, ya sea con "La Bamba" de Ritchie Valens o "Louie, Louie" o hasta los Beatles, o tal vez la gente original que grabó "Twist and Shout" (Isley Brothers). Todas estas tonadas han sido consideradas como crecimientos de, o influenciadas por, los ritmos y la música latina—por su puesto Carlos Santana, cuando grabó su tonada "Oye como va", originalmente un cha-cha-cha que usted escribió y grabó. Esto volteó al revés el mundo del rock y al mundo del pop. ¿Cómo sucedió? ¿Cuál fue su reacción? Y ¿cómo afectó esto su vida?

Puente: Bueno, pues a mí me afectó de dos maneras, sabes. Primero que todo, él utilizaba la guitarra y el tambor, debía hacer el rock pesado con el órgano. Ese era el sonido del rock latino en el momento que grabó "Oye como va". Yo lo había hecho 12 años antes, pero naturalmente su disco fue el éxito. Él tenía un gran nombre y era conocido en el mundo, así que muchas personas me pedían, "Tito, ¿podrías por favor tocar la tonada de Santana? Tu sabes, ¡'Oye como va'"! Si ves, es porque la gente no le da crédito al compositor, se lo da al intérprete de la música. No saben quién escribió esto o aquello, "Yo te amo", o lo que sea. No lo saben; no les importa; solo conocen al tipo que la canta. "Oh, sabes la canción de esto o aquello", y eso es lo que está sucediendo, ¿ves? Seguro que él ayudó mucho a que el rock latino llegara muy alto. Hoy en día lo sigue haciendo con ese precioso álbum *Abraxas,* que grabó y está en la música latina, sin que éste sea su campo principal. Su campo es el rock—es un excelente guitarrista y amigo. Es un intérprete y tiene mucha influencia latina. Es mexicano y muchos de los que están a su alrededor, también son buenos percusionistas y todo eso. Así que está completo con todo lo que está sucediendo y toca bien la guitarra, así que está con la gente del rock. Ellos lo aman porque tiene ese toque. Yo no puedo tocar esa clase de música, pues no estoy en eso. Si lo hiciera perdería mi publico. Estoy en el medio. Estoy en el jazz latino que es bastante y aún tengo mi ritmo latino avanzado.

Loza: Bueno, esto llevó su nombre a una nueva audiencia. De un momento a otro los fanáticos del rock estaban oyendo el nombre de Tito Puente, Santana grabó otra de sus canciones, "Pa' los rumberos".

Puente: Sí, "Pa' los rumberos". Sí, él me ayudó mucho para que la gente me reconociera, pues cuando hace entrevistas, él lo menciona y sus entrevistas son veinte veces más grandes que las mías. Por todo el mundo y a la gente a la que se dirige, son 20, 30 o 40 mil personas en un estadio. Yo me dirijo a unos pocos cientos en un salón de baile. Es una música bien diferente a la que yo toco.

Loza: Pues sí, eso es cierto, en la entrevistas él atribuye sus primeras influencias, al tiempo en que vino a San Francisco—comenzó con los blues y luego entró en Tito Puente y su cha-cha-cha y la rumba.

Puente: Bueno, él tuvo gente con la que trabajaba, como los hermanos Escobedo y otros. Ellos lo llevaron hacia mí, allí fue donde entró en lo latino.

Loza: Ahora los jóvenes artistas pop, como Sheila E, que viene de esa misma escuela, se puede decir que está muy influenciada por su padre [Pete Escobedo] y por usted.

Puente: Sí, pero ella es una joven artista pop y también rock. Tocó con Prince. Es una timbalera excelente, una tamborilera de rock and roll, también una percusionista muy buena y bella. La conozco desde que tenía nueve años. He hecho conciertos con ella, vídeos donde tocamos timbales juntos y ella es una buena ejecutante de percusión.

Loza: "Oye como va", claro, se convirtió casi en un himno para todos los latinos del mundo, desde aquí hasta el extremo de Chile, donde también la he oído. Lo tocan en Europa y en Asia y en todas partes. Es un himno, un himno internacional. Ahora, hasta el joven rapero Gerardo la tomó e hizo una canción rap.

Puente: Wow, sí, tremendo y Julio Iglesias también la grabó. Ves, es un tema, un tema feliz, un tema fácil. Todo el que la oye, desde el comienzo, quiere pararse a bailarla. Cuando voy a tocar en sitios y veo gente que tal vez, no está con la música latina, yo digo, "Agárralos con, 'Oye como va,' eso les encanta", y los encanta. Siempre lo hace.

Loza: En el área de la cultura popular, claro está, Gloria Estefan y su marido se han interesado en su trabajo, ¿cómo fue eso?

Puente: Oh, bien, Gloria Estefan es una joven señora, muy talentosa y su marido también lo es. Yo estuve en su último álbum, el que ganó el premio Grammy *Mi tierra*. Hice un montón de apariciones personales. También estuve con ella en el show de televisión de los premios Grammy, pero la gente no sabe, pues ella no se involucró con la gente latina. Toda su vida, sus discos importantes los ha hecho con americanos, con gente del rock, con la gente importante [industria]. Así que, ella decidió hacer este estilo de álbum y llamó a los mejores músicos latinos de diferentes países—Cuba, Puerto Rico, República Dominicana, a Luis Enrique de Nicaragua, Cachao en el bajo, Paquito D'Rivera en el alto. Tomó un grupo de buenos músicos y todos estuvimos allí y lo hicimos y ella lo hizo con el premio Grammy. Es un disco de platino. Lo están tocando en todo el mundo. Es un disco excelente. Ella canta muy bien, pero no creo que se mantenga en ese idioma, pues ya es una gran artista en la grabación de rock and roll en el mundo y ella se va a quedar con esa clase de música.

Loza: Es muy interesante ver a todas esas generaciones de artistas pop, sabes, regresando continuamente a la música de Tito Puente o al mismo Tito Puente; poniéndolo en sus álbumes como ella lo hizo.

Puente: Bueno, Linda Ronstadt es una; ella hizo música mexicana y Vikki Carr; muchos cantantes americanos cantan en español o cantan música latina en inglés; hasta los más importantes. Por esto la música se vuelve popular. Vikki Carr es muy popular en México y Latinoamérica. Ha recibido Grammys y todo eso. Su influencia es grande en el campo latino, más aún que en el campo americano.

Loza: Bueno, ella es otra que anduvo en las dos direcciones. Comenzó sólo en inglés. La gente no sabía que ella fuera mexicana y ahora, por supuesto, es más grande en Latinoamérica.

Puente: Puede ver eso, en el futuro, muchos de ellos estarán haciendo eso . . . como Gloria.

Loza: Es un concepto interesante, el de los dos mundos—como usted los ha vivido y como otros latinos lo han hecho también. Ya sea que vaya del rock al jazz, para la música latina, del inglés al español, es muy interesante, como todos los músicos latinos terminan viviendo, de alguna manera, en dos mundos.

Puente: Sí, debes conocer el otro mundo también. Ésta es mi vida. He sido un profesional de la música toda mi vida. No sé hacer otra cosa. Es decir, me he dedicado a desarrollar la música—manteniéndola en alto, tratando que reciba el reconocimiento mundial que merece—tanto como cualquier otra música del mundo. No creo en la palabra *crossover*. Mucha gente me pregunta que pienso de *crossover;* yo les digo, "¿cuál *crossover*? Yo ya voy de regreso. ¿Qué les pasa, están jugando? Yo no creo en el *crossover*". Si a uno le gusta una clase de música, no espera ningún *crossover* para que le guste. ¿Le gusta la música china? ¿Le gusta la música japonesa? ¿Le gusta la música rusa? ¿Le gusta la música alemana? Cualquier música que le guste . . . la francesa. Yo no espero a que se vuelva *crossover*. Yo profundizo en la música francesa; yo profundizo en la música italiana. Yo viajo alrededor del mundo.

Loza: ¿Acepta el papel que le han dado, como vocero de la música latina? Quiero decir, Julio Iglesias y por lo que he oído, hasta Frank Sinatra han querido grabar con usted y aún planean hacerlo. ¿Por qué le buscan a usted todas estas personas y hasta los artistas del pop?

Puente: Bueno, he estado por aquí mucho tiempo . . . cerca de ellos, ¿entiendes lo que digo? De allí me conocen— por supuesto, los periódicos, las revistas, las publicaciones americanas de jazz. He ganado muchas encuestas y siempre estoy envuelto en la música y nunca me quedé sólo con mi gente latina. En otras palabras, me abrí a toda clase de gente en el mundo y ellos oyen hablar de nosotros. Cuando mencionan mi nombre, cuando quieren oír lo mejor, como la película *The Mambo Kings*. Cuando quieren una película con música de mambo auténtica y excitante, sale a relucir mi nombre, porque yo me he involucrado con ellos toda mi vida.

Loza: La película *The Mambo Kings* lo reunió con una de sus colegas de tantos años, Celia Cruz. ¿Cree que esto fue un logro importante? ¿Que por lo menos les hayan puesto a usted y a Celia en la pantalla grande? ¿Cree que fue un ejemplo importante para los músicos latinos?

Puente: Bueno, la película tenía poco que ver con la música. Primero, me entristeció que muchos periódicos cubanos y en muchas ruedas de prensa preguntaban, "¿Por qué nuestra reina, Celia Cruz, por qué cantaba en inglés?—" sabes, esa clase de cosas. Traté de explicarles que esta película no tenía nada que ver con la música. Es la historia de dos hermanos que vienen de Cuba, está basada en la obra ganadora de un premio Pulitzer, a Oscar Hijüelos y se hizo una película sobre esa historia . . . La única razón para que yo estuviera en ella, era la música, que al comienzo querían comercializar, pero yo les dije: "No, ésta era la forma en que se tocaba en los años cincuenta"; si querían algo distinto, tendrían que olvidarlo. Pero luego, evidentemente tuvieron sus reuniones y dijeron: "Déjenlo en paz; déjenlo tocar como quiera". Esa es la parte emocionante de la película. Claro, lo mismo con Celia. Esa película me abrió muchas puertas en todo el mundo, por los diferentes lenguajes. Me llamaron a tocar en Winnipeg, Canadá. No sabía donde quedaba Winnipeg. Lo único que sabía de allí era que tenían un equipo de hockey que jugaba en Nueva York. Fui a Cheyenne, Wyoming; nunca había tocado para los vaqueros de allá. Un tipo me pidió que tocara salsa, porque había visto *The Mambo Kings* y le había gustado, mucha gente la vio en televisión. La pasaron en muchas partes y a mucha gente le gusto. La música que toqué allí fue reconocida, tan sólo porque trabajé con Armand Assante y Antonio Banderas. Sólo el mambo necesario como para ilustrar la parte de la era del Palladium, el resto, era una historia, tan solo eso. Así se lo expliqué a la prensa y eso los desanimó un poco respecto a la película.

Loza: Le reunió con Celia Cruz y ese era un aspecto importante de la película, pues ustedes dos han sido considerados como los progenitores, los iconos de la música latina— el abuelo y la abuela. La verdad, es una relación interesante, usted con herencia puertorriqueña, ella con herencia cubana. Usted un hombre y ella una mujer y aún así se reunieron con un estilo particular de música, común a ambos y su relación se remonta a muchos años.

Puente: Bueno, ante todo, ella no es una abuela y yo no soy un abuelo. Ella es la reina y yo el rey de la música. Ella es nuestra reina, bella mujer, encantadora mujer. La conocí hace muchos, muchos años. Cuando ella vino por primera vez a este país, la grabé. Hice con ella como nueve álbumes en los años sesenta. Es la reina de nuestra música por toda Latinoamérica. Traté de tocar para ella—la llevé al Japón y algunas veces cuando hago conciertos de jazz, como el de JVC Festival de Jazz y Carnegie Hall, el año pasado la traje conmigo a este último. Los americanos la adoran cuando comienza a cantar, porque es tan maravillosa, se está convirtiendo en un gran nombre en el campo americano y en el mundo. De todas maneras ya es muy conocida. No para de trabajar. Hizo muchas películas, más que yo, de cosas latinas. Es nuestra reina sin ninguna duda y yo la amo. Ya he tocado para ella más de 587 veces. La acompaño y tengo excelentes álbumes con ella.

Loza: Tito, una nota final . . . ¿cuáles son las cosas de la vida que realmente atan su espíritu, en la familia, sus sentimientos personales, sus emociones, la política, la religión, su parte espiritual, lo que sea, qué? ¿Qué le ha permitido de forma más personal, sobrevivir y continuar con esta vida de bella música?

Puente: Bueno, no sé si es mi signo zodiacal. Yo soy Tauro. Se supone que los Tauro somos muy creativos. Eso es lo que he leído. De todas maneras tengo un maravilloso hogar—mi mujer, Margie. Tengo una hija y dos hijos. En casa tengo tranquilidad. Soy una persona creativa, que piensa positivamente. Tengo buenas vibraciones para la gente, como con Celia, cuando nos presentamos ante la audiencia, les damos buenas vibraciones y felicidad. Se olvidan de problemas, porque ven que les damos de corazón. Cuando compongo, cuando escribo, tengo un incentivo para hacerlo, ser creativo el mayor tiempo posible. Sé que no durará por siempre, pero mientras pueda ejecutar, quiero hacer lo mejor que pueda y luego le entregaré con gracia a otra persona joven—sé que ya están creciendo, así como otros me dejaron la escena a mí. La dejaron en buenas manos, así que tuve la educación adecuada. Fui criado en un hogar excelente. Tengo educación, ¿entonces por qué no salir y llevar esta música lo más alto posible, para convertirme en un ejemplo para la gente joven? Y decirle no a las drogas y todo eso. Enseñarles que pueden ser grandes, también en este campo si se dedican a estudiar la música.

Tito Puente a los 12 años, con su hermana Anna de siete años, 1935.
(Colección de Max Salazar)

Foto de 1935 en la Iglesia Católica La Milagrosa, en Spanish Harlem.
Arriba al centro, derecha, vestido de soldado con gorra a los 12 años, Tito
Puente. Su hermana menor Anna (centro, izquierda) coronada reina en
esa ocasión. Olga San Juan, futura actriz de Hollywood, aparece cinco
puestos a la derecha de Tito. (Colección de Max Salazar)

Tito Puente con uno de sus primeros profesores, el director de banda José
Curbelo, en Miami, Florida, 1939. (Archivo de José Curbelo en la colección
de Max Salazar)

Tito Puente, Armada de los Estados Unidos, 1944. (Colección de Max Salazar)

Tito Puente y los Picadilly Boys en 1948. El Palladium. De izquierda a derecha: Tito Puente, Angel Rosa (vocal), Jimmy Frisaura (trompeta), Chino Pozo (bongoes), Al De Risi (trompeta). (Colección de Max Salazar)

72

Pauta condensada para "Picadillo"; uno de los grandes éxitos de Puente, grabado en 1949. (Libro de la Orquesta de Tito Puente)

La Orquesta de Tito Puente (cerca 1951) en el Palladium. De izquierda a derecha: Al Escobar (piano), Tony Reyes (bajo), Puente, Vicentico Valdez (vocal), Frank Lo Pinto (trompeta), Frankie Colón (congas), Jimmy Frisaura (trompeta), Harold Negbriet (trompeta), Manny Oquendo (bongoes). (Foto de Harry Fine. Colección de Max Salazar)

El joven timbalero al frente de su orquesta al comienzo de los cincuentas. Detrás de Puente, se desempeña en las maracas el sonero Vicentico Valdez. (Colección de Max Salazar)

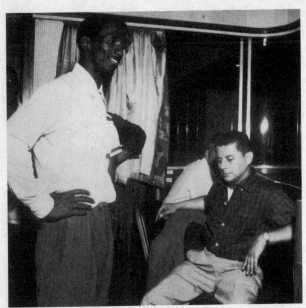

Puente oye las pistas recién grabadas en el estudio para el LP *Top Percussion* en 1957. (De pie a la izquierda, Francisco Aguabella.) Presentándose en esta grabación también estaban Mongo Santamaría, Willie Bobo, Julito Collazo y otros. (Cortesía de Bear Family Records)

En el Symphony Hall de Boston, 1954. Viaje de concierto Mambo U.S.A. Cantando en coro para la orquesta de Tito Puente están (de izquierda a derecha) Puente, Luis Kant y Willie Bobo. (Foto de Ralph Norman. Colección de Max Salazar)

Estudio Publicitario 1957. (Foto de Bruno. Colección de Max Salazar)

76

Tito Puente premiado por la estrella más grande del cine hispano, María Félix, en 1963. El segundo de la izquierda es Xavier Cugat. El Premio fue un reconocimiento a Puente como el artista más popular en la comunidad latinoamericana. (Foto de Villamil. Colección de Max Salazar)

Puente tocando, circa 1965. (Colección de Max Salazar)

Fotografía publicitaria, cerca 1970. (Foto de Martín Cohen)

Fotografía publicitaria clásica 1978. (Foto de Martín Cohen. LP *Percusión*)

La perspectiva de Salazar

Max Salazar es considerado por muchos músicos, críticos y lectores, como el periodista de música latina e historiador más importante hasta hoy. Ha escrito más de 200 artículos sobre variados tópicos, enfocado principalmente en puntos históricos de los artistas más importantes dentro de la música latina, como por ejemplo, Arsenio Rodríguez, Beny Moré, Antonio Arcaño, Miguelito Valdés, Chano Pozo, Machito, Tito Rodríguez, Charlie Palmieri y Tito Puente. Los artículos de Salazar han aparecido desde los años sesenta en revistas como, *Latin Beat, Latin New York, Nuestro* y *Billboard*. Salazar también ha jugado un papel importante en la radio, como anfitrión de programas musicales por 15 años (1974–89) en WKCR-FM en la ciudad de Nueva York.

He elaborado este capítulo, basado en una entrevista que llevé a cabo con Salazar, en noviembre de 1994 en Nueva York. Nacido en Nueva York en el mismo barrio en el que creció Tito Puente, Max Salazar posee la perspectiva esencial y la comprensión del papel de Tito Puente, en la progresión histórica y cultural de la música latina. En el momento de la entrevista, él tenía 62 años y había visto o vivido todo lo que compartió conmigo. Sus opiniones son sólidas, cándidas y están basadas en conocimientos personales y sinceros de los eventos. Le tengo un gran respeto, no sólo por su perspicacia sino por sus normas éticas y criterio analítico.

He tratado de dejar la entrevista intacta, incluyendo mis propias preguntas, que algunas veces se involucran y son específicas; el ser específico era mi deseo y siento que las preguntas resultaron ser parte importante del contexto de la entrevista y del diálogo—un intercambio de ideas en un momento en particular, sobre temas puntuales que eran importantes para nosotros dos. He editado partes que divagaban significativamente o que eran sólo puntos de aclaración. La mayor parte de la entrevista se dejó intacta y su presentación aquí, es cronológicamente fiel a nuestra discusión.

Salazar: Déjeme hacer una exposición de apertura. La música ha sido parte de mi vida desde que tengo memoria. Me ayudó de muchas maneras, psicológicamente, a pasar el día, a sobrellevar etapas; pues cuando oigo discos como *mambos o son montuno*, siento algo adentro. Me emociona y creo que esa es una de las razones, para haber estado casado por un largo tiempo, por 40 años con la misma mujer. Mi esposa murió hace tres años. Era una dama irlandesa. Me casé con ella, cuando ella tenía 15 años, esta dama irlandesa; yo la "volví puertorriqueña" y bailaba el mambo como latina de hueso colorado. Por esto puedo decir que el mambo, ha sido una parte muy importante en mi vida; cuando regresé del servicio, estaba en la división aerotransportada 82 en Carolina del Norte. Allí fue donde la conocí, ella era del sur. En esos días y aún hoy, para que un matrimonio durara tenías que tener suerte. Tienes que tener suerte y yo creo que la música fue una de las cosas que nos ayudó. A través del día a día, sabe, y otras cosas.

La música siempre ha estado en mi vida y cuando conseguí ese trabajo de disc jockey fue accidentalmente, pues este sujeto Carlos De Jesús, quien hoy en día trabaja en AM radio y era mi compañero de universidad, un novato del Columbia University y tenía dos shows, uno en WBAI y otro en WKCR y me dijo: "Mira, yo no puedo cubrir los dos, ¿qué pensarías en hacerlo?" Y yo dije "claro, seguro", pero sabe, tenía miedo pues yo no sabía improvisar. Bueno, pues lo hice tal como dije, sólo que no tenía a nadie que hablara como Machito, así que yo comenzaba, "Bueno el 3 de septiembre de 1943, bla-bla-bla". Les contaba un poco la historia de la que había aprendido con Machito, algo así y luego esa era la tonada popular en el momento la tocábamos con Machito y Miguelito Valdés, así comenzaron a llegar algunas cartas a la estación—les encantaba, así me lo decían, "Hey, dejen al tipo al aire". Así es como comencé, el 25 de octubre de 1974.

En 1989, yo era muy popular. Ahora estoy aquí en la radio no comercial, la estación del City College, pero aún así, era mencionado en los periódicos—*El Show de Max Salazar*, el show del sábado, aquel de dos horas, llamado *El Show de los músicos latinos.* Aparecían en el *New York Times* y dirían de mi show del sábado, "Max va a entrevistar a Mongo Santamaría, Cal Tjader", o cualquier otro que fuera a estar; así que tuve un show muy importante y mucha gente quería sacarme, pues querían mi lugar, lo que yo había desarrollado. Era tan popular, que la gente enviaba muchísimo dinero. Les encantaba—no había otro show como el mío. (En la actualidad yo solo escribo.) Lo que he hecho, Steve, es—aún antes de 1974, que fue cuando comencé en la radio—algunas personas coleccionan estampillas o cualquier otro recuerdo, [pero] yo colecciono discos y conversaciones. Podría decir que yo era como un fisgón, ¿sabe? Para recolectar información sobre Noro Morales, lo oiría contando y anotaría todo al respecto, pues sería de primera mano, luego lo archivaría. Estos archivos fueron creciendo con el tiempo. Ahora, tengo suficiente, toda esa información sobre Noro Morales, el Spanish Harlem, Cuba, *la charanga* y conseguí como cuatro archivadores de tres gavetas, todos repletos de información—archivos, fotografías, cosas que yo coleccionaba. Era como un adicto. Iba y compraba discos viejos, compraba fotografías, me gastaba hasta $25 en una fotografía. ¿Adicto, sabe?

Así que sin darme cuenta que esta ruptura llegaría, asistía al City College en 1967 y en una de mis clases, creo que era de Literatura Inglesa 102 ó Composición en Inglés, la profesora nos pidió que escribiéramos un artículo no menor a 1.500 palabras, sobre algo que conociéramos bien y yo seleccioné la música latina. Ella dice, "Oíga, esto está tan bueno que puede ser publicado". En esos días había una revista recién inaugurada llamada *Latin New York*. Así que lo envié a *Latin New York* y ellos dijeron, "Hola, queremos que venga". Así fue como comencé en 1967. Desde ese día, he entregado más de 200 artículos para esa y otras revistas. Me refiero a *Nuestro*, a *Latin Beat* y muchas otras. Y mi reputación comenzó a crecer. Oyeron de mí en Europa. La gente de *Melodie Maker* oyó también y creció la circulación de *Latin New York*. Estuvieron en el negocio por 13 años y ahora *Latin Beat* llega a Colombia, Venezuela, Holanda, Alemania y hasta Cuba.

A la gente le encanta la historia. Yo la conocía pues fue lo que me mantuvo en WKCR. Les encantaba. Oír a Miguelito Valdés decir algo y luego oír sus discos. Luego él hablaría sobre Cugat y de cómo Cugat trató de engañarlo y luego seguíamos—esa es la historia desconocida de los días de radio de antaño. Así que usé esas mismas historias. Recolecté todas esas conversaciones grabadas y comencé a usarlas para la revista *Latin Beat*.

Loza: La idea aquí Max, es sobre Tito Puente y la creación de la música latina. Existen como diez libros sobre Miles Davis. Él hizo una autobiografía (con Quincy Trouppe) que me pareció excelente, pues mostró hasta su parte negativa. Cuando se habla de cualquier forma de expresión, cualquier tipo de vida, [cualquier] trabajo que se haga, se puede mostrar sólo la parte buena de las cosas. En el caso de Tito, tendrá que aparecer algo de eso, incluyendo lo negativo—en otras palabras, [a] lo que yo llamo puntos de choque y eso abarca todo, desde la política, la discriminación, [y] el racismo, hasta las convicciones religiosas y cosas de su vida personal. Tal vez él no quiera llegar hasta el fondo de todo, pero el punto de choque en la comunidad latina, se basa en muchos conflictos. Ha habido algo respecto a él, ya sea que fuera la industria de grabación, Fania, los sellos pequeños, el síndrome de la gerencia o la comunicación en términos de negocios; no lo veo como todo malo ni todo bueno. Como latinos, muchas veces somos desorganizados, pero sólo porque los demás lo dicen. Ellos tienen tantas guerras como nosotros, si no más; lo que pasa es que nosotros somos más desinhibidos, respecto a discutir entre nosotros. Yo creo que eso a veces es un factor positivo. De todas formas, lo que trato de decir, mirémoslo de esa manera.

Lo que quisiera hacer, es tal vez escribir algo—podría ser un compendio de capítulos o artículos o ideas. Miremos a este hombre, Tito Puente y miremos la creación de la música latina. ¿Qué pasó? ¿Cómo personifica o representa él a la comunidad? Yo diría, que la comunidad que él representa es la del Nueva York puertorriqueño, la comunidad nuevorriqueño. Eso es lo que él representa. Es también uno de los personajes de la comunidad latina, que ya sea hablando de música, actores, escritores, se ha convertido en un icono de la identidad latina. Eso es muy interesante, especialmente cuando llegamos a los músicos. En otras palabras, Tito es visto en la comunidad latina, no sólo como un puertorriqueño sino que trasciende a esto, aunque todos saben que es puertorriqueño y que su experiencia también lo es y él la internacionaliza. ¿Qué es esa comunidad? ¿Quién es Max Salazar? ¿Qué es la comunidad puertorriqueña? Muchos sabemos porque sucedió aquí, pero ¿qué forma alguien como Tito o como los otros, como Eddie Palmieri, Charlie Palmieri o Ray Barretto; qué es lo que hace a esa comunidad, cuál es su experiencia con ello y cuáles son las razones para que la música salga de esto, las razones para que la música se haya vuelto tan importante? Como usted—usted se casó con alguien y la música fue algo a lo que ella se adaptó y fue parte dominante. ¿Por qué es algo que domina en esta comunidad y por qué llegó a ser, tal vez la parte más importante en esta comunidad, desde que se desarrolló en Nueva York?

Salazar: Déjeme comenzar diciendo que Tito Puente es como nuestro Bach, nuestro Beethoven. Lo mismo que oímos sobre Mozart y vemos un cuadro de su vida hace 200 años. Tito es lo mismo pero actual. Pero no es sólo él. Antes que él, estuvo Machito. En los cuarenta Noro Morales y por lo que yo he oído, esto sucedió alrededor de los años treinta, en esa época fue que los latinos comenzaron a llegar aquí, cuando Puerto Rico se convirtió en comunidad en 1919, después de la Primera Guerra Mundial. Los primeros puertorriqueños, la primera ola incluyó a Rafael Hernández, el famoso compositor puertorriqueño y su hermano. Llegaron aquí en 1919.

De allí en adelante siguieron viniendo; comenzaron aquí sus vidas, pero tenían que aprender la manera americana, las costumbres, los hábitos, acostumbrarse al clima frío y cosas así. Todo esto llegó con el tiempo. La música era más como baladas o la danza de Puerto Rico. Pero eso era popular sólo entre ellos. Luego vinieron los cubanos y su primer músico fue Vicente Sigler, era 1926; éste es el primer momento en el que he podido rastrear aquí una banda—La Orquesta de Vicente Sigler, un mulato cubano que tocaba la trompeta. No tocaba en Harlem, sólo en los hoteles del centro, llenos de españoles y algunos exiliados políticos de Cuba y Puerto Rico, quienes trataron de dar un golpe de estado y ya no pudieron quedarse allí.

Entonces, creció alrededor de la música cubana, porque todos, no importa de que nacionalidad, gravitaban hacia la música cubana y en 1926, cuando Miguel Matamoros apareció con el "Son de la Loma" eso explotó en la escena. Por esos días se oían, "Siboney" y "Mama Inés", pero ninguna tuvo el impacto de "Son de la loma", esa las superó a todas. Oímos de ella aquí en Nueva York. En 1930, la Banda de Don Aspiazu vino a tocar, creo que al Teatro RKO en Manhattan. Fueron los primeros cubanos que vinieron a traer su música.

Bueno, en ese escenario un hombre llamado Antonio Machín, el vocalista de la Banda de Aspiazu, salió con una carretilla y comenzó a cantar "Maní . . . ", "El vendedor de Maní" y comenzó a lanzarle maní al público que estaba sentado. Bueno no fue solo porque recibieron un maní gratuito; fue porque la melodía era rica, sin importar su antecedente étnico les agarraba, les calentaba la sangre.

Loza: Todavía lo hace.

Salazar: Y es por eso que todos los músicos han grabado "El Vendedor de Maní". Ahora se puede decir, que en ese tiempo, en 1930, cuando Don Aspiazu presentó la Revista cubana en el teatro RKO, es cuando comenzó la salsa. Es el nacimiento de la salsa.

Claro que Aspiazu regresó a Cuba. Machín se quedó aquí, formó un grupo—Mario Bauzá hizo parte de ese grupo, y cuando otros cubanos y puertorriqueños comenzaron a venir desde las islas y la población siguió creciendo. Primero en Brooklyn, hasta que ya no pudo contener más latinos. Luego comenzaron a irse para Harlem, que era una comunidad rica, predominantemente judía. Yo entrevisté a Victoria

Hernández, la hermana de Rafael Hernández y me contó que los primeros puertorriqueños en Harlem, llegaron a 99th Street y ella estaba entre ellos. En la esquina de la 2nd Avenue, entre 1st y 2nd y desde allí se regaron por todo Harlem que era área judía. Cuando los puertorriqueños fueron contratados como superintendentes, comenzaron a mudarse a los edificios y a cuidarlos; luego, cuando alguien se mudaba, ellos notificaban a otros puertorriqueños o latinos diciendo, "Hola, hay un apartamento disponible", y se mudaban allí. En 1935, en el área judía había cubanos, puertorriqueños, mexicanos, suramericanos y se volvió predominantemente hispano, creo que con más puertorriqueños que todos los demás.

Por esos días, la música florecía allí. Estaba Machito, que había llegado en 1937, porque Mario Bauzá le había dicho, "Mira, aquí dejan en paz a los afroamericanos. Ellos tienen otras cosas que hacer, tienen su propia vida nocturna, ellos no tienen que tolerar nada de lo que estás soportando allá [Cuba]". Así que Machito quiso venir y lo hizo. Una semana más tarde, Machito cantaba con Las Estrellas Habaneras. También estaban Caney, Enrique Madriguera y todos esos otros tipos, también los mexicanos, Tito Guízar, Jorge Negrete, Toña La Negra, Dios mío, uno queda abrumado al ver toda esa gente, en esta área conocida como Harlem. Estaban muriendo de sed por la música.

Loza: ¿Y éste fue el comienzo de la industria de grabación?

Salazar: Sí.

Loza: ¿Y de la industria del cine?

Salazar: Sí.

Loza: ¿Y del sonido en general, del sonido grabado?

Salazar: Sí, seguro. Pero también estaba el teatro donde sólo se proyectaban películas judías. Se llamaba "Teatro Photoplay". Los nuevos dueños, le cambiaron el nombre por el de "San José". Proyectaban películas mexicanas en español, tenían espectáculos en español; los chicos talentosos del barrio tocaban allí. Así fue como lograron entrar. El Teatro Mount Morrison en 116th Street, se convirtió en hispano. Ellos cambiaron todo. Trajeron gente de toda Latinoamérica y la presentaron allí. Gente como Negrete, Tito Guízar—oh, y muchos otros.

Loza: Suena como el Millón de Dólares en Los Angeles. Allí pasó lo mismo.

Salazar: Eso formaba parte de la escena latina neoyorquina; [yo sé] porque mi abuela me llevaba a esos espectáculos, sabes.

Loza: ¿Y hacían películas o shows en vivo, verdad?

Salazar: Sí, hacían las dos cosas. Recuerdo haber oído "Jalisco no te rajes" por vez primera en el Teatro Hispano.

Loza: Jorge Negrete . . .

Salazar: Jorge Negrete. Todas esas fotografías . . . María Félix. Recuerdo ver las luces, oír ese piano, era Noro Morales. El lugar enloqueció, pues la mayoría eran puertorriqueños. Muchos músicos llegaron en ese tiempo. Pero algo pasó alrededor de 1940 y fue que el sonido estaba cambiando, no sólo aquí en Nueva York sino en Cuba.

En Cuba, *la charanga* de Antonio Arcaño a través de Cachao y de su hermano, un nuevo sonido de mambo que ellos llamaron *nuevo ritmo* y aquí teníamos un tipo que estaba adelantadísimo, Miguelito Valdés, haciendo cosas con sus cuerdas vocales, que nadie había oído antes, también lo había hecho en Cuba en el Casino de la Playa. Así que cuando llegó aquí, Cugat lo agarró ahí mismo, ya que nadie [había] oído algo así antes. Y yo, como un chico en el Spanish Harlem, no estaba muy interesado en los tríos puertorriqueños ni en la música folclórica de mi familia. Pero cuando oí cantar a Miguelito Valdés, "Anna Boroco Tinde", entré en la música latina y lo mismo hicieron mis amigos americanizados. Al año siguiente, oímos a Machito con su "Sopa de pichón".

Olvídelo, eso era. Ya éramos latinos de nuevo y estábamos orgullosos de serlo. Así fue como comenzó. Los tipos importantes de esa época eran Caney y Noro Morales. No podías señalar solo a Tito Puente [excepto] tal vez hoy en día. En ese tiempo Tito era un chico que estaba aprendiendo su arte, aprendiendo como.

Loza: Como usted, él oía lo mismo, iba a los mismos teatros.

Salazar: Él estaba en el jazz. Él estaba en la música latina. Tiene que recordar que tocaba siete instrumentos y era un bailarín de concurso. Se convirtió en arreglista y no lo hizo solo. Sí hay alguien a quien darle las gracias, debemos comenzar por sus padres, quienes como se dice le dieron el incentivo para continuar. La madre de Tito Puente era puertorriqueña natural. Su padre también de allí, tenía herencia española. Ernest Anthony Puente, nació el 20 de abril de 1923 en el Hospital de Harlem.

Por lo que sé, fue muy cercano a Tito en un tiempo, el tipo estaba destinado al estrellato, para ser conocido como Bach o Beethoven, pues tenía sentimiento por la música. No sólo para la música latina sino para las cosas pop que pudiera cantar. El tipo hacía todo musicalmente bien. En 1940–41 ya trabajaba con la orquesta de Noro Morales y tenía 15 o 16 años. Ve, Tito dejó el colegio a los 15 o 16, así que . . . entró a la Banda de Machito. Mientras estaba con Machito en 1942, fue reclutado. Entró a la armada. Sirvió en un portaaviones. Allí dominó los saxofones alto y tenor, recibiendo clases [secretas] de músicos que eran aviadores o marinos. Él aprovechó cada segundo de su vida preguntando y aprendiendo sobre la música.

Cuando salió del servicio, trató de recobrar su puesto en la orquesta de Machito, pero no pudo hacerlo, pues Uba Nieto había tomado su puesto en los tambores y Uba tenía una familia de seis para cuidar. Puente lo entendió y dijo que conseguiría otro trabajo y así lo hizo, pues Tito, René Hernández y Joe Loco eran arreglistas respetados por todos, especialmente René Hernández—era el pianista de la orquesta de Machito—el tipo podía tomar una tonada simple y escribir con ella una partitura que sería un éxito. Y [Puente y Loco] eran admiradores de Hernández. Cualquiera que sepa de música, le dirá que tal vez René Hernández era el favorito entre esos tres.

A mediados de los años cuarenta, Tito Puente trabajaba con la orquesta de José Curbelo, con Pupi Campo y con Frank Martí en el "Copa", tomaba clases privadas con profesores de Juilliard en orquestación, percusión y cosas como esas, allí es donde encuentra el vibráfono y todo eso. Lo que sucedió, fue que teníamos en Nueva York algo que llamaban academias de baile. Eran lugares donde los hombres iban, compraban un boleto y éste les aseguraba un baile con una anfitriona.

Había como 15 academias de danza, pero Roseland y Arcadia eran las más populares y la gente olvidó las demás.

El salón de baile Palladium quería seguir siendo competitivo, así que seleccionaron a Machito y a Mario Bauzá, porque tenían muchos seguidores, vendían muchísimos discos, el sonido de esa gran banda de Machito ¡Hay que oír! Nadie tocó como Machito, ni siquiera en Cuba. Lo más que alguien llegó al sonido de Machito, fue una banda llamada Julio Cueva, que venía de . . . creo que de Santiago de Cuba.

De todas formas, querían a Machito, porque él sabía tocar foxtrots, valses, boleros, rumbas y en lugar de contratar otra banda que tocara otro tipo de ritmo, se le daban las partituras a la banda de Machito y ellos las tocaban. Tocarían tangos, foxtrots, polcas, eran muy versátiles. Pero eso no ayudó. El jefe los llamó a su oficina en el Palladium y les dijo, "Bueno muchachos, ustedes siempre llenan los hoteles judíos allá en la montañas. ¿Por qué no vienen los hoteles judíos aquí a oír su banda"? Machito le explicó que era porque iban a otros lugares, tenían sus hoteles y ayudaban a su propia gente. Entonces, Mario Bauzá le preguntó, "¿Qué siente respecto a los afroamericanos"? El jefe contestó, "Mire, yo solo me preocupo por los 'verdes.'" Éste era el dueño del lugar, su nombre era Tommy Morton. Bauzá dijo, "¿Por qué no intenta el baile latino aquí? Déjeme arreglarlo todo y luego me dirá que piensa, ¿bueno?", pues la gente latina y los latinos de Harlem, sólo iban hasta la 110th Street.

Así que lo echaron a andar y llamaron al promotor Federico Pagani. Él tenía estas ideas locas y resolvió llamarlo el "Club Blen Blen". Imprimieron pequeñas tarjetas con un descuento de 15 centavos y las regalaron en las estaciones del subterráneo y en los paraderos de los buses. Así que la música latina, finalmente estaba llegando al centro, al Palladium en Broadway con la cincuenta y tres. Ese domingo que comenzaron, lo iban a hacer a las cuatro de la tarde. Mario Bauzá llegó allí, pues él y Machito eran los anfitriones. Había una muchedumbre como en la noche de Año Nuevo en el Times Square, así. Lo que pasaba era que nunca habían visto tantos latinos en el centro de Manhattan y era que iban para el Palladium a este baile fantástico llamado el Baile del Subterráneo.

Loza: ¿Pero específicamente latinos?

Salazar: Había seis bandas latinas. Se extendió desde las cuatro de la tarde hasta la una o dos de la mañana. La Banda de Machito fue la última en tocar. Tocaron Noro Morales, José Curbelo, una banda de merengue y un tipo desconocido.

Loza: Bien, ¿el motivo aquí, era competir entre bandas?

Salazar: Sí, pero cuando las seis bandas latinas trajeron a todos los latinos, afroamericanos, blancos y mulatos del Harlem y de Brooklyn, el tipo hizo más dinero en ese solo domingo, del que había hecho en todos los meses desde que abrió.

Loza: Pues en otras palabras, no eran los latinos ni los afroamericanos que asistían a Roseland ni a Arcadia.

Salazar: Sí.

Loza: Ellos no los frecuentaban. Ésos eran primordialmente clubes de blancos.

Salazar: Sí, ves, los afroamericanos tenían el Salón de Baile Savoy en 142nd Street y Lenox Avenue; los latinos tenían el Park Palace en 110th Street y la Quinta. Los puertorriqueños, los latinos, acostumbraban ir al Salón de Baile Savoy en las tardes—creo que de una a cinco o algo así—pagaban 25 centavos y bailaban allí. Luego, a cierta hora, cuando se terminaba, bajaban a 110th Street al Park Palace y muchos afroamericanos iban con ellos. Creo entender que bailaban tan bien como cualquier latino. Pero llegaban sólo hasta allí, hasta que todos esos lugarcitos que abrían y luego cerraban por no tener licencia. Pero el Palladium comenzó en 1947 y fue un éxito. Quiero decir arrasaron con todo.

Luego el tipo dice, "Miren lo que quiero hacer, quiero que esto continúe. Quiero tener aquí música latina. Lo haremos los domingos", todo, porque el hombre ganó un montón de dinero. Vendió licor, vendió sodas, no había hecho nunca nada parecido. Bien, pero entonces Machito tuvo que salir de la ciudad, así que trajeron otras bandas. Le dijeron a Federico, el promotor, "Mire, consigue unos grupos *vente tú*", ¿sabes que son los *vente tú*?—venga aquí. Todos esos tipos [una banda de "recogidos"]. Una noche no lo logró. Así que dijo, no más, traigan los mejores grupos. Deben traer a los mejores, sólo lo mejor nos mantendrá en el negocio.

Bueno, Tito Puente estaba con Frank Martí o con Pupi Campo y Federico fue a hablarles, les dijo, "Mire, tráiganme un grupo escogido, porque ustedes van a comenzar en el Palladium". Así que, él estaba sentado y Tito se le acercó al pianista, Joe Loco y le dijo algo o le cantó algo al oído. Y él comienza a tocar esta música, algo nuevo que Tito quería ensayar, algo que tal vez Pupi Campo aprobaba. Lo tocaron y el tipo dijo "Wow, ¡debían de verlo! ¡Estaba fuera de este mundo! Así que se acerca a Tito y le dice, "Tito, ¿cómo se llama esa tonada?" y Tito responde, "No le he puesto nombre todavía. Es algo que reuní, una mezcolanza. Es un picadillo". Así que Federico le dice, "Mire, quiero que arme un grupo, escoja un grupo y vaya allí y yo los voy a presentar como los *Picadilly Boys*". Así que al domingo siguiente, Puente abre el Palladium para el matinée con los Picadilly Boys y ya conocen unas de las tonadas escritas allí.

Loza: "Picadillo"—esa llegó a ser grande ¿verdad?

Salazar: Hasta hoy. Así fue el comienzo para él.

Loza: Entonces, es así como comenzó su orquesta, ahí mismo.

Salazar: Él comenzó—los Picadilly Boys estaba conformada principalmente con tipos de la banda de Pupi Campo y algunos de la de José Curbelo, tuvo a Luis Varona una semana al piano. Cuando no estaba Luis, le reemplazaba Charlie Palmieri o Al Escobar, otro pianista. Lo que sucedió fue que Tito debió estar encantado con la adulación, con todas esas bellas mujeres arrebatandolos y manoseandolos. Así que en marzo de 1949 le dice, creo que, Pupi Campo se va y se lleva a la mitad de la banda . . . a los Picadilly Boys—ese era el nombre que les había dado Federico Pagani. Los Picadilly Boys comenzaron a construir su reputación en el 1948–49.

Loza: ¿Pagani, quién era él?

Salazar: Un promotor. Federico Pagani. De ascendencia puertorriqueña. Era el tipo que solía contratar las bandas y los espectáculos para los teatros. Todo lo que sucedía en Harlem. Y Tito Puente formaba su banda en marzo; abandona a Pupi o a Frank Martí, porqué estaba con Frank Martí, pero cada vez que lo necesitaban, enviaba un sustituto a Martí al "Copa". Él les dijo, "Voy a hacer este asunto". Probablemente porque pagaban más o por los arreglos y todo eso.

Siempre estaba enviando reemplazos si encontraba mejores 'asuntos.'

Así que forma su grupo y comienza su primer programa, que será en el fin de semana del 4 de julio de 1949, en un lugar llamado Atlantic Beach. La banda está formada por siete miembros que aparecerán allí. De acuerdo a Frankie Colón, el que toca la conga, se sentaba en los ensayos que se hacían en el estudio de Luis Varona, en 116th Street cerca de Park Avenue. Luis Varona era un pianista de renombre y su madre daba clases de piano, así que ensayaba en su estudio. Eran solo siete, Tito era el séptimo y no tocaban música latina, solo partituras americanas. Las únicas piezas latinas que tocaron, fueron cosas vaporosas como "Perfidia" y cosas así. Bueno, no importa lo que Puente haya hecho, hasta los foxtrots americanos, le sonaban estupendos, ya sabes porque su pluma era demasiado. Hombre, él si sabe como escribir para estas cosas. Así que hicieron Atlantic Beach, incluyen a Frankie y . . . cuando tocan tonadas latinas, él toca la conga.

Así, después del Día del Trabajo, cuando termina el programa, regresan a Nueva York y Tito le agrega una trompeta al grupo, incorpora a Chino Pozo en los bongoes; aumenta la banda [a] creo que, ocho o nueve sujetos y se convierte en un *conjunto* de trompeta. En esos días el sello Tico Records, tenía un par de meses de existencia. Estaban buscando con quien grabar y Tito se dio cuenta, que tenía que dejarse ver para llegar a ser conocido. Así que acepta cuatro lados con Tico.

Mientras tanto, llega a California un vocalista cubano que conoce a Chino Pozo, el hombre de los bongoes que se presenta con Tito Puente, se encuentran a la hora del almuerzo, en el Local 82 donde van los músicos. En una cafetería llamada La Salle. Allí Chino presenta a su amigo con Tito Puente. Es Vicentico Valdés. Ahora Vicentico, usted sabe (*risas*) no ha habido nadie como ese nombre desde el mismo Vicentico Valdés. Así que, "Hola, cómo estás, bla, bla, bla", y él dice, "Mire, vamos a tener un ensayo, ¿por qué no viene con nosotros"?—sin saber nada sobre el potencial de Vicentico Valdés.

Bueno, Tito tenía un vocalista—creo que su nombre era Angel Rosa—un buen cantante, pero había partes de una canción llamada, "Tus ojos" que él no había podido hacer bien. Así que Chino Pozo dice, "Tito, dejemos que Vicentico la cante. Él le mostrará la transición y como hacerla". Bueno, entraron a "Tus ojos" del comienzo al final—adiós, adiós Angel Rosa (*risas*) pues lo que Puente oyó allí, ¿quién se podía comparar con él? Aquí comienza una leyenda. Se complementaban el uno con el otro.

Bueno, en octubre de ese año 1949, van al estudio a grabar los cuatro lados de Tico y uno de los lados es una canción llamada "Abaniquito". Bueno, "Abaniquito" fue un batazo. Tico Records había contratado a un hombre llamado Dick "Ricardo" Sugar para que comprara 15 minutos al aire para promocionar Tico Records. Cada noche, durante esos 15 minutos se oía "Abaniquito". La gente que lo oía en el show de Dick "Ricardo" enloqueció; fueron a buscar a (la banda y sus discos, preguntando), "¿Quién es ese tipo Tito Puente"? Y así fue como comenzó. Luego el show de Dick Ricardo se volvió tan popular, que pasó de 15 minutos a 30 y a una hora y a dos y a cuatro horas a lo largo de los años cincuenta.

En 1950, el "Mambo Número 5" de Pérez Prado explotó en la escena y llega el nuevo sonido del mambo. Hasta ese momento, *la guaracha* y *la rumba* eran los ritmos y Noro Morales y Machito eran la banda número uno. De pronto, entran en escena Tito Puente y Tito Rodríguez con nuevas ideas y nuevos sonidos. La Costa Oeste tenía su versión del mambo. Era el sonido gutural de Pérez Prado. Nueva York tenía un sonido diferente, que posteriormente sería el mambo del Palladium, el que permaneció al final.

En ése entonces, Tito Puente comenzó a grabar para todo el mundo—para el Centro de Música en Español, para Discos Seeco, para Verve, para RCA, sólo para que conocieran su nombre. Con cada grabación—que vendiera. Quiero decir que, las orquestaciones eran excelentes, eran modernas, tenían influencia del jazz, era un sonido nuevo. Tito prendió muy rápido. Luego hizo "Vibe Mambo". Nadie había oído un mambo con vibráfonos. Él lo hizo y prendió. Él influenció gente como los Baxter y George Shearing, Cal Tjader; a todos éstos y luego a los de la Costa como Tony Martínez, probablemente a Bobby Montes y a los que más tarde siguieron esta corriente.

Comenzó a crecer y a crecer muy fuerte, hasta que empezó a creer que un día podría caminar sobre el agua. Comenzó con "El Rey de los timbales", "El Rey" de esto y aquello y se le subió a la cabeza.

Loza: (*se ríe*) ¿Esto comenzó desde entonces, mmm?

Salazar: Pero la verdad es que el hombre era grandioso. No podías negarlo; esto emocionaba a la gente. Estoy hablando de la gente como las estrellas de cine, acostumbraban ir al Palladium para oírlo.

Loza: Por eso es chistoso; podría serlo [eso] si lo comparas con, digamos, Machito, Pérez Prado o Tito Rodríguez, una de las mayores diferencias era que su "gato" hablaba inglés. Los otros hablaban inglés, pero Puente había asimilado la corriente mucho más que los otros y probablemente esto le permitiría promoverse a sí mismo como "El Rey" y los latinos comenzaron a llamarle "rey" y por lo mismo los anglos, comenzaron a llamarle así también, probablemente. Quiero decir, que eso es parte de la ecuación que se estaba desarrollando, ¿qué cree?

Salazar: No—bueno sí, porque él estuvo en el servicio, tenía que interactuar en inglés con los demás que hablaban ese idioma y en la noche, justo antes de la película, se presentaba ante la tripulación y él estaría con la sección de saxofones o tocando en el piano tonadas como "How High is the Moon" y otras así.

Loza: Él tocaba todas esas cosas de gran banda. Cosas directo al frente.

Salazar: Él tocaba tambores redoblantes, tocaba el saxofón, tocaba el piano.

Loza: Bueno, Bauzá también, pero Machito no. Tampoco Pérez Prado, ni Tito Rodríguez.

Salazar: No, pero algo más importante, en 1939, fue presentado a un hombre llamado José Curbelo, quién tenía una mente de negociante, no sólo era un gran pianista sino que tenía cabeza para los negocios. Él atendería a Curbelo y a Miguelito Valdés que tenían cabeza para los negocios—no haga esto, haga aquello, esto es lo que debería buscar, ponga atención a esto o aquello.

Loza: Valdés había entrado a Hollywood.

Salazar: Sí, él lo sabía. Sabían como andar por ahí,

como boxeadores que saben como moverse y golpear, especialmente Curbelo. Mucho del éxito de Puente, no está sólo en su música sino en lo que Curbelo le enseñó, como tratar a la gente, en lo referente al dinero y demás. En 1959, cuando Curbelo se retiró, formó la Agencia Alfa, que se convirtió en la agencia de contratos más importante, porque a mediados de los años sesenta Curbelo manejaba bajo contrato a los más importantes y él que no contratara sus bandas no tenía qué contratar. Él que no firmara con Curbelo no encontraría trabajo.

Loza: Así que siguió adelante.

Salazar: Más que eso, protegió a Puente como si fuera su propio hijo. Puente conseguía los mejores contratos, el mejor dinero, lo mejor de todo.

Loza: ¿Curbelo era cubano o puertorriqueño?

Salazar: Cubano.

Loza: ¿Tito Puente tenía vínculos con los cubanos?

Salazar: Con todo el mundo. Nunca vi a Tito ondear una bandera de Puerto Rico. Otros músicos y directores de banda si lo hacían. Tito no. Tito hacía chistes, cosas así. Hacía muy bien todo lo que Curbelo y Miguelito Valdés le habían enseñado . . . Tito, con cada año que pasaba, mejoraba y mejoraba. Luego, al comienzo de los cincuenta estaba llegando a la cumbre, iría a la Habana, Cuba y cada almacén de música, tenía filas y filas de orquestaciones por un dólar. Para piano, tres trompetas y todo—¡nuevas canciones! ¡por un dólar! Machito, Puente, Rodríguez, nómbrelo y todos fueron allí y recogieron todo por un dólar y luego le entregaron las partituras a sus músicos.

Ahora que, ésos eran llamados arreglos de repertorio. Pues, Puente cambió muchos de estos arreglos de repertorios. Tomó "lo dicen todos", de Arsenio Rodríguez, le cambió un poquito aquí y otro poquito allá y salió algo distinto. Le agregó el toque Puente que era como su firma. Se oía como Tito Puente, puedes decirlo, tiene su sonido, así como Machito tenía el suyo. René Hernández le dio al sonido de Machito, su sonido personal y resultaron canciones extraordinarias.

En 1952, Tito hizo 37 grabaciones—todas las 37 eran éxitos potenciales y es allí cuando se eleva, como si fuera el tipo en lo alto del mundo. Recuerdo haber ido cada semana al Palladium en el '52 y en el '53; se oía una música diferente, una nueva en el libro. ¿Cómo diablos podías competir con eso? No se podía. Luego alguien le llamó "El Rey de los timbales". E hicieron un baile en St Nicholas Arena. Un escritor de *El Diario La Prensa,* un hombre llamado Bobby Quintero creó una competencia entre Tito Puente y Pérez Prado, para decidir quién era "El Rey" de la música latina—eso lo haría oficial. A la vez que la gente lo llamaba "El Rey del timbal" empezaron a llamarlo "El Rey de la música latina". Esto fue en el '55, la era del cha-cha-cha y sigue siendo el rey (Pérez Prado era llamado "El Rey del mambo".)

Loza: Por ese tiempo, Puente realmente progresaba con los nuevos sonidos.

Salazar: Puente estaba caliente.

Loza: Seguía pasando de una artimaña estilística a otra o como quiera llamarlo.

Salazar: Siempre estaba al día, pues algunos de sus mentores estaban pendientes y le decían "ensaya esto o aquello". Además, él (personalmente) tenía sus nuevos sonidos.

Loza: En esto hay algo muy interesante, me pregunto sí otros músicos decían lo mismo, "Mira lo que le están haciendo a la música". Así como lo dicen hoy—como lo han dicho siempre. Quisiera saber sí alguien, como Mario Bauzá reaccionaba estilística o filosóficamente hacia lo que Tito hacía con la música. Y aún regresando atrás, cuando Machito se unió con Bauzá y hacían cosas, como combinar el swing del jazz de las grandes bandas con la música cubana, en ese momento los tradicionalistas allá en Cuba decían: "¿Qué hace Bauzá? ¿Qué hace Machito? Esto aunado al punto que Bauzá se había hartado con el problema racial en Cuba. ¿Había resentimientos? En otras palabras, músicos como Arcaño en Cuba diría ¿Qué hacen esos tipos"? Además, mientras Tito Puente progresa, será que Bauzá dice, "¿Qué le está haciendo a la música"? ¿Alguna vez se ha preguntado algo así?

Salazar: Si lo he pensado. No había dudas sobre lo que le había hecho a la música. Lo que hizo fue adelantarla años luz.

Loza: Así que todos lo adulaban. Lo que quiero decir es, ¿no había resentimientos?

Salazar: Había resentimiento por celos.

Loza: Celos. ¿Pero no estaba siendo cuestionado musicalmente?

Salazar: No señor. Sí oye lo que Puente hizo; quiero decir, tomaba un cha-cha-cha que no tenía nada, porque estaba muerto, cha-cha-cha brincados sin *montuno*—bien, le ponía su propio *montuno* y la gente se preguntaba, "¿De dónde diablos saca el tipo las ideas"? Parece "El Silver Star", pero no es como lo escribió Enrique Jorrin. Eran los arreglos de Puente, lo que hacían la diferencia.

Loza: Tal vez Bauzá empezó a notar la atención que recibía Puente, porque Bauzá pensaba que era él quien había infundido esta moda.

Salazar: Machito y Noro Morales tenían las mejores bandas. Los dos Titos aparecieron de la nada y los sacaron de la esquina. Y luego, comienzan a mostrar ricas y eróticas melodías y Puente que sabe escribir, escribe el *montuno* cubano—ay hombre, eran melodías diferentes. La gente enloqueció.

Loza: Creo que está en lo cierto. Tito Puente fue capaz de producirlo rápido. Fue capaz de anotar pronto.

Salazar: Cada semana tenía algo distinto y así continuó. Comenzó la época del cha-cha-cha, un pésimo momento, pues había cha-cha-cha muy malos. En vez de tener *montuno* cubano allí, lo que había eran unos cha-cha-cha brincados sin *montuno*. Saltando de adelante a atrás. Realmente estancó la época. Muchas bandas tocaban eso . . . así que Tito empezó a ser fuerte a mediados de los cincuentas. Simplemente creció y creció, con todos esos programas nuevos y gente. Vendía discos, venía aquí, iba allí.

Loza: Bien, comenzó a hacer cha-cha-cha realmente bellos.

Salazar: Sí.

Loza: ¡Ese álbum *Dance Mania*!

Salazar: Ya iba para allá. Fue su álbum mejor vendido. Explotó en 1958. Fue grabado las dos últimas semanas del '57, justo antes de las grabaciones de *Dance Mania* en noviembre y diciembre, Mongo Santamaría, Willie Bobo, Bobby Rodríguez y Jerry Sanfino de la orquesta de Puente, grabaron *Más ritmo caliente,* sólo se habló de ella por tres años.

Ese año 1958, cuando fue lanzada, había buenos discos en el mercado. Estaba "Ritmo de Pollo" de José Fajardo, estaba el álbum del debut de Rolando La Serie, sumado a *The Most from Benny Moré* que vendió miles. La RCA tenía la influencia afrocubana de Shorty Rogers. 1958 fue un excelente año para la música, pero *Dance Mania* sobresale y es la que se oye los siguientes tres años. Puedo imaginar—a Puente oyendo esto, leyendo esto sobre él: él es esto, él es aquello, él es Jesús. Allí en su banda probablemente si le afectó.

Loza: Para usted, ¿cuáles fueron las mejores tonadas de ese álbum?

Salazar: "Hong Kong Mambo", "Cayuco", "Mambo Gozón". Ay hombre, ¡cada una de ellas! En 1959, llega un nuevo sonido—*la charanga* de Nueva York y Puente empieza a tener competencia por parte de Pacheco y Palmieri. Sin importar que tan grande haya sido Tito Puente, para mí nunca dejó de tenerla. La verdad, mejoró. Hoy en día suena aún mejor que en los cincuenta y se supone que ésos fueron sus mejores años. Pero lo que sucedió, quisiera decirlo, es que la gente se cansó, es parte de la naturaleza humana. Es lo mismo sí comes filet mignon o langosta todos los días; llegó el momento en que dices, "sólo quiero un perro caliente".

Loza: También es muy sagaz. Parece saber exactamente, cuando no lanzarse a un proyecto que no tiene futuro. Nunca se lanzó a la *pachanga.*

Salazar: Hizo una grabación—pachanga con Puente.

Loza: Pero la pachanga murió.

Salazar: Sí, murió. Lo nuevo fue el boogaloo y Joe Cuba se convirtió en rey. El y Eddie Palmieri, eran los músicos más populares del momento. En 1969 murió el boogaloo. Ya no los tocaban más en la radio y el resto del mundo sigue a Nueva York. De repente paró L.A., paró Miami, paró Puerto Rico. Hasta ahí llegó. Ahora, un nuevo sonido. El sonido del moderno guaguancó, del conjunto de Jonny Pacheco, luego vino Larry Harlow, llegaron y tomaron las riendas. Por ese entonces Fania creció muy fuerte e hizo una película. Pacheco era fuerte, también Larry Harlow. Estaba Ray Barretto, fuerte también.

Loza: Esa fue la explosión de la salsa.

Salazar: Sin Fania los mató a todos.

Loza: Y es ahí cuando la palabra *salsa* comenzó a circular.

Salazar: Cal Tjader, fue el que comenzó. No me importa que digan los demás, lo sé de buena fuente. Su álbum *Soul Sauce* que quiere decir "salsa del alma", en 1964, ¿verdad? Ese álbum buscó su camino, de California hasta aquí. Todos han querido quedarse con el crédito desde entonces, menos Cal Tjader.

Loza: Yo oí que Jerry Masucci. . . .

Salazar: Sí, también él. Izzy Sanabria—todos ellos "acuñaron la palabra".

Loza: Alguien me dijo que comenzó en Venezuela.

Salazar: Sí, seguro.

Loza: Hay historias increíbles. Y fueron muchas de esas bandas *conjunto* pos boogaloo de las que hablábamos, las que primero se llamaron "salsa".

Salazar: Sí, pero tienes que recordar que el álbum de Cal Tjader *Soul Sauce* salió en el '64.

Loza: Le tomó un poco de tiempo viajar.

Salazar: Sí, ¿recuerda la carátula? Una botella de salsa Tabasco.

Loza: Sí, la recuerdo.

Salazar: Los primeros en comenzar a llamarla así, fueron los mexicanos en California—salsa y luego se extendió a Los Angeles.

Loza: Me parece que pudo ser así, pero yo nunca lo oí porque Tito Puente decía "salsa de tomate" y yo siempre quise contestar, "No, no es salsa de tomate, ¿de qué estás hablando? La salsa tiene chile . . . está caliente".

Salazar: Y luego comenzaron a llamar así a la música de Santana—cuando Santana hizo "Oye como va" y "Evil Ways" comenzaron a llamar esto [salsa], no era salsa pero los mexicanos lo tenían en la mente. Ésta era la clase de música que les gustaba oír y buscó su camino de la Costa Oeste a la Costa Este, llegando a comienzos de los años setenta. En ese momento aquí comenzaron a llamarla "salsa" usando la palabra "salsa" en todo. Todos por aquí querían el crédito para sí. "Sí, yo acuñé la palabra". Basura. *Soul Sauce* de Tjader lo comenzó todo.

Loza: La idea era que estaba caliente. Salsa picante, no sólo salsa de tomate. Como en España y países latinoamericanos, la salsa puede ser cremosa; salsa creaba la imagen que allí había algo caliente y picante. Hombre, de donde haya venido seguro que sedujo; y a la larga Tito se hizo a ella.

Salazar: Hizo algunas grabaciones buenas, pero no se oyeron mucho, pues como Fania era la gente fuerte y Jerry Masucci compró tres horas de tiempo al aire, de Chico Sesma en L.A., tres horas en Chicago. Compró tiempo al aire en Miami y Puerto Rico. Hizo de estos tiempos superestrellas en diez años. Tres horas al día de solo artistas Fania. Es por eso que sobresalieron. En los setenta estaban listos y Tito Puente hizo una grabación llamada *Unlimited.* Los críticos la acabaron. Él estaba tratando de hacer música disco—el meneo. A mí me gustaba . . . él estaba tratando de hacer algo como *Saturday Night Fever* de Travolta. Pero la gente está acostumbrada a "Babarabatíri" el swing de un tiempo. Esperan que hasta el meneo sea así y no lo era. Hombre, lo destrozaron y con esa reputación se hundió. Los tipos no sólo lo boicotearon en la radio, un disc jockey llegó a decir al aire que era una "porquería". Y escribieron sobre ello en las revistas. "Oh, éste no es Tito Puente. Ningún rey hace esto". Yo me digo a mí mismo, "es tan injusto". Estos tipos ni siquiera son músicos. ¿Cómo pueden criticar algo que no entienden? A mí, personalmente me encantó el álbum. No era uno de los mejores, pero musicalmente tenía nuevas ideas. Siempre echaba ramas en diferentes direcciones a donde nadie más iba. Lo desilusionaron y, ¿sabes algo? Estaba muerto en ese momento.

Luego, no sé como sucedió, pero alguien habló con Jerry Masucci. Masucci producía todos los otros sellos: Vaya, Internacional, Cotique, Roulette—todos ellos, así que podía postergarlos. No estarían en el mercado y lo único que vendía era lo que se oía en la radio, que era Fania. Así que alguien le susurra a Masucci en el oído y lo que sucede es que Masucci deja que Puente grabe. Él graba un álbum llamado *La leyenda,* con Tito Puente dibujado como un bebé. En ese álbum hay una canción llamada "Fiesta a la King". Ésta trajo a Puente de regreso. Pero no fue sólo eso; fueron sus arreglos.

Puente termina siendo premiado con su primer

Grammy por el tributo a Beny Moré—1979 con el sello Tico, pero en ese tiempo sacado por Fania—y también tenía su "Fiesta a la King" que acababa de explotar. Ve, eso es una moda. Si es bueno, hasta las estaciones de jazz y las no-latinas, lo tocan. Dicen que es un hijo de mala madre y lo tocan. Puente siempre tuvo ésa suerte que lo traía de regreso. Pero los responsables de traer a Puente de regreso de entre los muertos en 1978, incluyen a Jerry Masucci por darle esa oportunidad y al exhibirlo en la TV nacional. David Maldonado de la revista *Latin Times,* escribió historias sobre Puente. Hicieron propaganda con fotos brillantes de Puente, buenas historias. En mi show, *El show de músicos latinos* de la WKCR, había más de Puente que en cualquier otro lugar. Yo lo llamaba para que me hablara sobre todo. Lo llamaba cada dos semanas. Venía solo o con Charlie Palmieri. Hicimos shows, como preguntas sobre quién cobraba más. Lo discutíamos por una hora. Discutíamos otros asuntos sobre Puente y lo que él pensaba. También hablamos de cosas del pasado con Machito. Cosas interesantes, sólo para que la gente lo oyera, escuchara sus discos para traerlo de regreso. No se puede decir que sólo una persona lo haya hecho.

También estaba Marty Cohen de *Percusión latina,* tenía un grupo que comenzó en 1979, llamado Conjunto de Jazz Latino. Tenía a Johnny Rodríguez como director. Eran los tipos de Típica '73: Sonny Bravo en el piano, Joe Manozzi en la trompeta; y de pronto el Conjunto de Jazz Latino surgió y la gente comenzó a decir: "Hey, ¿quiénes son? ¡Wow"! Invitaron a Tito Puente a Montreux con ellos y Tito se apoderó del Conjunto de Jazz Latino. Así que tengo que darle el crédito a Marty Cohen por organizarlos como grupo.

Después que Puente se ganó el Grammy por Beny Moré, en pocos meses comenzó a llamarse a sí mismo nuevamente el rey. Déjeme decirle algo, sonaba muy bien. Sonaba mejor que nunca. No pude discutirlo, sí él no era el mejor, sería el segundo. De todas maneras, yo soy de los que van por el que se gane el Grammy; para mí ese es el rey del año; debemos ir por algo que esté regulado.

Hay muchas personas responsables de haber ayudado a Puente a volver, y al comienzo de los ochenta con el

Conjunto de Jazz Latino, del que todavía hoy es director, Puente regresó triunfante, regresó siendo el rey. Todavía respeto al hombre, creo que es grandioso, pero hemos tenido diferentes reyes cada año. En 1983, Conjunto Libre, hizo una grabación llamada *Little Sunflower* y yo dije que eso es lo mejor del año. Manny Oquendo es el rey del año.

Loza: Hubo otros reyes que surgieron, ¿qué hay de aquellas cosas que Celia Cruz grabó con Pacheco y La Sonora Matancera que fueron éxitos? Cosas como Quimbara, que lo logró.

Salazar: ¡Vendieron miles!

Loza: Claro, Tito dice, "Bueno, ella es la reina". Así que allí está el lugar reservado para ella. Sabe que durante el período del que habla—los setenta entrando en los ochenta—pero especialmente en los setenta, Eddie Palmieri comenzó a sacar muy buen material. Charlie Palmieri fue siempre bueno. Estos 'gatos' progresaban, eran tipos muy talentosos—para mí, fue el período de mayor inspiración.

Salazar: ¿Cómo podía pasarlo por alto?

Loza: No se puede, así lo percibió Tito Puente, cuando entendió que su nuevo competidor era Eddie Palmieri.

Salazar: Sí lo entendió.

Loza: Eso es lo que yo vi. Para este momento, ya Tito Rodríguez se había ido—murió (en 1972). Eddie Palmieri y Tito hasta tenían un premio Grammy de diferencia. Creo que iban cinco a cuatro en el momento. Creo que Tito quería que volvieran a empatarse. De todas maneras, todo este cuento con los Grammys es solo un punto. Lo que quiero decir es, ¿no cree qué este tiempo fue un período de maduración aún para Tito? Tal vez, porque Tito competía con Palmieri; porqué observé ese álbum *El rey.* Mire lo que sucedió en un instante con ese Conjunto de Jazz Latino. Ese material resultó ser de altísima calidad. *El rey* sopló a todo el mundo fuera del agua.

Salazar: El sonido nuevo Conjunto de Jazz Latino le infundió vida a Puente: tuvo mucha suerte de estar allí en el momento que Marty Cohen lo tenía. Él lo tomó y lo hizo funcionar. Vi su último grupo Las Estrellas Doradas hace unos dos meses, en el Beacon Theater. Allí Dave Valentín y Giovanni Hidalgo se robaron el show esa noche. Tocaron "Little Sunflower", tocaron "Primera luz". El lugar enloqueció, así que me puedo imaginar como será alrededor del mundo.

Loza: Luego, comenzaron a sacar tonadas así. Esas dos son de Freddie Hubbard. También tomaron las de Coltrane—"Pasos de gigante" y "Equinoccio", hasta ahora comenzaron a adaptarlas.

Salazar: ¿Ve? Dependiendo de quien haga el arreglo, sí es un tipo joven como Oscar Hernández o Dave Valentín que utilizan los *montunos* así de fácil, lo transformarán en algo increíble.

Loza: Ahora, por ese mismo tiempo en el que explotaban todas esas modas, Eddie Palmieri oía a McCoy Tyner y Carlos Santana grabó "Oye como va". Esa era una canción del álbum de Puente a comienzo de los años sesenta, ¿verdad?

Salazar: Del '63.

Loza: Esa es otra moda que pudo explotar. Tuvo realmente un gran impacto. ¿Qué tanto vendió esa grabación en el '63? Estuvo, pero no fue un gran éxito.

Salazar: No, vendió. De hecho, fue el álbum que más vendió sin contar *Dance Mania*.

Loza: "Oye como va" ciertamente le ayudó internacionalmente.

Salazar: En el '63 causó furor; pero en 1970 cuando Santana la grabó para Columbia, vendió millones y fue responsable que los chicos Anglos comenzaran a comprar tambores conga, porque Santana los enloqueció. Entiendo que el primer cheque que recibió Puente por los derechos de autor, de las ventas de Santana fue de $15.000, así que imagine como serían las ventas en el mundo. "Oye como va" hizo explosión.

Loza: ¿Puede imaginar cuántas veces se tocó en la radio? ¿En diferentes versiones? Tanta gente que ha grabado. ¿Sabe cuántas veces la he tocado? La toqué el domingo pasado en el Hotel Gershwin. Nunca hago una presentación donde no la toque.

Salazar: Hablé con un músico Sueco. Me contó que él inició su banda, en el año que Santana grabó esa canción. Su modelo era Santana, pero no sabía tocar guitarra, así que trajo a un tipo de Italia, un italiano que tocaba como Santana e hicieron "Oye como va". Consiguió trabajo, trabajó en los restaurantes de Suecia.

Loza: Creo que nunca he tocado tanto una misma canción, desde que tenía 19 años. Hasta hoy todavía la toco. Antes, cuando estaba con la banda *Rhythm & Blues* la tocaba, porque estaba entre las 40 más oídas de la banda. Ahora la toco porque es un clásico latino. Todavía tengo un grupo de jazz latino y cada vez que quiero sorprender a la audiencia, hacerlos felices, la toco. También usamos "Morning" de Clare Fisher; también se ha convertido en clásico y Tito la grabó. Es una canción preciosa y a Fisher le dieron un Grammy por ella.

Salazar: Muchos la han grabado.

Loza: De todas formas, Tito Puente gana otra vez— no quiero llamarlo suerte, pero el destino va por su camino.

Salazar: Creo que se lo merece, es un músico único.

Loza: Bueno, Carlos Santana está ahí y se inspira en Tito Puente para hacer sus mezclas con rock y blues y crea esto que se llama rock latino . . . sabe, el boogaloo era algo como eso, era r&b, pero Santana lo lleva a otra dimensión y, ¿a quién utiliza? A Tito Puente y no fue sólo "Oye como va", también "Pa' los rumberos". También hizo algo de Willie Bobo.

Salazar: "Evil Ways".

Loza: Sí, y ésos fueron sus dos primeros éxitos. Recién salidos del catálogo latino.

Salazar: Sí, pero mira, Santana tenía la forma de hacerlo. Lo sabía, lo hizo y es por eso.

Loza: Tenía lo mismo que Tito. Tenía este . . . mirémoslo de frente, Tito tenía este enfoque único.

Salazar: Donde Tito era típicamente latino, Santana no lo era. Santana era más rock que latino.

Loza: Él estaba haciendo las cosas de otra manera. Como dice Tito, el volteó la clave en '"Pa' los rumberos", pero es como usted dijo cuando hablamos de "Manicero"—"Es esa tonada", ¿por qué esa tonada . . . qué tiene que los excita? "Oye como va" lo hizo. Santana, la forma como toca la guitarra, todo esto combinado.

Salazar: Las tonadas de Tito, la música de Tito, le hace eso a la gente. Aunque él no escribió "Babarabatiri", la gente elogió su "Babarabatiri".

Loza: Devolvámonos a Machito, Pérez Prado, Tito Rodríguez, Tito Puente. Esto es más que sólo un chisme; esto es algo que me concierne. Esto es algo que quiero discutir con usted. Si observamos de nuevo el bebop, el cubop y la música latina de finales de los cuarentas y comienzos de los cincuenta, todo sucede al mismo tiempo en Nueva York, en el centro, arriba. Lo mismo sucedió con el jazz—bajó de Harlem hasta 52nd Street y casi lo mismo sucedió con la música latina cuando llegó al Palladium. Hay muchos paralelos. Dizzy Gillespie traía a Chano Pozo, etcétera, mezclando, trayendo a los latinos. Los afroamericanos decían, "No volveremos a tocar para audiencias segregadas". Gillespie no lo haría; Charlie Parker tampoco lo haría. Había algo social en el bebop. Tal vez, también sucedía con la latina. Según su opinión, cuando el tipo del Palladium dijo: "Lo único que me importa son los 'verdes'" y la pregunta que hizo Machito o quienquiera que fuera, "¿Le molesta que vengan afroamericanos"? ¿Bien? ¿Fue Machito?

Salazar: Todos lo dijeron, Pagani, Machito y Bauzá, en diferentes ocasiones todos se lo dijeron a Morton.

Loza: Sucede que Bauzá tenía relación con Gillespie, habían tocado juntos en el grupo de Cab Calloway, etcétera. Sin embargo hay allí un paralelo. La raza era un punto; aún en la condición de la gente que venía de Cuba y Puerto Rico, llegando aquí y diciendo, "Hey, se supone que aquí hay más integración; éste es el Noreste". ¿Alguna vez sintió qué esto era algo de enormes consecuencias en la música latina—el asunto de la raza? No sé si el contexto latino, pueda compararse al mismo nivel con lo que sucedió en el asunto del jazz. La dicotomía del jazz era más definida—negro y blanco.

Salazar: Chano Pozo era tan negro como el ébano, pero fue Dizzy Gillespie al citarlo, "Yo no americano, yo cubano", el que mostró la diferencia, el significado de latino. Soy diferente; no soy negro; soy cubano. Entonces, ¿por qué era tabú para un negro, tocar en Miami? Y estoy hablando de 1945. La orquesta de Machito estaba allí y no tuvieron problemas. "Oh, no, todos hablaban español". Tenían un afroamericano, Leslie Jonikens. Le dijeron que sólo aceptara o negara con la cabeza diciendo en español *sí* o *no*. Cosas así.

Loza: ¿Bueno, dónde sucedió?

Salazar: Iban a abrir un lugar llamado, creo . . . creo que el Beachcomber en Miami en 1945.

Loza: Cuando las cosas eran estrictamente segregadas.

Salazar: Segregadas. Machito le habló al tipo en español y le dijo: "Yo soy cubano no, sí"; "Claro, okay, eso es diferente". En un instante, ya no era negro. Era cubano. Y tocaron allí y se rieron de ello, pues Machito me contó y se reía mientras lo hacía—como lo superaron. Y entiendo que otros cubanos hicieron lo mismo. Comenzaron a hablar en español —"OK, ahora es diferente", negro como el as de espadas.

Loza: Lo que hay que recordar, es que con alguien como Machito, había problemas en Cuba que hacían que estos hombres quisieran venir aquí. ¿Verdad?

Salazar: La ciudad más segregada de los Estados Unidos hoy, es Miami.

Loza: Y Los Angeles.

Salazar: No conozco mucho sobre Los Angeles, pero si sobre Miami, porque tengo conocidos. Por esto estoy muy bien informado. Me envían sus periódicos y recorto todo sobre música. Nunca encontré ni una cara afroamericana, en todo el tiempo que recibí los periódicos de la comunidad de Miami, ni una cara afroamericana. Y los tipos me dicen, "Nah, no queremos mezclar la raza y eso, no queremos eso". Y yo les digo: "son los negros cubanos, los que los pusieron a ustedes en el mapa. No sólo en la música, sino en los deportes y otras cosas. ¿Qué pasa con ustedes"? "Ah, no necesitamos esa basura". Y yo digo, "Oh, sí, sí la necesitan, porque es por ella que los conocen en el mundo".

Loza: ¿Ésta es una conversación cubana?

Salazar: Éste es un cubano blanco hablando basura. Hoy en día ni le hablo al tipo. Para mí es un imbécil. No quiero hablarle a gente como esa. Es lo mismo que le sucedió a una familia que se mudó a Los Angeles, me contaron como una noche, unos tipos que estaban en el vecindario, comenzaron a apalear a los chicanos y a los latinos que llevaran ropa de blancos, "Él escapó con vida"; esto sigue sucediendo, lo de la ropa. Él dice, "Ellos dicen que no fue porque fueran chicanos o mulatos, sino por la ropa", pero yo me pregunto, sí fue por eso realmente, ¿era esa la excusa que usaban?

Loza: Fue porque eran mexicanos vestidos de traje. Los acusaron de ser reclutas disfrazados, para que los marinos los agarraran y los desnudaran, les quitaran los pantalones.

Salazar: Pero este tipo nos dio golpe por golpe.

Loza: Bueno, los golpearon, los golpearon durísimo.

Salazar: Sin misericordia.

Loza: Sabe que en mi libro "Barrio Rhythm" hay una sección completa sobre eso. Es verdad. Eddie Caro, uno de los personajes estudiados en el libro, me contó que para finales de los cuarenta, tal vez comienzos de los cincuenta, él estaba en el ejército. Fue al salón de baile de Santa Mónica. No lo dejaron entrar uniformado por ser mexicano. Pasaron muchas cosas como ésta. Así comprenderá, que el problema de la raza es algo importante para mí y debe escribirse al respecto, pues podemos ir desde ese período, que yo llamo el período bebop donde hombre, la raza era un punto. Estos 'chavos' no tocarían para audiencias segregadas. De la misma forma que desarrollé mi libro; algo sucedió después de la guerra. Los latinos estuvieron en la guerra peleando. Mi padre estuvo en Iwo Jima, en un tanque. Era un tipo que había nacido aquí, fue a México y regresó. Esto sucedía mucho. Como un hecho, los latinos, fueron la gente más condecorada durante la guerra; recibieron más medallas y reconocimientos per cápita.

Es un hecho muy importante, porque Tito Puente también estuvo allí. Yo le pregunté sobre esto. Estuvo en la guerra, la militar. La Segunda Guerra Mundial. Y eso tiene que ver, con que los latinos hayan sido conocidos musicalmente más. Les abrió el mercado de cierta forma. Y cuando llegados los sesentas y setentas, sucedió la explosión de la salsa y Tito logró estar en esa también, ese fue un período políticamente efervescente. Cuando se oye la salsa de ese momento, aún cuando mira fotos viejas y lo rememora; recuerdo haber ido a esos bailes al Palladium de Hollywood, cuando todavía se hacían bailes en los setentas y entrar a la música era algo político. Así que existen estos períodos, que yo llamo *reclamación*. Uno lo reafirma, lo vuelve a traer; aquí es donde entra el aspecto cultural; "Soy latino y estoy orgulloso de serlo". Y encuentra algo para relacionarse y "Vamos a bailar".

Reafirma lo que es. Siento que fue por eso que Tito se lanzó a ese asunto de la banda.

Salazar: No sé si yo lo marcaría así. Mientras usted hablaba, muchos pensamientos vinieron a mi mente. Pensé en 1930. Como algo exótico enardeció a la audiencia—"El vendedor de maní"—y el asunto amoroso comenzó en 1930. Luego la huelga en 1940—los músicos [hicieron huelga] contra las estaciones de radio, porque no les pagaban suficientes derechos de autor. No había música. Así que las estaciones de radio, tuvieron que buscar alguna música. Fueron a la compañía de publicaciones MCA, que tenía este hombre Xavier Cugat. Por primera vez, de costa a costa, se comenzó a oír la música latina. Él hizo películas. Música latina en las películas con Betty Grable y César Romero y Carmen Miranda y toda esa gente. Dick Haymes comenzó a cantar boleros con letra en inglés. Se enamoraron más con la música.

Loza: Fue una gran corriente.

Salazar: Bueno, no sólo porque era un sonido nuevo. Era un sonido exótico. Algo que excitaba la gente en Nebraska—a algunos, no a todos. Realmente lo adoraban. Y luego encontrar a alguien realmente hispano. Hey, sí lo corto sangra como yo. Desayuna como yo. No había tanta diferencia, somos iguales, sólo que yo hablo español y él habla inglés. Hay muchas cosas que tenemos en común. Tenemos padres, somos esposos. Luego en 1949, explota el mambo con el "Mambo Número 5" de Pérez Prado. El Palladium fue el laboratorio. El catalizador que reunió afroamericanos con irlandeses, italianos, judíos. Dios, ¡todos bailaban mambo! Y por culpa del mambo, comenzaron a mejorar las relaciones interraciales. Lo que los sociólogos no pudieron hacer, a propósito lo logró el mambo por error.

Loza: A través del arte.

Salazar: La música, Puente, Rodríguez, Macho—[ellos] entusiasmaron a estas personas. La música comenzó a oírse en los refugios de las montañas. El mambo explotó en el '52, donde subieron Kenton, Les Baxter, George Shearing, Cal Tjader.

Loza: Tipos blancos.

Salazar:—Y "¿Wow, qué es eso"? Y les fascinó. ¿Y sabe

algo? No hubo una mejor persona que Cal Tjader. A Cal no le importaba de que color era, ni nada. Él subió a Harlem, al Harlem negro para sentarse en *los bembés* que tenían los cubanos, porque quería aprender. Así en la medida que esto sucede, las relaciones mejoran, excepto por algunos latinos blancos intransigentes.

Loza: Todo esto se relaciona con mi pregunta de la raza; aunque durante los cuarenta y los años cincuenta, haya sido algo menos nacionalista; en los setenta, después de un poco de militancia, los latinos imitaron los movimientos de los derechos civiles y de los afroamericanos—el movimiento chicano en California y el de los puertorriqueños aquí, creo que emulaban aquello. En los años setenta, si observa los temas de Eddie Palmieri y algunos de los de Puente, aún su forma de vestir y las relaciones de las comunidades latinas y afroamericanas. ¿No cree qué había comenzado la cosa del nacionalismo? No digo que fuera bueno para la música. Sólo que sucedió.

Salazar: Se podía oír esto en las letras. En Puerto Rico con todas esas cosas. Eddie tenía todo eso en mente. Era un músico con propósito. Tito iba en una dirección diferente. No política, no nada de nada. Se escondió de la política.

Loza: Estoy de acuerdo con usted, que el mambo hizo más por las relaciones sociales, que cualquier clase de legislación o de enmienda de la constitución.

Salazar: Sí, reunió voluntariamente a estas personas deseosas de bailar y luego comienzan a socializarse y luego se casan y cosas así. Y nadie está siendo herido.

Loza: Pero eso se fermentó. Parece que llegó a un punto y luego comenzó a desmoronarse. Como la política. Regresamos a las leyes de Jim Crow. Mire lo que está sucediendo.

Salazar: Republicanos.

Loza: Quieren regresar a las leyes de Jim Crow. Derechos de estados.

Salazar: Quieren regresar a como eran las cosas antes. Una gran cosa que le sucedió a este país, fue el inmigrante y el extranjero ilegal. ¿Cómo puede decirle a alguien, "Quédese allá y muérase"? No queríamos reunirnos acá.

Vinimos porque no tuvimos otra opción. Entonces, ¿por qué está mal que tratemos de mejorar nuestra forma de vida, hacerla lo más fácil posible? Y luego, encontramos a estos tipos diciendo bobadas, que no los van a dejar comer, que no tendrán vacunas. Vamos, hombre.

Loza: ¿No van a dejar que una mujer reciba cuidado prenatal? Creo que puede imaginar, como han sido las cosas para nosotros en California.

Salazar: ¿Sabe por qué? Porque su gente no está involucrada.

Loza: Es un asunto racista; y la gente todavía tiene resentimiento en contra de los afroamericanos y de los latinos y los discriminan. La ironía es que todo el suroeste fue robado a México, una vez que ellos habían peleado y sacado a los europeos, así que no se puede decir que era de España. Un personaje al que le hablaba en mi vuelo hacia aquí, pensaba que los Estados Unidos lo habían tomado de España. Yo le dije, "Hombre, mejor se va a casa a estudiar historia".

Salazar: Algunas veces también pervierten la historia, en este momento, algunos "historiadores de música latina" están rescribiendo la historia. Bueno, la música de Puente en el Palladium fue el catalizador, porque como le dije, todos estos grupos étnicos diferentes estaban allí y uno de los patrones más populares era Millie Done, quien resultó ser de ascendencia italiana y ella aparece en todos los documentos del Palladium. Es una chica de Brooklyn, italiana, casada con puertorriqueño negro y tiene una hija primorosa. Su color es precioso. Así que, cosas así suceden. Yo digo, "Hey, ¿qué hay de malo en ello"?

Loza: Algunas de las cosas más bellas surgen en estos casos.

En este punto de nuestra conversación, Max y yo divergimos hacia diferentes puntos, incluyendo política, raza y el crecimiento de la música latina alrededor del mundo, especialmente en los Estados

Unidos, Europa, Japón y Latinoamérica. Hacia el final del diálogo, Max respondió a un comentario que hice sobre su implicación con la música latina, el Palladium y el arte de la danza.

Salazar: Estuve en el ejército por cuatro años. Fui el campeón de boxeo peso pluma de la 82nd Airborne Division. Estuve en el equipo de boxeo, así que cuando ellos se lanzaron en Corea, por ser del equipo no fui. Yo quería ir, porque en ese tiempo estaba loco. Quería medallas y todas esas bobadas, pero no llegué a ir cuando saltaron sobre Corea. Así que estando a seiscientas millas de allí, venía por aquí cada vez que podía. Iba a Birdland, iba al Palladium. Mi mujer era una chica irlandesa de allá [Carolina del Norte] y nos casamos y nos vinimos para acá. El viaje en subterráneo costaba cinco centavos. Un plato de pasta con albóndigas de carne, costaba 35 centavos. No sólo salíamos con $5 sino que nos sobraba el cambio. Ibamos al Palladium y bailábamos por horas. La pasábamos muy bien. Se podía decir que estábamos engolosinados con la música del Palladium. Por eso sé tanto, porque pasé mucho tiempo allí. Era el lugar perfecto, para escapar de los problemas cotidianos.

Joe Conzo

Reevaluando

Desde que comencé el gran trabajo de este libro, hace cinco años, Tito me aconsejaba muchas veces, que buscara la ayuda y el conocimiento de su asociado de largo tiempo y gran amigo Joe Conzo. Como relato en la siguiente entrevista, Joe conoció a Tito en los años del Palladium. Desde entonces, además de desarrollar una amistad estrecha con Tito, Joe trabajaba como su publicista personal, le ayudaba en las relaciones públicas y en las producciones y por los últimos 18 años, había actuado como presidente del fondo de Tito para las becas. Joe ha manejado su trabajo con Tito, a la vez que mantiene su carrera profesional como trabajador social en el Bronx, donde todavía reside.

Para facilitar la siguiente entrevista con Joe, la UCLA le invitó a Los Angeles y lo acomodó en el Hollywood Roosevelt Hotel, donde Joe y muchos buenos amigos y asociados de Tito se hospedaron durante la celebración de su Walk of Fame en Hollywood. Joe estuvo mucho tiempo en este viaje, criticando el bosquejo inicial de este libro. La entrevista fue grabada en el Schoenberg Hall en UCLA, el 21 de junio de 1996.

Loza: Joe, lo que quiero para comenzar es preguntar, ¿cómo se involucró con Tito Puente?

Conzo: Básicamente, conocí a Tito en el Palladium. Yo era un conguero frustrado y me cayó bien el hombre. Me intrigaba y comenzamos a hablar. A Tito le gusta la gente, pero no confía en ella y yo le caí bien. Creo que el hecho que su hijo mayor, Ronnie haya ido al colegio con mi hermana y que luego Magie, su mujer hoy, haya crecido conmigo, ayudó mucho. Realmente comencé a involucrarme con la carrera de Tito—con los pros y los contras del porqué tocaba así o asá. Tito es un excelente músico tocando el saxofón, el piano, el vibráfono y por supuesto los timbales y también el tambor redoblante. Es interesante ver como piensa este hombre. Básicamente fue eso. El resto de la historia, hemos estado juntos desde entonces.

Loza: ¿Desarrolló usted una relación de negocios con Tito? ¿Por qué había leído todos esos artículos? Joe Conzo el publicista, Joe Conzo el historiador. . . .

Conzo: Soy un historiador, usted lo sabe, claro. Básicamente hoy soy, se podría decir, el conservador de museo de Tito Puente. Estoy considerado, como la mayor autoridad en el hombre y en su música—en el mundo, no solo en la ciudad de Nueva York. Tengo cada disco que Tito haya grabado. Sí, a veces manejo las relaciones públicas de Tito. Tiendo a llegar a la gente de los medios mejor que su agente, cualquiera que él sea. Sí, y tanto como productor soy el presidente de su fondo para las becas y he producido varios conciertos, mezclando a Tito Puente con las becas. Así que tratándose de Tito Puente, pongo muchos sombreros, pero básicamente soy su conservador y a Tito le gusta trabajar. Lo que yo hago son relaciones públicas.

Loza: Su sentimiento, es que usted debería tener la última palabra en estas cosas, pues muchas personas tienen trabajos consolidados, exagerados en su escritura. Hemos discutido esto en días pasados. Sé que tan pronto como me encuentre con Tito Puente, me encuentro con Joe, porque fueron una sola cosa, "uno y uno". Ahora, oyendo opiniones, sus opiniones, pero también que piensa usted de los otros a través de los años, pues usted ha vivido en Nueva York, ha visto el Palladium, el Spanish Harlem. Usted ha visto como

Tito representa esa área cultural en particular, pero al mismo tiempo, se convirtió en un fenómeno neoyorquino en todo Manhattan, el Bronx, en el área entero de Nueva York. Luego, el aspecto más importante de Tito, su efecto internacional—el mundo. Como dijo usted, está llegando a su álbum 113. Usted que piensa, Joe, ¿cuáles son los principales atributos que hicieron que Tito Puente, entrara con fuerza en la escena internacional, en término de música latina, sería—como yo diría, en una forma artística seria—más que ningún otro?

Conzo: Yo diría, Tito el hombre en sí, como individuo. Y Tito el músico. Como músico él toca toda clase de música. Tito tiene esa ventaja como arreglista y compositor. También el libro de Tito—cuando digo "libro", hablo de su libro de música para la banda—Tito tiene la maña de llevar . . . Tito puede tocar desde música judía "Havah Nagilah" a música egipcia—tiene la maña—la habilidad. Ese es uno de los atributos de Tito para que venda internacionalmente. Tito ha tocado en todo el mundo y sabe cuando tocar música latina de entrada, cuando hacerlo con jazz desde el comienzo y cuando tocar el cha-cha-cha, "Té para dos" para la muchedumbre italiana o judía o lo que sea el caso. Yo diría que es uno de sus grandes dones, uno de sus mayores atributos. Su personalidad—Tito es gracioso. Usted lo sabe como yo y se lleva bien con todos. Toma su música seriamente. Cuando llega a un estudio y graba, le lleva dos o tres días grabar. No hace un álbum en un año.

Loza: Definitivamente tiene esa cualidad. ¿Qué dice de su carisma? A muchos les gusta la gente como Duke Ellington, Dizzy Gillespie, Basie, Pavarotti—todos ellos lo tienen y les ayuda. Es la habilidad para comunicarse. Si usted se comunica con alguien hablando, probablemente también lo hará jugando y él es un artista consumado. ¿Qué tal ese aspecto suyo, la certeza que él es tan versátil y toca tantos instrumentos; cree que la gente—especialmente los latinos—reconozcan esto como algo especial? Como dijimos al comienzo del manuscrito, Tito es el Bach o el Beethoven del mundo latino. ¿Qué cree usted de esto?

Conzo: Bueno, estoy de acuerdo con usted. La música de Tito dejará un legado. Todavía escuchamos a Mozart después de 200 años. Todavía consideramos genios a

Bach y a Beethoven. Creo que se dirá lo mismo de la música de Tito. Él está ahí. La gente lo reconoce. En primer lugar, lo reconocen más cuando ven su historia. Tito fue un niño prodigio a los trece años. Y Tito lo sabe. Él puede tocar. Él proyecta eso a la muchedumbre; es un hombre espectáculo, es lo más importante, más que cualquier otra cosa. Ellington lo tenía y también Basie. Tocarían el piano y dirigirían con cierto estilo. Creo que la gente miró a Tito por eso—ya sea por el solo de timbales o por el pequeño baile que solía hacer. Machito tenía la misma maña y también Tito Rodríguez. Tocaba de cierta manera. Proyectaba al público y yo creo que el público entendía.

Loza: ¿Cuáles estima usted, fueron las más importantes vertientes—tonadas particulares, grabaciones, álbumes o presentaciones—en esta materia? ¿O proyectos musicales que él haya hecho, que hayan sido vertientes, en otras palabras, momentos especiales en su carrera, que de alguna manera lo catapultaran más lejos?

Conzo: Creo que la Metropolitan Opera de 1967, hecha por él en la Universidad CUNY, donde dirigió una orquesta sinfónica y sacó al escenario a Celia Cruz y a Ruth Fernández. Creo que eso lo puso en otra esfera. Eso lo llevó a otro juego. Creo que al de los conciertos para las becas—no porque yo sea el presidente—creo que ha ayudado beneficiando a los estudiantes. Diré otras cosas que él ha hecho. Él tocó para el Presidente Carter, es el único Presidente para el que un artista latino ha tocado. Dicen que Cugat y Desi Arnaz. Tal vez lo hicieron, yo no recuerdo la historia. Tito fue el primer latino que tocó para un presidente de los Estados Unidos. Comisionaron a su banda para que tocara para el Presidente Carter. Creo que eso lo catapultó a otro juego, a otra gente. En su carrera, en lo que concierne a los álbumes. *Dance Mania*, todo el mundo habla de ese. El público enloqueció con ese. Hay tantas, tantísimas cosas. Creo también, Carlos Santana ayudó con "Oye como va". Creo que mucho más que cualquier otra cosa, "Oye como va" es ahora como un himno nacional de Tito y Carlos cuando él toca. Es conocida en todo el mundo. Todos parecen conocer "Oye como va". Tito siempre contaba una historia—¿se la contó?—"¡Toca la canción de Santana"! Resulta que es la canción de su héroe.

Se ponía loco por ello y luego le dijo, "Tito, ¡tócala! No me importa si es de Mozart—¡tócala"!

Loza: Definitivamente se ha convertido en la pieza latina más tocada en todo el mundo.

Conzo: Steve, yo recuerdo "Bang Bang", recuerdo "Watermelon Man". Todos eran watusi. Fueron éxito de una noche con las audiencias inglesas, pero nada como "Oye como va".

Loza: Tito también hizo unos intentos para entrar en otras áreas del mundo del arte. Estábamos hablando de trabajar con la ópera. Creando cosas como las becas. Él es un músico entrenado. Fue a Juilliard. Estudió con grandes compositores y arreglistas y creo que la gente se está dando cuenta de esto. Esa es una parte de ser el rey. No es sólo algo pop. "El Rey" se refiere también a sus habilidades, a la técnica, a la música. Estaba oyendo ese álbum que me tocó ayer con La India (*Jazzin'*). Todavía estoy asombrado de lo que logra con la marimba, con el vibráfono. No está tocando líneas fáciles. Éstas son bebop, melodías complicadas, estructuradas.

Conzo: Creo que usted lo sabe tan bien como cualquiera. Él me ha dicho, que usted debe saber en lo que se está metiendo. Usted es un músico y yo he visto a Tito . . . es increíble.

Loza: El hecho que pueda sostener lo que dice, pues cuando está en el escenario tocando timbales—y él me lo dijo una vez—uno se tiene que mantener al día con todos esos jóvenes *timbaleros* y todavía ganarles y es admirable que a sus setenta y tres años todavía lo haga.

Conzo: No creo que sea cuestión de ganarles a los *timbaleros* jóvenes—él los admira—creo que es cuestión de respeto. Que le muestren ese respeto. Quiero decir, un día Tito tendrá que entregar sus baquetas, usted y yo lo discutimos ayer. Hay *timbaleros,*—estaba Willie Bobo, estaba Orestes, hay numerosos timbaleros, pero ellos—bueno, Willie ya no está con nosotros y Orestes ya no es un muchacho, pero hay jóvenes timbaleros. Creo que Tito admira esto, sí. No es de los que patean, es sólo cuestión de respeto, de respetar a sus mayores.

Loza: Otra cosa de que quería conversar, era la de la industria. Hay varios puntos allí. Número uno, sus sentimientos y los de él sobre la penetración de la música latina en la corriente principal. Ha sido un reto constante. Número dos, el interés de Tito de entrar en otros campos del mundo del arte: entretenimiento, películas, televisión. ¿Podría hablarnos de estos dos puntos?

Conzo: En su carrera, Tito ha tenido suerte. Quisiera que hiciera más. Le diré muchas cosas; podía ver a Tito tocando una partitura completa. Es desafortunado; usted que vive ahí afuera; esto es California, esto es Hollywood y usted es hispano; como chicano y yo como puertorriqueño leo constantemente sobre eso. Leo sobre como está la industria—estamos hablando de cine—como le quita el brillo a las minorías. Nos echan migajas y es una batalla contra la corriente. Yo sé que ustedes tienen una organización que lo maneja, por lo menos en lo que concierne a los medios, la TV y las películas y controlan todo. Hasta los afroamericanos tiene algo así; supervisan la industria continuamente. Ahora respecto a la industria de la música, eso es un juego distinto. Cuando hablamos de los Grammy . . . usted me mostró ayer algo muy interesante [algo que dijo Willie Colón respecto a los Grammy; ver capítulo 7]. Es verdad. Todo es política. Tito lo domina. Yo estuve en el comité de los Grammy; usted estuvo allí también hace muchos años y lo vimos. Todavía somos el hombre de abajo del poste totémico. No le quito a las sinfonías clásicas de Mozart y Beethoven, pero hemos estado en esta industria los últimos 67 años y cuando llega la música hip-hop, ellos crean todo tipo de categorías para ellos. ¿Por qué? Porque es política, es dinero. En lo que concierne a Tito es otra organización. En esta etapa del juego en su vida, no los necesita. Le dije a Tito, "se un Bill Cosby". El único premio [programa] que asiste Bill Cosby es a The People's Awards, porque es votado por el público. No tiene nada que ver con Grammys, Emmys y premios de la Academia. Son pura política.

Loza: Él los ha rechazado.

Conzo: Sí. Yo se lo dije y Tito me miró y me respondió, "tienes razón". Le dije, "no los necesitas". En este momento de su carrera, a los setenta y tres años, con 113 álbumes en su haber, déjenme en paz.

Loza: Ahora que menciona a Bill Cosby, fue muy influyente al reconocer a Dizzy Gillespie, otro gran artista del jazz y también parece haber identificado a Tito como uno de estos grandes artistas.

Conzo: Sí.

Loza: ¿Qué piensa de eso?

Conzo: Creo que es bueno. Y me gustaría que más de nuestra gente que está en esa posición, como la de Cosby—no digo monetariamente; estoy hablando de posición de poder—hicieran lo mismo. Puede tomar otro—y detesto usar la palabra *étnico* pero todos somos uno y Dios nos creó iguales—que no sea. Bill con todo el dinero que tiene, el anfitrión mejor pagado de América, él reconoce el talento, es un buen amigo de Tito, es un buen amigo mío y es así. Él reconoce el talento. También puede hacer caer. Bill no tiene miedo a decir lo que piensa. Pero él es desafortunado—nosotros lo discutimos ayer—¿cómo es posible que una persona como Ricardo Montalbán, haya querido hacer esto aquí y cómo una organización se daña porque se haya vuelto política, por egoísmo? Es una vergüenza. Por lo menos ustedes tienen algo aquí en Los Angeles, en California. Nosotros no teníamos nada en Nueva York. Por lo menos nada comparable a lo que es Bill Cosby; hoy en día la gente me llama y me dice, "Joe, ¿cree que podamos tener a Tito, sí está disponible? Pero no queremos pagar". Ésta es la actitud y ésta es nuestra gente. Éstos son los grandes políticos. Yo contesto, "¿Qué quiere decir, con que no quiere pagar? Tiene que llamar a la oficina, le va a costar un dineral". Ellos dicen, "Tito es un buen amigo mío". Yo respondo, "Puede ser un buen amigo suyo, pero de todas maneras, usted tiene que darle de comer a todos esos músicos". Eso es lo que nos duele, esa gente en el poder. En vez de tener que presionar como lo ha hecho con este libro y me cuentan que también está presionando por el premio NEA (Dotación nacional para las artes), la medalla Kennedy para Tito, pero usted y yo somos peces pequeños. Tenemos a otras personas tratando de lograrlo, son políticos de bajo perfil, pero tendremos que llegar a otros políticos que conozcan a Tito Puente, que ni siquiera residen en Nueva York o que tienen otros antecedentes étnicos y obligarles a ellos para que hagan lo que deben hacer, cuando los tuyos no lo hacen. Siempre está tratando de aventajarse.

Loza: Sí, y ha habido más movimientos en el lado político, que por parte del entretenimiento. Algunas personas piensan que es por la naturaleza bilingüe de ello, lo que también es un punto. Hablando de gente como Bill Cosby, Dizzy Gillespie, Duke Ellington, los grandes que representan sus áreas, lo que Tito es, según mi punto de vista, es un Bill Cosby de la música latina, es un Dizzy Gillespie de la música latina. Pero no nos engañemos, creo que esos hombres terminaron recibiendo—en la tan llamada corriente principal [mainstream] de las industrias de los Estados Unidos, ya sea de la industria del entretenimiento o de la política—el reconocimiento, más fácilmente, ¿no lo cree así?

Conzo: Si yo dijese que más que fácilmente, pero hay que comprender como un Duke Ellington, un Count Basie, también hubo un Sinatra; un Sinatra que tocaría con estas bandas; Sinatra de ascendencia italiana y conocido mundialmente—él es "presidente del concejo", eso fue un gran honor. Se suponía que haría un álbum con Tito—nunca se hizo.

Loza: Eso es un ejemplo.

Conzo: Seguro, eso hubiera llevado a Tito a estar en otro nivel con Sinatra. Nos regresa a lo que acabo de decir. Bill Cosby llamó a Tito Puente y lo presentó en su show. El primer hombre latino en aparecer en un show de esas proporciones. Lo que quiero decir es que se necesita eso. Todo talento dado por Dios, como el que tiene Tito, puede ser corrompido. Uno tiene que salir allí a probarse, pero con la misma moneda; es bueno recibir un empujoncito de [estrellas como] un Bill Cosby o un Frank Sinatra o de [un académico como] un Steven Loza o alguien con poder.

Loza: Bueno, ponga su nombre allá, le diría a una gran cantidad de gente en el mundo, especialmente en los Estados Unidos. Yo le hablo a la gente joven y ellos saben. Hablamos con la gente que está aprendiendo a oír música—hip-hop, rock—yo diría que entre la otra gente—estoy hablando de anglos, afroamericanos, latinos, obviamente—mucha de esta gente *sí sabe* quien es Tito Puente. Saben más de él que de cualquier otro artista latino, yo diría junto con Julio Iglesias y otros como él. Así que eso es increíble. Ahora, esto de Latinoamérica, también se ha convertido en un icono allí y esa es una área donde existe una barrera, Joe, justo como en la TV. Existe un dos por ciento de latinos en la TV; había un tres por ciento en los cincuenta, así que vamos de mal en peor. Mucha gente que habla español y casi todos los que hablan inglés, no comprenden lo que hace Tito. ¿Existen realmente dos mercados separados con los que tiene que negociar Tito Puente y la música latina? ¿Qué tan grande es ese problema, el mercado latino y Latinoamérica?

Conzo: Cuando pienso en términos de la era del mambo, la era del Palladium, uno, ya no tenemos los salones de baile que teníamos en ese tiempo, así que tienen que dividirse los mercados. El Tito en inglés que canta "I'll Always Love You" con un compás latino y el otro Tito que canta en español, así que de nuevo regresamos a la política, regresamos a la codicia. Hace muchos años ustedes tenían el Palladium de Hollywood; tenían el Palladium de Nueva York. Los medios estaban allí, [y] había más etnias bailando nuestra música. El mambo logró más que ningún otro. El mambo y la rumba integrados. Lo llamaban el "paso" (crossover) de Tito. Tito decía, "¿Pasar a dónde? He estado haciendo esto por los últimos cincuenta años". Tito podía tocar, él hizo el boogaloo, hizo la pachanga, hizo el shingaling. Tocaba cosas en inglés. Cuando Twiggy era famosa, la modelo famosa, él le hizo el Twiggy shingaling. Cuando Petula Clark hizo "Downtown", Tito hizo la versión latina de "Downtown". Cuando Miriam Makeba hizo "Pata-Pata", una tonada africana, Tito también la hizo. Yo creo que hoy no tenemos eso. No tenemos a los medios, las estaciones de radio tocando; hoy todo está en lista. Tienes a un tipo A&R, o a un director de programa, decidiendo, "Bueno vamos a oír a Gloria Estefan". Quiero decir, ¿todos los días quiere oír a Gloria Estefan? Esas son las primeras cuarenta. Creo que Gloria Estefan contribuyó en esto, cuando hizo *Mi tierra*. Cuando volvió a sus raíces. Creo que tiene mucho que ver con las generaciones jóvenes, gente como Gloria Estefan; ellos crearon estos dos mercados. Hasta Carlos Santana. Santana no toca música latina. Él toca rock latino.

Loza: Él reúne grandes muchedumbres en todo el mundo. Pienso que esa es otra cosa que la gente no capta adecuadamente. Miran a un artista latino como Tito y opinan que debería ser más grande. Bueno, pues hay que recordar, que él tiene todo otro mundo mirándole, toda latinoamérica, eso es algo que no tenían los Ellington, ni los Dizzy Gillespie. Ni siquiera lo tiene Bill Cosby. Bill Cosby no es bilingüe, ni bicultural; ahí está la gran diferencia.

Conzo: Tito puede ir a Latinoamérica y tocar *joropo o cumbia* y luego ir a Manhattan a una comunidad judía y tocar "Havah Nagilah". Tito tiene lo mejor de los dos mundos, en ese sentido.

Loza: Ahora Andy García vino y comenzó a ayudarle a Cachao hace algunos años, hicieron un documental. Aquí estaba un hombre que había encontrado la oscuridad; ningún joven sabía quien era él; *nosotros* sabíamos quien era, lo importante que era. La gente como Tito sabía quien era y aquí a los ochenta años no lo conocían. Bueno, pues Andy García hizo esto y Cachao ganó un premio Grammy.

Conzo: Es lo que dije de Frank Sinatra. Uno necesita una persona. . . .

Loza: Creo que alguien ha de hacer eso con Tito.

Conzo: Primero que nada, Tito tenía el empuje. El empuje que Tito tuvo fue *The Mambo Kings.* Cuando se me acercaron y me dijeron que querían hacer una película y yo me leí el libreto, les dije que debían cambiar ciertas cosas del libreto, lo que hicieron en el guión sacado del manuscrito. También cuando me dijeron que alguien debía actuar como Tito Puente, les dije que él podía hacer su parte. "No hay nadie más que lo pueda hacer". Yo, como consultor de películas les dije, "No hay nadie que pueda hacer a Tito Puente". La persona más cercana a ello sería su hijo, Ronnie que toca los timbales y se parece a él. Ellos utilizaron a Tito. Tito me contó que en sus viajes a Australia y lugares así. *The Mambo Kings* lo han puesto en el juego. Por esos quince minutos de fama, esos dos minutos en el escenario, eso le . . .

Loza: Es realmente desafortunado que sólo una película en ambos idiomas, en los pasados 30 o 40 años, haya enfocado la música latina en Nueva York, como los cubanos y los puertorriqueños fueron allí e hicieron esto alrededor de Machito y Tito Puente y Tito Rodríguez y toda esa moda increíble. Tenían a Pérez Prado viniendo del otro lado. En primer lugar, ¿cómo cree que este movimiento, realmente reflejó o personalizó, la cultura musical latina? Número dos, ¿por qué sólo esa película?

Conzo: Hubo otra película llamada *Salsa*. Ahí regresamos a los mismo de nuevo, volvemos a que Hollywood no nos oye. Ellos piensan que somos un atado de puertorriqueños estúpidos, chicanos torpes y todo lo demás. No, esto es lo que hacemos. Vamos a hablar con esos acentos estúpidos y tocamos "Babalú" o algo parecido y eso es todo. Todos piensan que cada hispano es Desi Arnaz. Hollywood lo cree. Fuimos afortunados. *Salsa* fue la primera película y ellos pusieron a ese chico de Menudo en ella. La música fue espantosa; ni siquiera estaba bien sincronizada. Si recuerda a Tito tocando y las baquetas iban por un lado y la música por el otro. Ni siquiera lo sincronizaron. También creo que Arnie Glimpshaw tuvo la previsión. Él hizo un buen trabajo, aunque dejó mucho que desear respecto a *The Mambo Kings*. Tuvo la visión para hacer una película sobre la música como tal. Robert Craft vino a mi casa y a la de Pacheco y buscamos canciones específicas de la época. Arnie Glimpshaw, el director quería todo tan auténtico como fuera posible. Creo que eso ayudó. Fue una buena película. Mereció cuatro estrellas en las encuestas, lo que es bastante bueno, dependiendo del periódico que lea. Todo el mundo habló de ella y de Tito, Armand Assante y Antonio Banderas. Fue la primera película de Antonio en los Estados Unidos. Desgraciadamente, luego yo diría, "Venga". Golpearía en su puerta, Steve para decir, "Bueno, llamemos a este tipo Steve Loza y veamos que se puede hacer". Hagamos otra película. *The Perez Family* fue un gran chiste. Marisa Tomei, que ella viene de Cuba, un chiste. Escogieron un director indio que hizo *Mississippi Masala* para dirigir una película sobre un cubano, una persona de barcos que venía aquí. ¡Por favor! Y luego eligieron a Marisa Tomei. Habiendo tantas actrices por ahí, desde María Conchita Alonso a Rosie Pérez. Bueno, esto es lo que hace Hollywood y los poderes que lo mueven. Es codicia. Nada distinto a la codicia. Quisiera que alguna vez hicieran *The Mambo Kings Two*. Hay tantas historias, no sólo de Puente. Aún aquí, los Lalo Guerrero—hay tanta música.

Loza: Eso es cierto. *Zoot Suit*.

Conzo: Zoot Suit, eso fue otro ejemplo. Yo trabajé

mucho con Eddie Olmos, Luis y Danny Valdez cuando vinieron a Nueva York y Tito . . . .

Loza: Tito en la banda sonora. Bonito asunto. Pero en Latinoamérica, pudo haber más interés en hacer la película, pero Tito no vive allí. Tito tiene su base aquí. Eso puede trabajar en su contra. Entre una roca y un sitio duro. Lalo Guerrero solía decir que se iba para México, que él era un *pocho* y que aquí era un *spic*. No es fácil, porque su mente está aquí.

Conzo: Lo que digo es que hay tanto talento allá afuera y hay tantas historias; la ciudad de Nueva York tiene ocho millones de personas, así que debe haber ocho millones de historias. Como siempre dicen aquí, siempre ha habido ese cliché. En los negocios de la música de California a Cuba, a México, a Puerto Rico, hay tanto talento. Hace años se *hacían* musicales: *Down Argentine Way, Fly Me Out to Rio.* Hoy en día ya no hay musicales, así que hacen una historia de amor como hicieron en *The Mambo Kings.* Exponen nuestra música.

Loza: Es una forma totalmente diferente. También parece que es difícil, hacer películas sobre músicos, como hacían antes. Hacían películas sobre artistas de jazz. *The Glenn Miller Story, The Benny Goodman Story, The Gene Krupa Story.*

Conzo: Fuimos afortunados con *La Bamba. La Bamba* se convirtió en uno de los pocos éxitos. . . .

Loza: De nuevo Luis Valdez hace otra, hizo *Zoot Suit. La Bamba.* . . . Usted mencionó historias, Joe y eso es algo de lo que no tengo suficiente es este libro sobre Tito. ¿Hay algunas historias particulares que usted recuerde, historias inspiradas, historias simpáticas, historias políticas, historias importantes, que para usted signifiquen memorias importantes, que digan algo sobre Tito?

Conzo: Mientras pienso en ellas, un ejemplo perfecto, como le dije ayer, es una que muestra como Tito es bien respetado entre sus iguales. Cuando hablo de sus iguales, no hablo sólo de los músicos, estoy hablando sobre cualquiera en el negocio del entretenimiento. Hace unas cinco semanas, Tito estaba siendo honrado en Queens. De allí teníamos que salir para una gran obra benéfica para el SIDA y Cristina, que es muy conocida hoy en día, ella tiene un gran espectáculo en la TV. Ella está en el canal 2, creo y es reconocida como una de las mejores anfitrionas del espectáculo. Cuando me vio, me dijo, "Me parece familiar", y yo contesté, "Soy Joe Conzo; hice una película", y lo demás y dije "Tito está aquí". Ella dijo "¿Tito Puente"? Yo contesté, "Sí, le traeré aquí". Ella dijo "No, yo iré hasta él". Yo sentí, "Wow", esta muchacha no tiene ego. No sólo eso, esta mujer, que es igualmente famosa—ella es bien conocida en América latina—habría podido tomar la actitud de, bueno ya sabe, "Tráigamelo aquí". Es una buena amiga de Tito. Ella se salió de su camino. Eso me hizo sentir bien. Otras historias que puedo contar son las de Bill Cosby cuando ha venido al restaurante de Tito, se puede ver camaradería allí. No está mirando a Bill Cosby allí, está mirando a otro ser humano, es un tipo común. Tantas historias, a medida que va recordando tantos músicos. Dizzy Gillespie en la misma habitación con Willie Bobo, Tito y yo y como intercambiaban historias y como hablaban diciendo, "Hey, Tito hagamos esto". Estos iconos y verá a un icono hablando con otro y el respeto. Miraban a Tito y "Wow". Sinatra—es una de las pocas personas en mi vida que siempre me pareció imponente—y como le hablaba a Tito, "¿Cómo está"? Ese respeto, ¿sabe?

Loza: Respeto mutuo.

Conzo: Frank Sinatra hablando con Tito Puente. Bill Cosby hablando con Tito Puente, esas cosas. El Presidente de los Estados Unidos, Clinton. Tito dice, "Yo soy Tito Puente", y el Presidente le dice, "Yo sé quien es usted", y comenzaron a hablar. Son cosas como éstas las que me hacen sentir bien y decir, "Hemos andado un largo camino". Estoy seguro que usted siente lo mismo, cuando lee algo sobre uno de sus estudiantes. Usted dice, "Hey, ese era mi estudiante, he hecho un buen trabajo". Hay tantas historias. Tengo historias con usted.

Loza: Yo tengo una gran historia, haciendo un par de baquetas en el escenario, mientras tocábamos con Tito. Corrimos escaleras abajo e hicimos unas de cinta. Su solo con éstas salió en TV. Tengo que darle una de esas grabaciones que tenemos, pues no creo que usted tenga copia de ellas.

Conzo: Hay tantas historias. Usted y yo estábamos comiendo y hablando sobre como Tito toma las cosas y hace chistes y lo que dice acerca de los *timbales*. Para nosotros tiene doble sentido, como cuando ganó la estrella de Hollywood.

Estábamos avergonzados. Él finalmente tradujo al inglés y dijo "Mis testículos—pelotas".

Loza: Cuando se ganó la estrella, ¿cómo fue eso?

Conzo: Eso llegó a través de Josie Powel, Carmen Rosado y otros. Ustedes estaban aquí haciendo su parte y yo estaba haciendo la parte de Nueva York. Ellos querían cartas de Bill Cosby, del gobernador de ese momento, Cuomo y de otra gente. Charlie Rangel, creo y Tito lo habían mencionado "yo las conseguí". David Dinkins era el alcalde en ese momento, o Koch. Quienquiera que fuera el alcalde, quienquiera que fuera el gobernador de ese tiempo logramos obtenerlas, (y) logramos obtener la de Bill Cosby. Creo que regresamos a lo mismo, Steve, hasta lo del empujoncito. Hay que preguntar. Y aquí regresamos a lo mismo. Ningún hispano escribió una carta. Tuve una de un afroamericano, que era el alcalde, eso fue en el 1990, ¿verdad?

Loza: Sí.

Conzo: Sí, David Dinkins era el alcalde. David Dinkins es afroamericano y un italiano, Mario Cuomo, era el gobernador . . . Bill Cosby, es afroamericano. Y los altos políticos a los que no pudimos llegar. Y se los pedimos. Estoy hablando de los congresistas. Y ustedes tenían tipos de por aquí.

Loza: Teníamos a Bradley, teníamos a Gloria Molina, Richard Alatorre. Unas de las cosas más asombrosas de Tito es que el hombre continúa adelante. Tiene 73 años y sigue grabando uno o dos álbumes al año, además de otros proyectos de grabación. No se como verían ustedes su agenda de viaje. Hay gente que dice que viajaba más hace un año, de lo que viajaba hace veinte años.

Conzo: Si lo hacía. Para ser honesto con usted, yo quisiera que Tito tuviera unos 20 años menos. Está viajando más ahora. Les he prevenido a él y a su esposa; la vida le está cobrando y él ha empezado a disminuir. Pero hablando de 20 años atrás, Tito hace más hoy de lo que hacía hace veinte años.

Loza: Hace como dos años, leí que viajaba unos 200 días al año, eso es más de medio año.

Conzo: Él no irá a Europa este año, eso me alegra, porque regresaría de Europa y luego en agosto de regreso a Japón. Deme un descanso. Una cosa que se puede mencionar, es que Tito va a ir a los juegos Olímpicos. Es uno de los pocos hispanos, que ha sido llamado para tocar en la ceremonia de clausura de las Olimpiadas. Tito, Gloria [Estefan] y Sheila E. Estamos hablando de tres y medio billones de personas mirando los Olímpicos y la ceremonia de clausura.

Loza: Dos mujeres que son líderes de la comunidad latina y con las que Tito ha tenido mucho que ver, especialmente Sheila, en términos de enseñanza.

Conzo: Ésa [la ceremonia Olímpica] le llevará a otra esfera. Él me explicó la forma como está distribuida; la banda está abajo, es la banda de Paul Schaffer. Paul Schaffer de David Letterman escogió a todos estos músicos, creo que Wynton Marsalis y ellos pusieron a Tito a Sheila E y a Gloria en una entidad separada.

Loza: Estefan, Sheila E, Linda Ronstadt, Jimmy Smits—esta gente recibió muchísima atención de los medios. Pero yo diría que Tito Puente no es tan sólo *uno* de los músicos hispanos más importantes, porque hay muy pocos músicos latinos que tengan el nombre y la trayectoria que él posee. Él estuvo en el espectáculo de Letterman hace unas pocas semanas, con Cosby, ¿verdad? Todo el mundo sabe quien es él y a los setenta y tres años de edad, todavía compite con iconos como Smits y Estefan en término de nombre con los medios.

Conzo: Veo lo que dice. Están en otro juego. Supe por Pete Hammill y A. J. Benza; éstos son columnistas y escritores de chismes, periodistas. Tito no tiene necesidad de estar en los medios. Sólo cuando es necesario. Tito no está molestando a ninguna chica en los rincones, como para que lo saquen en los periódicos; creo que la gente que está detrás de ellos, es así como están haciendo su dinero. Quieren decir algo acerca de Gloria. Quieren decir algo sobre Jimmy Smits. Jimmy Smits está pagando al publicista, para que escriba sobre él en el periódico. Ahora Tito, como yo lo hago, lo hago sí es necesario. Hablo con Tito en la mañana y él dice "Joe, voy a estar con David Letterman y voy a—", y eso es importante, así que cuando regreso a Nueva York, llamo a A. J. Benza o a Liz Smith y les digo, "Oh. A propósito, Tito va a estar con David Letterman. Acaba de grabar su álbum 112". Ellos dirán, "¿Y qué"? y yo diré, "Sí, es su álbum 112". Ellos

dicen, "¿Qué"? Eso es algo de que hablar. Los medios son gra-
ciosos. Sé que manejar los medios en Nueva York es gracioso.
Le harán un favor, pero luego, cuando realmente los necesite
y ya no tenga favores pendientes, estará en problemas.

Loza: Una cosa más, acerca de ese programa de
becas.

Conzo: Desde 1980; 16 años.

Loza: Desde 1980. ¿Recogen fondos todos los años,
verdad?

Conzo: Todos los años.

Loza: No se han saltado ninguno.

Conzo: De hecho, un año recogimos fondos dos
veces. En algún momento quisimos recoger fondos dos veces
al año. Hemos sido muy afortunados. Tito ha estado en cada
presentación. Algunas veces ha dicho que no quiere presentarse, pero yo le digo, "No, mientras esté vivo y todavía
patalee, estará aquí". Eso es otra cosa. Tito quisiera darle la
oportunidad a otros artistas, lo que hacemos. Organizar un
concierto o una cena bailable para recaudar fondos, no es
fácil. Allí regresamos de nuevo a la política de su gente.
Cuando le digo, "Steve, tome un boleto (y mete el programa
para recaudar fondos)"; usted no se encoge. No hay problema. Le digo a la gente "Tome un boleto—$100". Ésta es su
gente. Es la gente que se supone ama a Tito Puente. O son
$125 (para participar en la reunión), bar abierto toda la
noche, está en un barco. Cena. . . . Pero, allí regresamos a
aquello de lo que hablábamos, de lo que yo hablo. De la gente
que no nos respalda. Pero yo puedo dirigirme a un anglo,
puedo dirigirme a Bill Cosby, Al Pacino, Armand Assante,
Paul Simon—ellos son iconos. Estoy tratando de conseguir
uno de Jimmy Smits. Tito dijo que conseguiríamos uno de
Celia, él conseguirá uno de Lionel Hampton. Estás comprando un boleto, Josie está comprando un boleto, solo $100;
medio boleto, $50. Y me dan problemas también por eso.
Hemos sido muy afortunados; lo creemos; comenzamos con
Juilliard y Tito es un alumno de Juilliard. Juilliard es una escuela muy prestigiosa, pero comenzamos a recibir fuego de la
comunidad. Queríamos hispanos, pero no se puede, si no se
crea la beca específicamente para estudiantes hispanos. No

podíamos hacer eso, pierde su exención de impuestos. Así que tuvimos suerte que Juilliard entendiera y nos acomodara. Se la quitamos a Juilliard, porque comenzamos a meternos al Tercer Mundo, al Spanish Harlem y al ballet, cosas así. Es mejor separados. Nos sentimos mejor y recibimos—bueno, usted ha estado en Boys Harbor—llegamos a niños pequeños y a chicos del Tercer Mundo. Sirve más así.

Loza: En otras palabras, no tienen que ir a Juilliard, ¿qué fue lo que lo inició?

Conzo: Lo hicimos con Juilliard en ese momento, por el prestigio y porque Tito asistió allá, pero ahora vamos a Harbor por Performing Arts, por el Ballet Hispánico y por New School for Social Research.

Loza: Yo sé que una de sus preocupaciones, era el problema de dar la beca tan sólo para el que iba a Juilliard. Muchas veces tiene un músico, que simplemente no se adapta al molde de Juilliard y termina por irse a otra parte.

Conzo: Había un problema allí también. No solo eso; hizo a Tito más asequible al darle a otros estudiantes. Fuimos afortunados al poder utilizar a algunos de nuestros estudiantes en los conciertos, para dar a conocer el producto final y Tito practica y ensaya bastante en Boys Harbor, así que participa viendo como se gasta el dinero, mientras que en Juilliard no se puede.

Loza: Es como sí usted diera el dinero y luego ellos lo gastan como quieren. Usted no tiene el control. Ellos tienen sus clásicos y no van a cambiarlos.

Conzo: Oh, no.

Loza: Como usted dice, probablemente ellos no van a estar tan específicamente dirigidos hacia los estudiantes hispanos. Porque eso es importante. Ya se han entregado más de 100 becas.

Conzo: Este año lo haremos en agosto y en noviembre entregaremos las becas. Ponemos nuestras cabezas juntas y decidimos. No sólo damos dinero; compramos instrumentos para los colegios públicos. El año pasado le dimos a seis colegios. Arreglamos algo con Martín Cohen en Percusión Latina y le compramos a él los instrumentos, recibiéndolos al por mayor. Así logramos comprar instrumentos para seis colegios; además le dimos dinero a un séptimo. No hay dinero en los colegios; no hay instrumentos, como cuando nosotros estábamos creciendo.

Loza: Esta clase de música, no es la que normalmente enseñan muchos maestros. Bueno, creo que casi terminamos, Joe. ¿Algunos pensamientos finales, Joe?

Conzo: Le deseo éxitos con el libro. Espero que este libro sea el primero de muchos sobre lo que usted y yo discutamos de Tito Puente y la creación de la música latina. Espero que el año entrante, una vez que éste despegue, tengamos otro—Machito y la creación de la música latina.

Loza: Debería ser tan sólo el comienzo, porque cuando miro esta área, cuando miro a Ellington, Louis Armstrong, Miles Davis—hay veinte libros sobre cada uno de ellos. Tenemos que hacer que éste despegue.

Conzo: Le deseo éxitos. Lo más importante es que este libro se convierta en una guía, el comienzo, la pista de despegue para otros libros.

Loza: Lo que va a suceder, es que esto hará mucho bien a Tito. Estamos esperando la NEA, la recomendación presidencial. La razón de tener todo esto grabado en vídeo, es que lo que tiene que suceder eventualmente, es un documental mayor. Eso debe hacerse pronto.

Conzo: Hay tantos pies de película grabados sobre Tito, debería alcanzar para un documental.

Loza: Hace muchos años le hablé a Tito sobre el Guggenheim. Eso debería estar sucediendo.

Conzo: Usted sabe lo mismo que yo, que Tito a todo le dirá que sí. O se volteará y le dirá no. Luego llego yo para tratar de convencerlo, tal vez usted, luego empieza a caer en la cuenta. Creo que ya Tito ha caído en la cuenta, "Gracias a Dios que están Joe Conzo y Max Salazar". También hay otros historiadores que se han tomado el tiempo, tales como Steven Loza, quien ha documentado este libro.

Loza: Es bueno poder colaborar y cruzar referencias de este trabajo, para terminar con algo llegando a la verdad.

Conzo: Yo no creo en esto, "Voy a trabajar con Max", o "Voy a trabajar con Joe". Si usted es un historiador, lo que somos todos, entonces estoy de acuerdo con usted". Mientras

Max dice esto, Joe dice aquello". Tarde o temprano aparecerá la verdad. Las cosas se tienen que hacer así. Puede guiarse por esto, "Joe Conzo es conocido como una autoridad, sobre la música de Tito Puente en todo el mundo, bla, bla, bla". Yo no tengo la última palabra. Yo aprendo cada día. La otra noche, cuando le aposté al tipo. Le tomé la palabra. Sabía que iba a pasar. Dice que tiene la cinta. No hay tal animal.

Loza: Al comienzo decía que había un estudio y al final de la noche ya no estaba seguro.

Conzo: Era una sesión en estudio "estaba en". Tito Puente no estaba allí. Creo que lo agarré cuando dijo Chano Pozo. Chano estaba muerto. Pero usted ve, hay gente así.

Loza: Hay algunos que lo dicen y todo el mundo les cree. Recuerdo hace muchos años, un tipo puertorriqueño aquí en Los Angeles, me dijo que La Lupe y Tito se habían casado. Pude haberle preguntado a Tito, "Bueno, ¿está casado con La Lupe"? Lo que hubiera sido embarazoso, pues no era cierto. Dentro de unos 100 años, mucho de esto se aclarará. Especialmente lo político y lo financiero, que son una lucha para el artista. Recuerdo a Ray Santos diciendo, que lo que le impresionaba de Tito, era que desde muy joven, sabía como comercializarse.

Conzo: Tito siempre ha sido así. Ha sido afortunado. Como lo hablamos ayer, Tito es bilingüe. Él habla el español y el inglés perfectamente. Gracias a Dios su madre dijo, "Hablas inglés en el colegio y español aquí". Es la casa bilingüe de la que hablábamos. Y puede ponerla allí. Discutiré con cualquier educador bilingüe. No me importa lo que digan. Estoy en contra totalmente. Ustedes no ayudan a nuestra cultura. Ustedes tienen que hablar en inglés y dejarlos hablar en español en sus casas. Los colegios no les están enseñando cultura. Cuando les enseñan en español, les están enseñando acerca de los Estados Unidos. Pero les están enseñando eso en su idioma [español].

Loza: [En ese caso en particular] es casi irrelevante [aunque yo creo que hay más cosas positivas, que aspectos negativos en la educación bilingüe]. Usted sabe que, no puede tocar música latina a menos que sea de lengua hispana. No tocaría con la inflexión adecuada. ¿Si no puede pronunciar bien *la música* cómo va a decirla? Por eso es que el inglés no funciona para la salsa.

    Conzo: Nunca lo ha hecho.

    Loza: Lingüísticamente no funciona. Hay todo un libro allí.

    Conzo: También podríamos discutir sobre ello.

Pensando en El Rey

Ray Santos, Chico Sesma, Jerry González, Poncho Sánchez y Hilton Ruiz

Ya que este libro es una recopilación, compuesta de pensamientos y conversaciones sobre la vida y la música de Tito Puente, he incluido este capítulo: el perfil de cinco artistas, que de muy diferentes maneras, han tomado conciencia del legado de Puente y han compartido sus pensamientos sobre él.

Tres de estos artistas, Ray Santos, Jerry González y Hilton Ruiz, han desarrollado la mayor parte de sus carreras musicales en la ciudad de Nueva York. Los otros dos, Chico Sesma y Poncho Sánchez las han desarrollado en Los Angeles. La perspectiva de las dos costas, se presta para comprender, la forma en que Tito Puente ha penetrado varios sectores significativos de la matriz cultural, tanto nacional como mundial.

Ray Santos

Ray Santos es considerado uno de los mejores arreglistas y músicos, en el campo de la música latina. Ha hecho arreglos para y ha tocado con grandes artistas, como Machito, Tito Puente y Tito Rodríguez entre otros. Fue uno de los principales arreglistas, para el álbum número 100 de

Puente y para la película *The Mambo Kings* y el único arreglista para el premio Grammy de Linda Ronstadt—ganadora con el álbum *Frenesí*. Entrevisté a Ray en diciembre de 1994 en el Victor's Café de Manhattan.

Loza: ¿Quién es Ray Santos, el músico?

Santos: Nací y fui criado en la ciudad de Nueva York, de padres puertorriqueños. Mi padre y mi madre vinieron aquí desde Puerto Rico a mediados de los años veinte. Se puede decir que llegaron con la primera ola de emigrantes puertorriqueños, a la ciudad de Nueva York y yo nací aquí en 1928. Faltan tan sólo dos semanas para mi cumpleaños número 66. Fui a todos los colegios públicos de esta ciudad y para cuando me convertí en adolescente, mis oídos recogían todos esos maravillosos sonidos de las bandas de swing que se oían en la radio. Oíamos a Glenn Miller, Benny Goodman, Count Basie, Duke Ellington, esa música swing de la gran-banda encantó mi oído. Dando vueltas por el vecindario, uno encuentra amigos que se interesan en los mismos sonidos que uno, mientras oye música, colecciona discos, sale a comprar discos, los discute: "Es un buen solo el de ese tipo". Yo demostraba mi interés por la gran-banda y la pequeña-banda de jazz; el bebop estaba comenzando su existencia y en las estaciones de radio pequeñas, se oían cosas como Thelonious Monk, Dizzy Gillespie, Charlie Parker, pues no los pasaban en las estaciones grandes, pero había estaciones pequeñas que nos proveían de ese tipo de jazz progresivo, que se comenzaba a oír a finales del '45 al '46. Mi interés por la música comenzó a dirigirse hacia el jazz progresivo, en la medida en que éste se oponía al swing de la gran-banda, que de todas maneras, siempre me había gustado. Y al mismo tiempo, como en la sala de la casa oíamos [en inglés] las estaciones de radio americanas, mi madre en la cocina escuchaba las estaciones de radio en español. Las estaciones de radio de la etnia hispana que había en Nueva York, nos aportaban música puertorriqueña y cubana. Así fue que conocí a Machito, Miguelito Valdés y Noro Morales, pues los pasaban mucho en la radio hispana. En casa, vi los dos lados del escenario musical. Los sonidos étnicos puertorriqueños y cubanos y del lado americano, el sonido del jazz de las grandes-bandas y los ritmos progresivos. Durante este período de mi vida, mi mente estaba siendo programada con todo tipo de música y probablemente la primera vez que se unieron los sonidos progresivos de la gran-banda al bebop y con la mezcla de la música afrocubana, fue cuando oí por primera vez las sesiones de Charlie Parker con Machito. Eso me impresionó mucho, la forma como se oía el sonido de Charlie Parker con la banda de Machito el día de la grabación, haciendo esto sobre el ritmo afrocubano. De alguna manera abrió una nueva forma. Podríamos decir que fue el comienzo del jazz latino.

Loza: Probablemente lo cautivó porque usted ya había oído los dos tipos de música y ahora los oía unidos.

Santos: Cierto, fue realmente impresionante.

Loza: Así que eso si llegó a casa.

Santos: Había allí toda una nueva música—como los solistas del jazz. La banda de Machito, fue la primera en entrar en esto realmente. Mario Bauzá, fue el producto de las grandes-bandas, Cab Calloway, Chick Webb. Él tenía el concepto de la gran-banda de swing y lo adaptó a la música afrocubana, para lograr el mismo tipo de orquestación y un sentimiento como de gran-banda en la música afrocubana. Al ser cubano, él comprendía muy bien los ritmos afrocubanos. Yo siempre tomé a Mario Bauzá y a Machito como modelos. Cualquier cosa que yo haya tratado de hacer después de comenzar a tocar profesionalmente y a escribir para las bandas, todo estaba más o menos basado en el camino que ellos tomaron.

Loza: ¿Y usted tocaba principalmente como saxofonista?

Santos: Yo tocaba saxofón. También estaba interesado en escribir música, en hacer arreglos. El saxofón era más o menos el medio para entrar en las bandas, para poder llegar a escribir.

Loza: ¿Cuáles fueron las primeras bandas donde tocó? Usted tocó con Machito.

Santos: Luego que salí del colegio, salí a trabajar profesionalmente. . . .

Loza: ¿A qué colegio asistía?

Santos: Fui al Juilliard. Me gradué en 1952. Conseguí un trabajo con Noro Morales. Toqué con el un par de años. Mi primer viaje a Los Angeles fue con él en 1953. Fuimos al Salón de Baile Zenda. Todavía lo recuerdo: Séptima con Figueroa, ¿cierto?

Loza: Creo que ya no existe.

Santos: Creo que no. Oí que se había quemado, o algo así.

Loza: Creo que Chico estaba haciendo esos trabajitos también.

Santos: Chico Sesma. Él aún está allí. También fue disk jockey.

Loza: Él tuvo un grupo en los días de Eddie Cano.

Santos: Eddie venía mucho al apartamento donde nos quedábamos y nos visitaba seguido, pues era fanático de Noro Morales.

Loza: Oh, sí. Esa fue su más temprana influencia. Así que tocaba con Noro Morales. ¿Cuándo comenzó a hacer arreglos?

Santos: Él fue la primera orquesta grande para la que comencé a hacer arreglos. Había hecho algunos arreglos antes, aquí en Nueva York, pero la banda de Noro, fue la primera que grabó con arreglos míos. Me fui a Puerto Rico por un tiempo, con una orquesta llamada César Concepción. Toqué con él por un tiempo y regresé a Nueva York en 1956 y me uní a la banda de Machito. Había un lugar en ese momento. Yo había aplicado para ese trabajo seis años atrás, pero en ese tiempo no había vacantes. Los cambios de personal eran muy escasos, especialmente en la sección de los saxofones. Ningún saxofonista se iba. Por fin, uno de los fundadores de la banda de Machito, Fredie Skerit, se fue y me llamaron para saber si yo quería entrar. Me quedé con la orquesta de Machito por cuatro años y creo que ese fue el tiempo más largo que he estado en alguna orquesta en toda mi vida. Fue como una verdadera educación musical. Estupendas partituras de René Hernández y Chico O'Farrill. Sentarse allí y absorber por los oídos esos sonidos es en sí una educación.

Loza: Especialmente para un arreglista.

Santos: Uno oye todo, oye las voces y lo analiza mientras va tocando.

Loza: Muchos de estos arreglistas, como René Hernández fueron también arreglistas para Tito Puente y Tito Rodríguez. Es interesante que estas bandas compartieran arreglistas; hubo algunos arreglistas comunes para todas ellas como Chico O'Farrill.

Santos: Hizo arreglos para Machito, hizo arreglos para Puente. Miguelito Valdés tuvo una banda por un tiempo, en Los Angeles y vino con ella a Nueva York, era muy caliente.

Loza: Como Eddie. Creo que él tocó con esa banda durante dos años. Como arreglista, me imagino que eventualmente usted comenzó a hacer arreglos para gente diferente, incluyendo a Tito Puente.

Santos: Me fui a Puerto Rico cuando dejé la orquesta de Machito. Regresé a Puerto Rico con Noro Morales. En este tiempo ya Noro Morales estaba enfermo. El glaucoma afectaba sus ojos, estaba legalmente ciego. De cualquier forma consiguió este trabajo en el Hotel La Concha de Puerto Rico, en el Condado, así que llevó su banda desde Nueva York hasta Puerto Rico. Allí también contrató a algunos músicos, pero el núcleo venía de Nueva York. José Madera Jr. tocaba el saxofón, Jorge López la trompeta, yo fui como saxofonista. Se quedó en este trabajo hasta su muerte. Se quedó allí cuatro años. Yo solo me quedé un año con él y luego me fui a otro trabajo en el Hotel San Juan con la banda de allí, Charlie Fisk. Realmente no estaba escribiendo mucho, pero absorbía todos los sonidos puertorriqueños, la música puertorriqueña típica como *Bomba, Plena* de la banda de Cortijo. [Yo fui] muy amigo de Cortijo en Puerto Rico y del cantante Ismael Rivera, los grandes músicos de allá en ese tiempo, más o menos 1960. Me quedé por allí unos dos años y luego regresé a Nueva York. Luego de mi regreso en 1962 ó '63, me uní a la banda de Tito Puente. Con él estuve un año y medio. En el viaje que hice a Puerto Rico, conocí una chica con la que me casé y me la traje para Nueva York. De la banda de Puente, pasé a la de Tito Rodríguez, con él me quedé hasta que la disolvió, terminó su orquesta permanente. Para sus grabaciones armaba orquestas con gente escogida. Dejó de ser director de orquesta y comenzó a trabajar él solo. En 1965 acabó con su banda y yo me fui a vivir a Puerto Rico en 1966. Poco tiempo después Tito Rodríguez se mudó a Puerto Rico. Se construyó una casa allí. Yo me quedé en Puerto Rico 18 años.

Loza: Usted conoció a Tito Rodríguez bastante bien.

Santos: Oh sí. Fuimos muy amigos. Nos seguimos colaborando mientras estuvo en Puerto Rico. Tenía un programa de TV. René Hernández también se había mudado allí. Ambos colaboramos con él [Rodríguez] en su programa de TV. Él hizo cerca de treinta programas, producidos por él mismo. Tito Rodríguez se quedó en Puerto Rico entre 1971–72. En ese tiempo ya sufría de leucemia. Dejó Puerto Rico y se fue a vivir a Miami, Coral Gables. Después murió en 1973; yo me quedé en Puerto Rico hasta 1983 u '84. Llevo de regreso en Nueva York unos diez años.

Loza: ¿Desde que regresó a Nueva York ha estado trabajando independiente como arreglista para diferentes personas?

Santos: Independiente como arreglista. Cualquier cosa que haya sucedido allá afuera, yo tuve algo que ver, con esa película *The Mambo Kings*. Después de eso cantidad de cosas con la banda de Mario Bauzá.

Loza: Yo oí esa banda hace unos dos años en el Village Gate. ¿Estuvo involucrado con eso?

Santos: Oh, sí. Escribí algunas cosas en esos días. No toqué con la banda. Toqué con ella en su primera grabación, alrededor de 1984 justo cuando acababa de regresar. Luego la banda, dejó de tocar por un tiempo hasta que consiguió un contrato con Messidor Records, un sello alemán. Yo trabajé con él para los tres álbumes de Messidor. . . .

Loza: Este arreglo es uno de los aspectos más importantes de Tito Puente. Básicamente, esto es de lo que él tuvo que vivir. Ese era "su pan con mantequilla"; arreglos, trabajos y grabaciones. ¿Cuáles eran algunas de las diferencias, en la clase de arreglos que se tenían que preparar, para digamos Tito Puente, contra Machito o Tito Rodríguez? ¿Qué era lo que Tito Puente hacía distinto, aunque había aprendido tanto de Mario Bauzá como de Machito? ¿Hacía algo verdaderamente diferente? Yo creo que sí, pero quiero saber sí usted también lo cree. ¿Cómo tenía que pensar las cosas diferentes, mientras escribía para Tito Puente o cómo las pensaba cuando escribía para otros?

Santos: El acercamiento de Tito a la música, se concentra en la percusión del timbal. Cualquier cosa que yo escribiera para él, la miraba desde el punto de vista del timbal: muchas oportunidades para que él hiciera éxitos con sus timbales, con la banda, cuando él toca, como parte del arreglo, eso es algo que él hace muy bien. Tomemos algo como "Ran Kan Kan", que es un arreglo elaborado alrededor de un solo de timbales o a unos timbales sincronizados con el arreglo.

Loza: ¿Cuándo el corno interpreta exactamente las mismas frases de los timbales, en ciertas partes que él acentuó?

Santos: El arreglo es una parte integral de su toque del timbal.

Loza: ¿Recuerda cuáles fueron algunos de los arreglos que usted hizo para él?

Santos: Hice cerca de cuatro originales. "Caribe", otro llamado "Cochise", una bossa nova llamada "Carminova" y "Flamenco Moods". Él tenía su forma particular de organizar el coro . . . cercana. Su estilo, su ritmo es pegajoso. Le gusta ser excitante. Es una de sus fortalezas, excitante. Hablando técnicamente, la forma, las voces completas tratan de llevarse la orquesta, pero secciones individuales del coro, unidas en un solo—cuando uno entra en esos montajes, ese tipo de voces se pegan, de alguna manera se sincronizan en esa cadencia contagiosa que a él le gusta.

Loza: ¿Esto es algo que usted notó, solo de oírlo y al tocar en su banda o es algo que usted discutió con él?

Santos: Yo lo noté al tocar con su banda y oyendo sus grabaciones. Realmente nunca lo discutí con él. Sentí que esa era la forma de manejarlo, cuando hacía arreglos para él.

Loza: Eso es interesante. En "Ran Kan Kan" se oyen acordes muy densos y se acerca. ¿Cree usted que él extendió más los armónicos que otros, como las novenas y las undécimas?

Santos: En los armónicos él demuestra gran satisfacción. Su concepto de armónico está basado en la era bebop. Otra gran influencia en las bandas, en el concepto de Machito y de Mario Bauzá, fue la Banda de la Costa Oeste de

Stan Kenton. Kenton fue un fanático de Machito. Creo que él escribió una canción llamada "Machito". A cambio, Mario Bauzá y Puente respondieron con una cantidad de tonales de la banda de Kenton, metales altos chillando. Lo que sucedía allí era admiración mutua.

Loza: De alguna manera, Puente estaba haciendo muchas cosas como Machito, pero tal vez estaba comenzando con el asunto de su percusión, sonidos cercanos, era excitante. Aún con los armónicos quería emociones. Machito mantuvo la forma (más tradicional).

Santos: Machito tenía mucha influencia de Arsenio Rodríguez: énfasis vocal y ejecutaba mucho *son* cubano.

Loza: El uso del vibráfono por parte de Tito, resultó ser una innovación en la música latina.

Santos: "Cuban Cutie" fue excelente en el vibráfono. Hay otra con este instrumento que se llama "The Vibe Mambo". Tito fue el primero en presentarse con el vibráfono. Aunque tocaba muy bien, siempre me pareció que era el concepto del jazz de Cal Tjader el que estaba allí presente. Yo diría que era como un pedacito, en lo que respecta al jazz latino; un pedacito de Puente. Pero Tjader, en el vibráfono era muy técnico, muy aleccionado; era muy bueno tocándolo, limpio. El primero en ejecutarlo realmente fue Puente. Él tocaba el teclado, entendía los teclados.

Loza: ¿Cree que el hecho que él tuviera teclados, le hacía diferente de las bandas de los demás: Rodríguez, Machito, Bauzá?

Santos: Tito sabía muy bien como escribir partes para piano, consiguiendo esas maravillosas armonías de jazz.

Loza: Él también era, a diferencia de Machito, Bauzá o Rodríguez, no sólo hábil para lidiar con el concepto del piano, en el contexto con el vibráfono, como parte de la sección rítmica, era un percusionista. Esto hacía que tuviera una relación totalmente diferente al escribir o al utilizar arreglistas y hasta al trabajar con sus músicos. ¿Alguna vez sintió esto? Usted tocó con él.

Santos: Siempre era el primero, el último y siempre un percusionista de primera clase. Todo lo que hasta el día de hoy, haga con su banda, tiene que funcionar con su ejecución de percusión.

Loza: Siempre habrá un solo en alguna parte.

Santos: Exactamente. Y partes de los arreglos, siempre deben sincronizar, con ciertos compases que él marca.

Loza: Él presentó a grandes solistas como Mongo Santamaría y Willie Bobo.

Santos: Cierto. Siempre con secciones rítmicas estupendas . . . ejecutores de percusión excelentes.

Loza: ¿La orquestación y el estilo de tocar *charanga*, penetraron el concepto de Puente?

Santos: Comenzó en La Habana, pero empezó a llegar a Nueva York entre el '55 y el '56. Así que las bandas se le acercaron con ese sentimiento de gran-banda, opuesto al de las orquestas Aragón y América y sus cuerdas y flauta; buen ritmo, pero no muy fuerte ni pesado, más relajado. Un tipo más liviano de la sección de ritmo, comparado con las secciones de ritmo de la gran-banda, que se necesitaban aquí para impulsar esas grandes secciones de saxofones y trompetas. Pero, Aragón tuvo el concepto original. Ellos no hicieron los cortes fuertes en ese momento. Eso es cosa de Puente. Le encantan los cortes, porque naturalmente le dan el espacio para hacer su demostración de timbales con la banda. Él también se acerca al cha-cha-cha de una forma diferente. El estilo del cha-cha-cha neoyorquino era distinto. Las *charangas* no prendieron bien aquí hasta los años sesenta.

Loza: Los cubanos tomarían café tocando la *charanga* y luego Broadway tocaría y todos sudarían. Ésta parece ser la metáfora constante—que los músicos aquí, tocarán más duro y más rápido. ¿Alguna vez pensó en mirar a todos estos tipos diferentes y compararlos con Puente, por ejemplo?

Santos: Creo que es un reflejo del paso de Nueva York.

Loza: La vida urbana, con eso es con lo que yo lo connotaría.

Santos: Empujando, adelantando, todo eso. Con los cubanos, es su música, así que naturalmente son los primeros en llegar a ella y ese es su estilo. Ellos lo crearon. El acercamiento neoyorquino, siempre ha sido . . . estoy buscando las palabras.

Loza: Bueno, es un filo duro y es más en-tiempo. Es igual a vivir aquí, la vida.

Santos: Usted toma a un grupo como Conjunto Clásico. La primera vez que los oí, para mí fueron Arsenio Rodríguez en tiempo más rápido. Creo que la vida de la ciudad tiene algo que ver con ello, es el paso de Nueva York.

Loza: Sí, oigo un grupo como Sonora Ponceña, que es de Puerto Rico y están allí solazándose; saben como relajarse. La verdad, me gusta más ese sonido.

Santos: Ese es mi grupo puertorriqueño preferido, Sonora Ponceña. Papo Lucca ha sabido reunirlos. Es un gran escritor. Me gusta el sonido de ese grupo, las producciones, los cantantes y el escogimiento del material es bueno. Se mantienen en sus treces; no se pasaron a lo romántico ni a lo pornográfico. Algo gracioso acerca de Papo Lucca. Primero lo vi cuando la banda de Tito fue a Puerto Rico en 1957, a tocar en un sitio llamado el Escondrón Beach club, no sé si existe todavía; quedaba cerca al Hilton. De todas formas, tocamos algunas cosas, alternando con la Sonora Ponceña, era un grupo relativamente nuevo en aquella época. El pianista era Papo Lucca, pero no tenía más de diez años. Su papá acostumbraba sentarlo encima de unas guías telefónicas, para que alcanzara a las teclas.

Loza: ¿Hacía Tito arreglos para otras personas en sus comienzos?

Santos: Hizo algunas cosas para Machito y para Curbelo. Creo que las raíces de su escritura están en el tiempo de su servicio. Él estuvo con Machito a comienzos de los cuarenta. Al comienzo de la Segunda Guerra Mundial, entró al servicio.

Loza: En la película, *The Mambo Kings,* ¿usted hizo muchos de los arreglos?

Santos: Yo hice las cosas rítmicas, excepto los que Tito hizo personalmente como "Ran Kan Kan". Además (de utilizar) su banda, hicimos otra orquesta separada, como la banda de la casa, para hacer esas pistas instrumentales, que se usaron en las escenas sincronizadas de la película. Una banda aquí en Nueva York. El núcleo era la banda de Mario Bauzá y tenía muchos ejecutantes de estudio.

Loza: Otro aspecto del desarrollo de la música latina en Nueva York, fue la aparición de muchos arreglos instrumentales, que por lo tanto, no dependían de las canciones.

Santos: Eso empezó especialmente al final de los años cuarenta, cuando Machito grabó con Charlie Parker. La banda de Puente siguió por el mismo camino, muchos instrumentales. En los cincuenta, un arreglo para un baile, consistía tal vez, en un bolero, tal vez uno o dos instrumentales cada vez, más cualquier cosa que quisiera cantar Santitos Colón con Tito Puente o Machito con su banda y con Mario Bauzá como director. Pero siempre habría, por lo menos una tonada instrumental en cada vuelta, lo que no sucede hoy en un escenario de baile, si va a los clubes de jazz y todo se vuelve instrumental.

Loza: Tampoco tienen hoy las largas secciones de *montunos,* los solos.

Santos: Pues claro. Los instrumentales eran parte integral de ese arreglo instrumental.

Loza: Así que, comparando estas dos épocas, ¿hay algo más que usted pueda decirnos sobre la tradición del *sonero* [vocalista]. ¿Cómo cambió?

Santos: Bueno, el tipo de tonada ha cambiado. Las palabras están más dentro del tipo de la lírica sexy, mientras que anteriormente, la lírica nos hablaba de tambores, comida, fiestas, religión de *santería,* changó. Todo esto entraría en las melodías populares y los arreglos. "Changó ta vení" de Machito y cosas así. "Elegua Changó" de Puente, en un instrumental. La conexión religiosa estaba allí. Hablando de comida, *las tumbadoras, los timbales, los cueros,* cosas así. Todo eso se diría en las canciones: el festival, la fiesta, los bailes.

Loza: El baile en sí era parte de la presentación.

Santos: La razón para que el mambo fuera tan popular, es que el baile era muy popular. El mambo fue grandioso y el cha-cha-cha también.

Loza: De alguna manera la música de esa época, del final de los años cuarenta al final de los cincuenta, hay momentos en que parece que la música fuera secundaria. Tenemos que recordar, lo más importante de esa cultura era que la gente iba a bailar.

Santos: El baile. Bailar se volvió importantísimo, atrapó con fuerza a los no-latinos. Por eso se encuentran esas lindas mezclas étnicas en los clubes donde se tocaba. Los unos necesitaban a los otros. Los bailarines necesitaban ese tipo de música y la música necesitaba a esos bailarines.

Loza: El baile solía ser más intrincado.

Santos: A mí me encantaba, memorizar mis partes para poder mirar mientras tocaba. Ese tipo de energía alimentaba . . . uno se alimentaba de los bailarines. Uno los veía balancearse; uno trataba de entrar en su práctica y ellos entraban en la de uno.

Loza: Mientras que con muchas de las nuevas estrellas pop, con la nueva salsa—Tito Nieves, Eddie Santiago— mucha gente va a oírlos en concierto. Ni siquiera bailan.

Santos: Yo he ido a muchos de esos clubes a mirar a los bailarines. No estoy diciendo que los viejos tiempos fueran mejores, pero técnicamente no tienen comparación, respecto a los pasos y a la energía. No está sucediendo.

Loza: Todo esto era parte del aspecto de improvisación de esta música. Tenían solistas de percusión, tenían solistas instrumentales y tenían al *sonero sonando*. Eso tampoco se improvisa hoy.

Santos: Los *soneros* que se oyen hoy en día en las grabaciones, tienen la tendencia a ser programados, memorizados. Algún tipo viene y escribe los *soneros*. Allí no hay improvisación.

Loza: Tenemos este período *típico* y tenemos el período fuerte de la salsa en los años setenta con Eddie Palmieri, terminando, diría con Rubén Blades. Fue una especie de movimiento social.

Santos: Las letras comenzaron a cambiar. Las palabras comenzaron a ser más importantes que la música en sí.

Loza: Mucha política de raza. Luego eso murió y quedamos con la *salsa erótica*. Fue de la A a la Z.

Santos: Es allí donde yo creo que la música sufre lo peor, pues las secciones rítmicas no pueden dejarse ir. He tenido algunas entrevistas con los productores en Puerto Rico y ellos estaban tratando de bajarle al ritmo, para que no se interponga con las palabras.

Loza: ¿Quiénes fueron sus modelos principales como arreglistas?

Santos: En lo que se refiere al concepto de arreglo, Tito fue uno de mis modelos principales. Cuando comencé a hacer arreglos, tenía que oír a alguien, así que a las personas que les presté atención fueron: René Hernández, Tito Puente y Chico O'Farrill. Ellos son los que tienen el sonido y la aproximación que a mí me interesaba; y más o menos me he quedado con ella. De vez en cuando, debo desviarme de ella, cuando alguien quiere salirse de la forma típica y entrar a algo más parecido a la salsa. Hice mis ensayos para hacer salsa, más por razones comerciales que por cualquier otra razón. Cada vez que tuve la oportunidad de escribir para un Puente o Mario Bauzá, cuando todavía vivía, yo me atenía al viejo concepto: vocalización de orquesta, bonita escritura para el saxofón, armónicos de jazz y generalmente sonido de jazz.

Loza: Puente parecía hacer a veces cosas muy poco típicas, con pausas.

Santos: Él tiene su propio estilo con los intervalos. Tiene muy buena técnica, es muy veloz, así que toma ventaja de esa rapidez, de esa flexibilidad de sus muñecas. Él puede hacer cosas que un timbalista promedio no logra.

Loza: Cuando salió *Dance Mania,* fue un gran éxito con la gente. Fue como en el '58.

Santos: Fui a algunas de esas reuniones.

Loza: ¿Algo de eso lo sorprendió armónicamente? ¿Realmente iba muy adelante?

Santos: Él hizo cosas más *jazzy* en su álbum *Night Beat.* Es un álbum estrictamente instrumental. Realmente se metió en el jazz allí, jazz latino. Pesado, con muchos solos. Allí introdujo a Doc Severinsen.

Loza: Él hizo mucho de eso en *Dance Mania* [especialmente en lo suyo] "3-D Mambo". Era un mambo-jazz instrumental. Yo oí muchas líneas bop, quintas en bemol.

Santos: Esa fue más mi influencia bebop. Cuando se unieron por primera vez el jazz y la música afrocubana, el jazz que existía era bebop, por eso los armónicos bebop fueron parte del género.

Loza: En este álbum, la cosa vocal no es lo que yo llamaría la parte dominante.

Santos: Hubo un tiempo, donde Puente salió sin cantantes, por un período de unos cuatro años, hasta que trajo a Santitos Colón. Nunca dejó que Santitos hiciera ninguna parte dominante. Lo utilizaba mucho pero la banda era la que dominaba. En la banda de Machito, la cosa graciosa, era que el nombre era Machito y Machito era el cantante, pero la banda se volvió tan poderosa que lo opacaba. De esas tres bandas, en la única que dominaba el cantante era en la de Tito Rodríguez, porque él era un cantante excelente y se aseguró que todo girara a su alrededor. Aún así, él tocaba muchos instrumentales también. El estilo de su sección de ritmos era un poco distinto. Era un cruce entre la sección de ritmos de Machito y la de Puente. Puente era algo como de frente y adelante, empujando el compás y Machito era mucho más tenido, Rodríguez estaba en el centro. Así fue como yo me sentí, cuando toqué en su banda. Rodríguez podía cantar melodías extraordinarias. Era un buen *sonero*. Nada era planeado con anticipación. Inventaba a medida que cantaba.

Loza: En las obras más tempranas de Puente con Vicentico Valdés, todavía se sentía mucho ese viejo estilo cubano de canción. Él hacía *soneo*. Cuando llegamos a *Dance Mania*, al final de los cincuenta, ya no se oye esa clase de cantante. Mucho *coro*. La mitad de las tonadas tenían mucho instrumental, con algo de *coro*. Por ejemplo, "Pa' los rumberos" o "Cuban Nightmare".

Santos: En los años cincuenta el instrumental de la orquesta se colocaba ahí mismo, al frente. Ahora, los productores ni siquiera permiten que se grabe un instrumental en un álbum comercial, a no ser que sea un álbum de jazz.

Loza: En el álbum número 100 de Puente no hay ni un instrumental; y aquí fue él el que se lo inventó, con el mambo jazz instrumental.

Santos: En esa época, hasta Rodríguez, quien era cantante, grabaría instrumentales. Eso era lo importante en ese momento.

Loza: En estos días, ni siquiera ponen el género de la tonada en las notas. ¿Alguna vez estuvo involucrado con las palabras, debiendo adaptarlas al arreglo?

Santos: Muy poco. Como productor a veces sugiero cambios en la letra, puede ser que haya demasiadas sílabas tratando de acomodarse en la canción. La tonada puede tener demasiadas sílabas en las palabras; esto hace que rítmicamente, no encaje con la cadencia de la música. Tal vez es el único momento en el que me involucro. Haré una sugerencia.

Loza: ¿Qué tan integrado estaba el auditorio?

Santos: Encontré que en los cincuenta y en los sesenta había más diversidad de público. Era multicultural. Era increíble, porque eran los años cincuenta, antes de los derechos civiles, antes de Little Rock, Arkansas, con la integración de los colegios de bachillerato. Mucho antes de todo esto, la escena en los lugares donde solíamos tocar era bastante integrada.

Loza: ¿Y la música estaba integrada?

Santos: Las bandas lo estaban: tipos judíos, tipos italianos, afroamericanos. Ahora comprendo que el maquillaje del público está muy polarizado. No vemos chicos italianos, ni chicos judíos de Brooklyn yendo a bailar a un club de Broadway, mientras que en los cincuenta, eso era lo que encontrábamos en el Palladium.

Loza: La música representa para mí la sociedad. En otras palabras, la fábrica de la música se relaciona con la fábrica de la sociedad. Si tenemos divisiones en la sociedad, tenemos divisiones en la música. La nueva música que tenemos está más polarizada; es limitada.

Santos: La clientela blanca tiene miedo de ir a un club latino. Sienten hostilidad.

Chico Sesma

Lionel "Chico" Sesma, es una gran figura en la historia y el desarrollo de la música latina, principalmente en la ciudad de Los Angeles y especialmente con respecto al primer despliegue de Tito Puente en la Costa Oeste. Un músico entrenado y ejecutor del trombón con muchas de las grandes bandas al comienzo de su carrera, eventualmente emergió en Los Angeles, como una personalidad dominante en la radio, productor de música latina y conciertos, donde presentaba los mejores artistas contemporáneos desde los cincuenta hasta los setenta. Entrevisté a Chico en su casa al Este de Los Angeles, en septiembre de 1995.

Loza: ¿Cómo conoció la música latina y cómo hizo para desarrollar su propia apreciación por ella?

Sesma: Los Angeles es mi hogar. Mis antecedentes musicales vienen desde mi juventud, cuando comencé a estudiar trombón y terminé el bachillerato especializado en música y luego asistí a Los Angeles City College. Durante mis años de adolescente, toqué con todas las bandas locales, en el período de mediados a finales de los años treinta. Aquí había un buen número de bandas locales y eran todas orquestas, como la de [Sal] Cervantes, Phil Carreón, Fred Rubio. Su repertorio se componía principalmente, de muchos éxitos grabados de las grandes bandas de ese momento, como Artie Shaw, [Benny] Goodman, [Jimmy] Lunceford, [Duke] Ellington. Las pocas cosas latinas que tenían en los libros de música eran en su mayoría, boleros, unas pequeñas polcas y cosas así. La escena musical de ese período, mitad hasta finales de los treinta, fue como se las acabo de describir. A medida que comencé a mejorar mis propias habilidades, entré al ambiente dominante, al entorno de las orquestas; habiendo tocado con la banda de Johnny Richards, con quien viajé hasta la Costa Este, haciendo giras juntos por varios años. Además toqué con las bandas de Boyd Rayburn, Floyd Ray, Jimmy Zito y Russ Morgan. En este momento todavía estaba al comienzo de los años veinte; aunque no estaba conciente de ello, lo que le sucedía a las orquestas, a lo largo de todo el país era que su actividad declinaba lentamente. Aunque el rock and roll no había hecho su aparición, había una cierta evidencia de él y la economía de ese tiempo ya no sostenía el costo de las grandes bandas que estaba entre los quince y veinte músicos.

A finales de los cuarenta, hubo una vacante en una estación de radio (de propiedad de Gene Autry y Arthur Krogan) para que un mexicanoamericano hiciera un programa bilingüe de media hora. Uno de los ejecutivos de cuenta, había sido mi amigo en la infancia y conocía mis antecedentes musicales. Él pensó que yo podría ser un buen candidato, así que me dio un curso de dos años en radiodifusión, comprimido en dos semanas. Di mi audición y fui aceptado. Comencé en febrero de 1949, para lo que entonces se llamaba KOWL en la base de Pico Boulevard, en Santa Mónica. Me emplearon por poco tiempo. Querían ver como sería recibida esta cosa por la comunidad, "esta cosa" era un programa bilingüe de música popular y algunas grabaciones latinas. El programa estaba dirigido a la comunidad mexicanoamericana especialmente, porque nada se había hecho para este sector de Los Angeles, que en ése entonces, comparado con el día de hoy, era básicamente mexicanoamericano, opuesto a hoy que son nacionales mexicanos. La mayoría de nosotros hablábamos en inglés y manejábamos varios grados de español, desde malo hasta muy bueno. El programa era tan innovador, que fue acogido inmediatamente por la comunidad. Lo que comenzó como un programa inicial de media hora, a los tres meses era de una hora y al segundo año era un programa de difusión de tres horas. La radio era muy distinta en esa época. Las mayores radiodifusoras eran KFI, KABC, KHJ, KNX. Las independientes como KOWL, estaban dentro de lo que entonces se conocía, como programación especializada de radio: disc jockey o personalizadas, metiéndose en un programa diseñado para un segmento especial de la comunidad. Antes de mí, esta estación había disfrutado de gran éxito con Joe Adams, quien estaba para llegar al mercado de los afroamericanos. En ese tiempo el programa era muy bien recibido, pero ahora se inclinaba a que debía haber más música latina en el espectáculo. Me encantó. Que debía hacer, aún antes que el show comenzara, yo tenía planeado poner solo uno o dos discos de música latina durante el programa. Mi familiaridad con la música latina, no iba más allá de Carmen Cavallero, Xavier Cugat y Enrique Madriguera. No me impresionó mucho; podría haber sido una banda de hotel. Hice mucha investigación, tenía mucho tiempo para hacerlo. Fui a diferentes tiendas de discos en el centro y busqué lo que la gente compraba. Lo que más les gustaba eran las *rancheras* y los boleros. Los grupos de rock and roll, como los Bukis de hoy, no existían. Había *rancheras*, mariachis y *boleristas* y eso era lo que gustaba. Me di cuenta que había pequeños estantes, aquí y allá con algunos nombres que no había oído nunca, como Puente, Machito, Rodríguez, Pacheco, Miguelito Valdés. Así que pensé, voy a escucharlos y oh, me enloquecí. Yo sé que la razón, para que yo pudiera apreciarlos, era mi antecedente musical. ¿De qué otra forma podría haber reconocido algo de esta calidad? Comencé a entremezclar en mi programa a estos artistas y a otros muchos. Vicentico Valdés, era el vocalista que presentaba Tito Puente. Yo comencé a ver a Tito Puente, como uno de los principales propulsores de estrellas de su tiempo, porque no fue sólo Vicentico Valdés, sino Santitos Colón, Gilberto Monroig y probablemente otros que alcanzaron varios grados de fama por derecho propio. El programa fue muy bien recibido. La gente estaba oyendo artistas y música que no había oído antes, aquí en Los Angeles. Triste comentario: sólo estamos separados por 3.000 millas y las comunicaciones de entonces eran bastante buenas. Las pocas estaciones de radio que teníamos, que hablaran en español, emitían muy temprano en la mañana. Todo lo que tocaban eran *rancheras* y eso es algo que he oído desde pequeño y me harta. Estaba saturado con ello, así como hoy estamos saturados de rock and roll—que yo detesto.

Yendo por mi segundo año, el joven responsable del comienzo de mi larga carrera en la radio, tuvo la idea de montar un evento de música latina. Esas 'Vacaciones Latinas', que se convirtieron en refrán aquí, localmente, fueron idea suya. Me aguijoneó. Estos artistas que me eran familiares en disco, debieron convertirse en familiares en vivo, para contactarlos, para lo que debía ser la primera 'Vacación Latina' en Los Angeles. Yo había estado descorazonado con los empresarios de entonces. No dejaban entrar mexicanos al Hollywood Palladium. Pero en ese tiempo—1953 ó 1954—yo me había comprometido con el VP. Renté el Hollywood Palladium, que entonces funcionaba siete noches a la semana, con todas las bandas de renombre—quiero decir, Les Brown, Tommy Dorsey, Jimmy Dorsey, Goodman. Había un gran paso para alguien que lo había hecho realmente grande y que debía hacerlo todavía más grande, Pérez Prado, con "Que rico es el mambo". En esos días él aparecía por allí. . . . Para mi primera 'Vacación Latina', el costo completo del Hollywood Palladium, más la orquesta de Pérez Prado fue de $800. Los otros artistas para este primer evento fueron Joe Loco, Tony Martínez y Manny López. Dos con cincuenta ($2.50) más impuesto era el precio de admisión en la puerta. Era un evento revolucionario. Todos pensaron que sería un fracaso, pero yo creía en él.

Loza: Siempre me ha parecido interesante este comienzo de las 'Vacaciones Latinas' en el Hollywood Palladium y claro, a tres mil millas en Nueva York, está el Palladium. ¿Alguna vez lo imaginó? ¿Estaba tratando de emular lo que sucedía en Nueva York? ¿Cayó en cuenta de ello?

Sesma: Debe recordar que cuando estuve en Nueva York con la orquesta de Johnny Richards, comenzaba a convertirme en músico. No me di cuenta del Palladium. Estamos hablando de comienzos a mediados de los años cuarenta. Entonces era o no era un centro de música bailable latina, ni siquiera lo sé. Yo reservé el Palladium, no por ninguna relación que pudiera tener con el Palladium de Nueva York; quería que nuestra comunidad saliera de. . .

Loza: Los barrios.

Sesma: Sí. No hay nada malo con el barrio. Yo viviría en el barrio otra vez. Ese reto era un reto sociológico; ¿Iría nuestra gente? ¡Y fueron! Lo que fue un evento anual por algunos años, se convirtió en un evento semestral y luego mensual. . . . El Hollywood Palladium era el sitio. Llegamos en masa. . . . Él que hayamos movido a nuestra comunidad, al gran cauce del área social, fue una gran recompensa para mí. . . . Tito Puente ya había venido aquí, una o dos veces al Zenda Ball Room, en la séptima con Figueroa. Joe García, había sido el empresario de ese período y a comienzos de los treintas el inició "El Club Alegrías Black and White Ball", lo usaba para poner en escena en varios sitios, como el Breakfast Club de Los Angeles, el Royal Palms Hotel y hasta el Zenda Ball Room. Él trajo a Puente por primera vez y también a Pérez Prado. La mayor parte del tiempo, tenía bandas de música pop-americana, tocando allí.

Loza: Bien, sus bailes eran llenos totales. Quiero decir, ¿los amontonaban?

Sesma: Hey, algunos de ellos fueron grandes éxitos, pero otros fueron grandes equivocaciones . . . . A mediados de los cincuenta, el Palladium ya no era lo que solía ser. Ese fue el final oficial del período de las grandes bandas aquí, localmente . . . . El último evento que presenté allí, fue a finales del '73. El costo fue como de $5.000. ¡Que gran diferencia hacen veinte años! Debe costar ocho o diez grandes hoy en día. No sólo teníamos nuestros eventos mensuales en el Palladium, sino que también había una docena de clubes nocturnos. Todos eran corriente principal—con eso quiero decir que tenían música pop americana. Pero una noche a la semana era la noche del mambo. Podría haber sido cualquier noche de la semana—pero no en fin de semana; el domingo sí pero no el sábado. Era como sí se coordinaran entre ellos. No entraban en competencia. Por ejemplo, la noche del mambo en el Malabar en el West Pico Boulevard, era los lunes. Hubo un período allí de unos años cuando. . . . Luego me uní a la Orquesta Havana Mambo. Trabajamos siete noches a la semana. La gente quería bailar. En ese tiempo, el mambo era lo más importante. Luego fue el cha-cha-cha y más tarde la pachanga.

Loza: Pérez Prado se había vuelto popular alrededor del mundo, pero realmente pegó duro en los Estados Unidos. Tuvo muchísimo éxito en Los Angeles y lo logró primero en la Costa Oeste, antes que en el Este. Luego la gente comenzó a mirar el mambo de Pérez Prado versus el de Puente, Rodríguez y Machito. ¿Usted qué siente?

Sesma: Debo decirle que no soy muy partidario de Pérez Prado. Lo considero un creador de ruido. Perdóneme. No quiero decir eso literalmente; lo digo metafóricamente. Él estaba muy lejos de mis preferencias musicales, aunque era un músico talentoso y no puedo negar el éxito que disfrutaba con su estilo, que era muy propio. Él fue uno de los que ganó mucho dinero, como ningún otro artista latino antes que él. "Cherry Pink and Apple Blossom White", la locura. Mundial. Eso no sucederá de nuevo jamás. Cuando pensamos en la música latina de ese período, Pérez Prado está aquí el resto de ellos están allí . . . hablando musicalmente. No puedo compararlo con Puente o con Machito. Manzanas y naranjas.

Loza: ¿Cree usted qué la gente aquí en Los Angeles gravitaba más hacia Pérez Prado?

Sesma: Debo decir que sí. Seguro.

Loza: ¿Por qué?

Sesma: Hay que aceptar la idiosincrasia del público. Entonces y ahora. ¿Cómo entiende usted que el rock and roll tenga tanto éxito? No hay nada, que concierna a las tendencias, que sea menos musicalmente que el rock and roll y aún así, ha sido la entidad musical con más éxito, que haya aparecido nunca y a nivel mundial. Hago estas analogías de manera exagerada, pero lo que quiero es mostrar ese punto.

Loza: La otra posibilidad es que, por supuesto, Pérez Prado vivía en Ciudad de México y aquí tenemos esa gran cantidad de población mexicana que probablemente conocía su sonido. En otras palabras, los mexicanos crecieron con su sonido. Era más un fenómeno del Oeste continental, mientras que los cubanos habían llegado a Nueva York, como Arsenio Rodríguez, Machito, Miguelito Valdés y desarrollaron un estilo de mambo más fuerte.

Sesma: Los individuos que salieron de Cuba en la misma generación que Pérez Prado, eran más tradicionales. Usted mencionó a Arsenio Rodríguez y a la Orquesta Aragón. Claro, que ellos nunca salieron de Cuba, pero si para aquellos exiliados a España. Ellos, como algunos de los otros, como Mariano Mercerón, fueron a México. [El cantante] Beny Moré vino a Los Angeles una vez y yo estoy muy orgulloso de haberlo podido contratar. Cuando quise contratarlo de nuevo para el Palladium, ya no pude porque esa cortina de azúcar, ya había sido bajada. Recuerdo que en mis primeros años en la radio, antes que Pérez Prado lo lograra, yo era y sigo siendo un gran admirador de Beny Moré en letras grandes; abajo en letras pequeñitas está la Orquesta de Pérez Prado. Esto es parte de sus comienzos con la gente de la RCA Victor. Su orquesta generalmente acompañaba a gran número de artistas, incluyendo a Beny Moré. Se podía oír la presencia de Pérez Prado allí, pero se volvió más definida, cuando él mismo saltó a grabar por su cuenta.

Loza: Claro, Tito Puente en 1979, ganó su primer premio Grammy [por su] tributo a Beny Moré.

Sesma: Sus raíces no son cubanas, pero esto muestra el gran aprecio que tenía Puente por la música cubana.

Loza: ¿Cuáles fueron las diferencias de estilo que marcaron de oído a Puente, aparte del resto de la gente? ¿Qué empezó a notar sobre eso y recibió de manera distinta la banda de Puente?

Sesma: Sí, como ninguna otra banda. Él era mucho más moderno. Él rompió la barrera tradicional. Machito también lo hizo, pero no al mismo grado que Puente. No puedo recordar el porqué. Cuando yo digo, "rompió la barrera tradicional", [quiero decir que] él utilizó [la banda] no sólo armónicamente, sino que también se tomó algunas libertades rítmicas. Pero más armónicamente, los cambios de acordes.

Loza: Mucha de esta gente estaba conociendo las estructuras del jazz. Tal vez Puente realmente experimentaba.

Sesma: Eso es lo que hizo a las bandas de Puente y Machito diferentes a todas las demás. La de Puente aún más que la de Machito. En ese momento creo que René Hernández era el pianista y arreglista de Machito. Creo que Mario Bauzá también hizo algunos arreglos. El antecedente de Bauzá estaba muy orientado hacia el jazz.

Loza: Puente hacía ensayos. En muchas de sus primeras grabaciones el comenzó, por ejemplo a usar el vibráfono. Eso era bien distinto a los otros grupos y aún así seguía de primero frente a los bailarines. Él traía todas esas ideas modernas, manteniéndose muy comercial para el baile. Se debía usar la palabra *avant-garde* para describir su música. Tuvo algunos—su "Picadillo" y una tonada única, "Abaniquito".

Sesma: Hablando de "Abaniquito", ese era cantado por Miguelito Valdés. Él no era un gran *inspirador*; era principalmente *bolerista*. Pero hacía lo mejor que podía con segmentos improvisados que trabajaba con Puente, incluyendo allí "Abaniquito". Esto fue cuando Tito grababa con el sello de Tico Records. George Goldman estaba a cargo de las grabaciones de la compañía Tico en ese entonces. Hay una ironía en la carrera de Tito que debía lastimarle. Tito disfrutaba de muchos éxitos de grabación, pero ninguno de ellos estaba a la par, digamos, con lo que disfrutaba Pérez Prado. Una de las experiencias de su carrera, que disfrutó de más éxito, fue una canción llamada "Oye como va". La ironía es que un grupo de San Francisco, Santana, de quien nunca había oído hablar hasta el momento, sale con el mismo disco, siendo inferior en ambos aspectos, como música y como ingeniería, ¿pero por qué fue un éxito? Ese fue un disco con el que Puente ha podido jubilarse. Probablemente hizo más dinero con los derechos de autor, del éxito de grabación de Santana, del que habría hecho en toda su vida anterior. Esto debió amargarlo terriblemente.

Loza: Su agente durante mucho tiempo fue José

Curbelo y él había tocado en la banda de Curbelo. ¿Los agente le enviaban a usted las grabaciones de Puente?

Sesma: No, a mi me abastecían principalmente las compañías de grabación personalmente o los distribuidores locales, de los cuales había muchos. Todo el Boulevard Pico estaba lleno de distribuidoras. Ellos me enviaban todas las obras listas y a veces prelanzamientos. Curbelo no tuvo nada que ver en que yo tuviera los discos de Puente. . . . Todas las compañías disqueras de ese tiempo tenían su gente relaciones publicas y su gente artistas y repertorio, asignada por número de copias nuevas de álbumes para entregar a los disc jockeys. Ciertamente no es lo que sucede hoy.

Loza: Siempre hablan acerca de la vieja "payola".

Sesma: Eso era muy común. Más que menos. Yo valoro mi libertad de programación a tal punto, que todavía hoy no he recibido los primeros cinco centavos, por poner al aire ningún disco de nadie. Sólo he tocado lo que he considerado que el oyente disfrutará y lo que yo aprecio personalmente. Se me acercaron representantes de muchos artistas, que me ofrecían $10 o $20 dólares para que tocara sus grabaciones, pero yo se los agradecía, les decía que recibía un buen sueldo y no aceptaba dinero por pasar al aire ningún disco. En poco tiempo dejaron de hacerme propuestas de dinero. No voy a decir que todos los *disc jockeys* aceptaban dinero, pero era una práctica común.

Loza: ¿La primera vez que trajo aquí a Puente fue en que año? ¿Cincuenta y ocho?

Sesma: Cierto.

Loza: ¿Y fue al [Hollywood] Palladium?

Sesma: Cierto.

Loza: Yo creo que fue en ese mismo año en el que grabó su álbum *Dance Mania*. Se volvió su álbum más vendido, el de la RCA Victor.

Sesma: Hasta hoy es mi álbum preferido de Puente.

Loza: Ciertamente es el álbum que destacó.

Sesma: No atravesó, destacó. Creo que Puente nunca ha pasado al otro lado, tan sólo con la cosa de Santana.

Loza: Aún en ese momento, él hacía cosas que hoy en día merecerían el nombre de atravesar. Había en ese momento una vieja tonada de jazz—que también grabó en otro disco, creo que RCA, *Puente Goes Jazz* creo que lo hizo por ese mismo tiempo, '56. También había grabado álbumes con otros percusionistas, Mongo Santamaría y Willie Bobo. Siempre tuvo esas secciones de percusión tan interesantes. Mucha gente ha opinado que su banda era más de percusión que la de, digamos, Rodríguez, porque el hecho es que Puente era un percusionista. Tenía esa gran afinidad hacia traer ese. . . .

Sesma: Bueno, no exclusivamente. Hizo muchas cosas que eran muy de percusión, pero ese era el contexto del álbum. Usted comparó a Puente con Rodríguez. Una vez más considero que son dos organizaciones que no deben ser comparadas. Cuando pienso en Rodríguez, pienso en él como un artista solo, aunque puedo rastrearlo hasta sus días de director de orquesta. Sus bandas siempre fueron buenas, pero no tenían la misma instrumentación de Puente. Las de Puente tenían una sección completa de vientos, una de metales. Rodríguez siempre tuvo un grupo pequeño, nunca uno grande. Cuando comenzó a sobresalir como solista y dejó su banda, tuvo completa la sección de cuerdas de André Kostelanetz. Usted conoce los álbumes de los que estoy hablando. Todos boleros, cosas maravillosas. Hablando de Rodríguez y Puente, no puedo pensar de ellos lo mismo. . . .

Loza: Veo lo que dice, en otras palabras, Rodríguez era un cantante, que dependía de la gente que tocaba a su espalda, mientras que Puente era el arreglista. Para 1962, Puente ya tenía mucha fuerza; se mantenía produciendo discos. Creo que al comienzo de los cincuenta, Tito Rodríguez había excedido a Puente en algunos trabajitos en Nueva York. Puente respondió a esto sacando todos esos discos. Por supuesto, *Dance Mania* en 1958, con todos esos éxitos bailables, probablemente fue el que trajo a Puente al estrellato. Y también, casualmente Tito Rodríguez murió. También la vida útil de un director de banda puede llegar a ser más larga que la de un cantante. Aunque Machito siguió cantando hasta viejo, nunca fue como en su juventud. También hubo un período de transición, entre el comienzo y el final de los años sesenta y el comienzo de los años setenta, cuando todo lo de la salsa entró en furor. Usted por supuesto, atravesó esa transición cuando cambió de estación, cuando se pasó a KALI. ¿Fue contratado por Fania, verdad?

Sesma: Mí último año en la radio fue en 1967. Por ese tiempo ya KALI había sido vendida. Terminaron con todos los disc jockey para entonces. Aparte de mis esfuerzos como empresario, estaba desempleado, fuera del aire. Más o menos en un año me organicé en otra carrera con el estado de California, que duró por más de 17 años. Para regresar a su tema, inmediatamente después de mi terminación en KALI, comencé a golpear puertas, pero no había vacantes. Aún con toda la experiencia que tenía, cero. Así que solicité un trabajo en el estado de California y me contrataron. A finales del '78, me di cuenta que KALI había comenzado un programa de salsa, con uno de sus anunciadores al timón, Salvador Solís y Luis Hernández. No creí que fuera a funcionar, pues Salvador Solís, muy orientado hacia la música mexicana, despreciaba la salsa de corazón. Hey, esto no podía suceder. Esto fue lo que dijo uno de afuera, siendo yo el forastero, en noviembre o diciembre del '78. A comienzos de abril del año siguiente, del '79, el vicepresidente de KALI, Phil Malken, conocido desde mis días en KALI—era la mano derecha del nuevo dueño, el intrépido—él me llamó. Yo mantenía una relación con él, pues yo compraba tiempo en todas las estaciones hispano parlantes, para promover mis eventos en el Palladium. De todas formas él me llamó. "¿Cómo le parecería salir al aire?" Yo le dije, "Grandioso, ¿cuándo comienzo?" Él dijo, "Esto es lo que está sucediendo. Hay un programa en la noche, que está patrocinado por la compañía de grabación Fania—nombre, Jerry Masucci—y él quiere hacer un cambio así que probablemente te llamará". Aceptaron lo que pedí y trabajé allí por tres años. Lo disfruté. Me quito el sombrero ante Jerry Masucci. No ha habido nunca, en mis veinte años al aire, nadie que haya hecho tanto con y por la música latina. Estas All Stars [todas las estrellas] de Fania estaban fuera de este mundo. Todos los artistas que conocí a nivel personal. Estaban en casa de nuevo.

Loza: ¿Cuál fue su impresión de Puente como músico, que estaba tratando de mantenerse, frente a esos salseros jóvenes en ese momento? ¿Todavía pasaba mucho de Tito Puente en su show de entonces?

Sesma: Ésta fue la primera vez en mi carrera en la radio, en que yo no programaba mi propio show. Tenía un programador. Yo sólo anunciaba. Eran artistas de Fania exclusivamente. Puente no era dominante en la lista de Masucci. Programaban gente como Larry Harlow, los Palmieri, Rubén Blades, Willie Colón, esos tipos de Puerto Rico. Rara vez estaba Puente en el programa . . . típico de los empresarios de las compañías de grabación de ese tiempo y de hoy. Me duele por dentro. Puente disfrutaba de gran éxito en ventas con una canción, no recuerdo cuál en este momento. George Goldner, recibió el crédito como compositor y estaba recibiendo los derechos de autor. . . . Era el trabajo de Puente. Por esos día George Goldner estaba en Africa. Puente tuvo que ir a Africa a buscar a George, para reclamar sus derechos de autor. ¿Puede creerlo?

Loza: Fue cerca de 1980, cuando Tito Puente firma ese contrato con Concord Records por recomendación de Cal Tjader y la moda del jazz latino, que no había muerto. Willie Bobo y Mongo Santamaría iban en otra dirección, distinta a la de Tito Puente, cuando se fueron con Cal Tjader al final de los cincuenta.

Sesma: No tuvieron mucho que decir, pues estaban con Cal Tjader. Sí algo. Puente pudo haber tomado una página del libro de Cal, al enfatizar hasta un grado muy alto, su trabajo en el vibráfono, por el éxito que disfrutaba Tjader con el sello Fantasía. Cal contrató a Mongo y a Willie por sus antecedentes en la música latina, para que le imprimieran autenticidad a sus trabajos, cosa que sucedió.

Loza: De alguna manera, Puente hizo lo mismo y no pasó mucho tiempos antes que Cal Tjader muriera.

Sesma: Antes de eso, ya Mongo y Willie se habían separado de él, cada uno en su propia dirección y disfrutaban de considerable éxito. ¿Puede imaginar a Willie convirtiéndose en cantante reconocido? Era un gran estilista del canto. Me fascinaba su trabajo. Qué talento.

Loza: Me parece que Puente logró mantener la increíble dinámica de su toque y Bobo se adaptó más a la música pop.

Sesma: Willie, por su manera de ser, no luchaba por alcanzar los niveles de emoción que Puente lograba. Ese no era su interés. Él era un estilo de Sr. Tranquilo. Personalidades diferentes. Él se americanizó mucho más. Hablaba de atravesar al mercado americano, seguro que lo hizo. Todavía le faltaba llegar a la cima, pero alguien tenía otros planes.

Loza: Tito Puente terminó metiéndose en esto del jazz latino y hay gente que piensa que esto salvó su carrera. Aquí lo tiene todavía a los 73 años.

Sesma: Tiene más o menos la misma edad que yo. A Celia no le va a gustar que lo diga, pero todos tenemos más o menos la misma edad. Puente ha ido en la dirección de la economía. La economía no ha sido capaz de sostener, ni ahora ni nunca su *conjunto* que todos amamos tanto. Entró en el jazz latino exclusivamente. Esto lo dictó la economía y estoy seguro que también su representante.

Loza: De sus cuatro Grammy, tres son por ese formato. Estaría de acuerdo en que eso fue lo que lo mantuvo en la pelea, esas grabaciones con Concord Records.

Sesma: Seguro. Al lado del dinero que recibió por "Oye como va", yo creo que ha logrado un éxito mayor en ese campo, que cualquier otro en el campo de la música latina, lo que es la triste verdad. Tengo la fuerte sensación que la música latina ha entrado en un período de receso.

Loza: Especialmente la música bailable. Se ha vuelto un tipo de música pop. La llaman *salsa erótica*. Realmente es una moda aguada.

Sesma: Parece que la única tradicionalista que ha sobrevivido a todos estos cambios, es Celia Cruz. No se puede encontrar a nadie más representativo de este género de música tradicional.

Jerry González

A lo largo de los últimos 20 años, Jerry González ha emergido como uno de los mayores artistas representativos del idioma del jazz latino. Un trompetista famoso y tamborilero de conga, por muchos años él ha liderado su propio conjunto, Fort Apache, cofundado con el Conjunto Libre (de Manny Oquendo) y ha grabado y ha hecho giras con otros artistas de la talla de Tito Puente, Ray Barretto, y Eddie

Palmieri, hasta McCoy Tyner, Dizzy Gillespie, Tony Williams, Jackie McLean, y Cachao. Recientemente él ha estado en contacto con Fantasy Records, que lanzó en 1994, su álbum nominado al Grammy. Mi conversación con Jerry se llevó a cabo en su apartamento de Greenwich Village, en el otoño de 1994.

Loza: En primer lugar, cuénteme, ¿cómo entró usted en la música latina, toda la moda: de dónde salió, cómo reaccionó a esto Tito Puente y cómo salió él de todo ello?

González: Mi padre cantaba en la vieja era del mambo en los años cincuenta y él coleccionó todos los discos y toda la música. Yo crecí con Tito [Puente] y Tito Rodríguez y Machito, Totico; Santos, La Sonora Matancera y más tarde los Palmieri, Joe Cuba, toda la moda. Crecí con ellos. Pero lo que realmente me gustó fue la tríada de Cal Tjader— Mongo—Willie Bobo, en Fantasía. Eso fue lo que me agarró. Comencé a oír más percusión tipo rumba y jazz, así que naturalmente gravité más hacia ello que hacia la basura típica. Y Mongo con su banda de jazz latino—me metí en todo lo de Mongo y en todo lo de Tjader. Me gusta más lo que no tiene vocalizaciones; lo instrumental. Comencé a tocar la trompeta. Aprendí los tambores en la calle. Recuerdo que la primera cosa de Tjader que oí fue, "Guachi guara" con [Armando] Peraza (cantaba la tonada)—esa vaina me enloqueció. Cuando tenía 17, conocí a Peraza y él me alentó mucho, a través de los años, tan sólo coleccionando lo último que aparecía. Luego encontramos a René López. Yo y mi hermano [Andy González] y Nicky Marrero y Nelson González y Charlie Santiago y una gran cantidad de personas que andaban juntas al mismo tiempo. Solíamos ir a la casa de René y jugábamos a que éramos todas las estrellas, Arsenio, Arcaño, Chapottín. Acostumbrábamos a tocar todas esas vainas cubanas de los años treinta y cuarenta, todo completico y me aprendí toda la historia de eso. De alguna manera, la rutina que se encontraba en todas esas cosas viejas cubanas, era la rutina que yo quería, mucho más que la latina de Nueva York.

Crecimos estudiando, tratando de encontrar el viejo sentimiento cubano de los cincuenta.

Loza: ¿Alguna vez pudo oírlo directamente desde Cuba, como las *descargas* de Cachao o eran las grabaciones que hizo Mongo aquí, las que oían?

González: No, yo crecí estudiando a Tata Güines. Estudié esos solos de bongos como tarea. Pero un poco lento para entrar en ello.

Loza: ¿Cómo cree usted que esa moda comenzó a divergir, allí en dónde comenzó a suceder la moda neoyorquina, con la llegada a finales de los treinta, de tipos cubanos como Machito y Bauzá?

González: Machito y Bauzá fueron los primeros gatos que usaron la conga. Antes de ellos no se usaba la conga. Había pequeños tríos, con bongó y maracas, algo así. Así que ellos fueron los primeros en traer la conga. Fueron los primeros en poner a Dizzy hacia Chano.

Loza: En Cuba tenían el *conjunto* que tenía congas y bongoes.

González: Sí, pero en los treinta no había tambores conga por aquí. Las congas empezaron a aparecer a mediados de los años cuarenta con Arcaño, en Cuba. Creo que fueron ellos los primeros en usar una conga en una *charanga*.

Loza: Entonces, ¿Cómo ve la moda?—la moda de Machito sucedió, luego lo que Bauzá y Tito Puente sacaron de ella. ¿Comparándolo con esas viejeras de las que usted habla?

González: Tito, él comenzó tocando con ellos, él salió de allí. Fue a Juilliard, asimiló cierta música en Juilliard y estudió. Estudió arreglos y organizó sus ideas. Ideas con las que trabajaba que venían de una fuente cubana. Por ejemplo, "Oye como va", eso lo sacó de Arcaño.

Loza: Sí, eso fue en el '63 ó algo así. Y luego creo que se volvió muy conocida, porque más tarde en los sesenta le hicieron un arreglo rock. ¿Qué cree que él hacía diferente de Machito? ¿A dónde llevó la música, que Machito no? ¿Qué era distinto?

González: Para mí el paralelo es el mismo de Duke y la banda de Basie. La banda de Duke se expandió más en la armonía y en la sinfonía; mientras que la de Basie yo la compararía con la de Puente; compararía la de Duke Ellington con la de Machito. Aún en el sonido de los saxofones y de los cornos de Machito, venía del sonido de Duke Ellington, la forma como hablaba el saxofón y los acordes escritos para la orquesta, estaban hechos a la manera de Duke Ellington. Pero Puente se parecía más a la banda de Basie. Una banda rítmica. Trabajaba en frases rítmicas; al comienzo no era tan orquestal como Macho. Y era más de percusión: hombre, era una banda rítmica, trabajando con tambores.

Loza: Esa es una buena analogía. Estos hombres, claro, como Tito habían sido afectados por el jazz, tal como Bauzá.

González: Bauzá fue afectado más profundamente y además tocó en bandas de jazz, como la de Chic Webb, Cab Calloway. Aún antes de que se formara la banda de Machito, Bauzá ya había trabajado en toda esa moda del jazz de la gran-banda afroamericana, mientras que Tito, no. La experiencia de Tito en esto no es tan profunda como la de Mario . . . Tito tocaba un poco swing, pero no tanto como lo hizo Bauzá.

Loza: Bauzá lo vivió. Él fue compañero de cuarto de Dizzy Gillespie, ¿verdad?

González: No, tan sólo andaban juntos y él le daba lecciones a Dizzy.

Loza: ¿Pero nunca trabajaron juntos en una de esas bandas?

González: Probablemente con Cab Calloway. Pero él le pasó el trabajo a Dizzy fingiendo estar enfermo, para poderle dar a Dizzy el trabajo en la banda de Calloway.

Loza: Tienes razón, pues en esos arreglos de Ma-chito—esas cosas que no son sólo armonías derivadas del jazz, sino progresiones del jazz. Allí hay muchas progresiones de-rivadas del blues. ¿Dónde se resuelve todo esto? La cosa de I—V, también tiene una perspectiva del blues. No creo que Tito se haya metido en ella.

González: Hacia los sesenta, Tito comenzó a volverse más *jazzy* de lo que era su trabajo original.

Loza: Comenzó a interpretar melodías de jazz.

González: Eso fue mucho más tarde.

Loza: Creo que en algún momento en los sesenta, él hizo algo, iluminando el jazz. . . .

González: Eso fue con las grandes bandas alternativas.

Loza: Esto se relaciona con un punto importante que no había pensado y que hace una profunda diferencia. Sus armonías eran muy típicas; armónicamente, tal vez, él derivaba más. ¿Qué diría usted, que él hacía armónicamente?

González: Bueno, uno de los arreglistas más prolíficos de ese tiempo fue René Hernández, quien tocaba el piano y era el arreglista de Machito. Él hacía arreglos para Tito Rodríguez y Puente. Puente, podía tal vez cambiar un poquito aquí o allí, tal vez, pero René Hernández era el corazón del sonido del Nueva York en esa época.

Loza: Aunque Puente hacía la mayoría de sus arreglos.

González: Los hacía, estoy seguro que los hacía.

Loza: Bueno, comparémoslo a él con Tito Rodríguez. Algunas veces creo que oigo una moda más grande y extendida, como cuando Tito [Puente] terminaba en (canta), esos intervalos cuando expandía los acordes. ¿Cree usted que lo acortaba más?

González: Puente oía la orquesta como ejecutor de ritmos e interpretaba a la banda como un tambor. Tito Rodríguez era un cantante, interpretando a la banda, como un acompañamiento para su canto. Esa es la diferencia. Y luego Macho, viniendo de la vieja escuela de Duke Ellington, donde hacía esas cosas de mayor alcance.

Loza: ¿Se encontró alguna vez—usted dijo que comenzó a oír más vainas cubanas, como a Mongo. De esas tres bandas, Rodríguez, Puente y Machito, se encontró alguna vez, escuchando más a alguna de ellas?

González: No, me metí en todas. Me metí en las tres.

Loza: Bueno, todas eran importantes. René Hernández hacía arreglos para las tres. Era en realidad la figura secreta detrás de todo esto. Es una vergüenza que estos tipos—tal como Strayhorn o Bauzá por muchos años, nadie los conociera, el público no los conociera. Pero los músicos *lo saben*. ¿Todavía vive René Hernández?

González: No, lo último que hizo fue con Eddie Palmieri.

Loza: ¿Alguna vez oyó algo del trabajo de José Curbelo?

González: Sí, iba por el mismo camino y al mismo tiempo que Machito. Salió después de Machito.

Loza: . . . y Tito Puente tocó con Curbelo.

González: Todos ellos tocaron juntos alguna vez.

Loza: ¿ . . . Y Curbelo fue algo así como el mentor de Puente?

González: Nunca le pregunté a Tito quien había sido su mentor. No creo que fuera Curbelo. Curbelo tenía una gran banda, seguro. Pero no le duró mucho tiempo.

Loza: Tito parece hablar de Machito como su mentor. Creo que Tito tocó con Machito primero, antes de ir a la guerra. Luego regresó y no pudo entrar a la banda de Machito, así que se fue a la de Curbelo.

González: Sí, Curbelo ya había comenzado algo.

Loza: ¿Cuándo comenzó esa percusión latina? ¿Comenzó ese conjunto latino—ese proyecto de Martín Cohen?

González: Alrededor de los ochenta. Yo trabajé con él unos tres años [durante ese período].

Loza: Así que estuvo allí en los comienzos. ¿Qué lo hizo ir por ese camino? ¿Fue una decisíon musical o un decisíon comercial? ¿Escogimiento más fácil?

González: No lo sé. Pero creo que fue porque podía viajar con una banda más pequeña que tocaba jazz. Ganaba más. Viajar con la gran-banda, como estaba la cosa era imposible ganar dinero.

Loza: Y también, esa vieja era del baile de ese tiempo, estaba muriendo.

González: Las grandes bandas son costosas. Tan sólo los pasajes aéreos para ir de un lugar a otro, matan. Yo tenía un grupo de 15 y no podía recoger el dinero para viajar. Tuve que reducirla a un sexteto.

Loza: Y no era como en los cincuenta, cuando tenía el Palladium o aún al comienzo de los setenta, cuando explotó el asunto de la salsa, porque estos tipos tenían las grandes bandas—Eddie Palmieri, Tito Puente todavía tenía la suya. ¿Pero, para el final de los setenta ese ya no era el caso, verdad?

González: Bueno, Macho y Puente mantuvieron el estilo de la orquesta. No fue sino hasta los ochenta que Puente se dividió en un grupo más pequeño y eso fue como hacer una banda, hacer un pequeño conjunto de jazz latino. Una de las ventajas, es que ya no tiene que pagarle a tantos 'gatos'. Los pasajes para viajar son costosos y se puede hacer más dinero para uno.

Loza: ¿Y también se metió en el mercado del jazz al mismo tiempo, verdad?

González: Bueno, los músicos del jazz siempre estaban observando a Tito, por lo que sucedía en Birdland. Solían ser Art Blakey, Tito Puente y John Coltrane, toda la noche. Alternándose. Esa es la manera de hacer las cosas. Solían ser Miles Davis, luego Machito, luego Dexter Gordon o Art Blakey. Esa clase de combinación de latina y jazz sucedía en Birdland. Ellos alternaban unos con otros.

Loza: Usted tocó con esa banda por tres años. Así que probablemente entró en el mismo período que yo. Yo soy del año cuarenta y dos, usted es del. . .

González: Cuarenta y cinco.

Loza: Y entonces, lo más probable es que usted haya entrado en la casa del jazz bien fuerte—Miles y. . .

González: Todo ello era igual.

Loza: ¿Ustedes no lo dividieron?

González: No.

Loza: Eso es muy diferente, a lo que tiene que pasar el músico de jazz común y corriente. El músico de jazz promedio, no tiene que tocar *tumbao*, ni rumba.

González: ¿Músico de jazz común y corriente? Ellos no saben nada de clave o algo así. Tal vez piensan en emular la vaina latino, pero realmente no lo saben.

Loza: ¿Qué tanto de ello, fue una oportunidad para usted personalmente, el tocar con una banda de jazz latino, en términos de explotar realmente sus dos lados? ¿Sintió que era una gran oportunidad de realización?

González: Yo siempre quise tocar con Tito. Lo conocí desde que era un muchacho y observé su banda, aún antes de comenzar a tocar. Acostumbraba a pararme enfrente a la banda, observando y soñando despierto, "Quisiera estar en vena así, quisiera tocar así". ¿Sabe? Y luego sucedió. El sueño se convirtió en realidad. Lo mismo me sucedió con Palmieri. Acostumbraba pararme frente a la banda, deseando tocar en esa banda. Pasaron diez años y estoy allí, pellizcándome. Me divertí observando a Tito. Era un soldado. Era un 'gato' hermoso.

Loza: ¿Ahora hizo algo de los suyos con la banda (de Tito), sus propios arreglos?

González: No, no realmente.

Loza: Pero usted tocaba congas y trompeta.

González: Sí.

Loza: ¿Qué piensa de su acercamiento para adaptar éste jazz, pues tomó tonadas como "Equinox", "Giant Steps" . . .

González: Sí, esas cosas comenzaron a salir de lo que estábamos haciendo.

Loza: ¿Así que trabajó en eso con Libre?

González: Hicimos eso con Libre . . . todos buscábamos tratando de probarnos a nosotros mismos, expandir nuestro vocabulario en el lenguaje. Yo estaba estudiando a Trane y Diz y todos esos 'gatos', al mismo tiempo que estudiaba a Los Muñequitos de Matanzas, para aprender tambor.

Loza: Lo que es algo, bastante distinto al músico de sólo jazz. Es como lo dijo Gillespie, que los músicos latinos aprenden más de jazz, que lo que los músicos de jazz aprende de la latina. Es obvio.

González: Si los músicos latinos abren sus mentes, porque yo conozco a algunos que oyen *charanga* por siempre. No hacen nada más. Conozco algunos timbaleros, que solo oyen *santo*. No escuchan nada más.

Loza: Pero muchos músicos de su edad si entrenaron en el asunto del jazz, tomaban los dos. Ustedes eran un generación bicultural, comparada con Tito Puente o con Machito.

González: Ellos dos, por sólo vivir en Nueva York, lo tenían. Aún si no estaban en ello, lo tenían. Y por lo que eran grandes bandas, se encontraron el uno con el otro. Cruzaron sus caminos. El Palladium estaba a una cuadra del Birdland (53rd Street con Broadway). Los gatos probablemente bajaban en su descanso, iban a observar la banda de jazz y luego volvían a subir y seguían con lo suyo.

Loza: Ahora, Tito decía de esa banda, con la que

usted tocó, que esa era como la banda, donde él estaba tratando de preservar lo que Cal Tjader, Mongo Santamaría y otros personajes habían hecho con el jazz latino.

González: Creo que originalmente fue Marty Cohen, haciendo alguna promoción para promover sus tambores y como tenía conexiones para organizar conciertos en Japón y Europa por la distribución de sus cosas. Al mismo tiempo, estaban tratando de distribuir sus congas internacionalmente. Y Tito fue parte de su catálogo de gatos a los que robó.

Loza: Bueno y Tito saltó sobre ello.

González: Bueno, se ofreció el dinero y Tito fue por el. Tito no es bobo.

Loza: Él tenía un contrato de exclusividad.

González: Ése fue el catalizador para que Tito siguiera por ese camino. Para formar un pequeño conjunto, para poder viajar a Europa o Japón, donde los gastos no fueran tan grandes y pudiera probar un poco y regresar. Como no podía llevar una gran banda, esa fue la coyuntura para consolidar la realidad de Tito, a él le gustaba dirigir su gran banda y no quería un quinteto.

Loza: Fue justo en ese momento, alrededor de 1982–83, más o menos cuando Cal Tjader murió, yo recuerdo haber sentido que Tito Puente saltó a—creo que hasta lo dijo alguna vez: "Bien, vamos a tratar de llenar los zapatos de. . . ."

González: Bueno, yo lanzo *Ya yo me curé* en 1979 [o] 1980, mi primer álbum. Y de una clase que sacudió a muchos, porque no sabían que yo podía hacer cosas como esa.

Loza: Eso fue experimental. . . .

González: No, eso fue antes de éste. Eso fue en 1975; folclórico . . . eso lo comencé en casa, en el sótano. Era una combinación de 'gatos' viejos y 'gatos' jóvenes tratando de lograr que sucedieran cosas nuevas y fue usurpado el poder de lo que íbamos a hacer y fue tomado por otra gente.

Loza: Sí, estaban haciendo tonadas como "Tune Up", "Milestones", todas esas cosas de Miles Davis, volviéndolas rumba y lo que fuera, probablemente al comienzo de los setenta. ¿Cierto? No creo que Cal Tjader estuviera—Mongo Santamaría no tenía el hábito de tomar tonadas de jazz para adaptarlas.

González: Sí, pero tocaba algunos números de ese estilo.

Loza: Bueno, Tito saltó sobre ello. Y también Cal Tjader murió—Mongo Santamaría estaba envejeciendo.

González: Y Tjader influenció a Tito también, por medio de su sección de ritmo. Y el corazón de la inspiración de estos dos 'gatos' es Lionel Hampton. Hampton dirigió una orquesta con vibráfonos. Tjader tocaba vibráfonos, él fue a ver a Tito Puente tocar pues el tocaba los vibráfonos y observó que tan profunda era esa vena y dijo, "Esperen un minuto, tenemos. . . ."

Loza: Y tomo a Mongo y Willie Bobo y eso hacía Cal Tjader, esos dos tipos, enfrentémoslo.

González: (Acepta) Uh-huh.

Loza: Básicamente fuimos por ahí promocionándolos. Tito, se estaba volviendo viejo, otra cosa interesante acerca de esa banda en la que usted tocaba, la que él aún tiene; técnicamente, aunque se estaba poniendo viejo, todavía aguantaba musicalmente, muy experto, ¿no es así?

González: Claro hombre, Tito es fantástico. Todo lo que tenía que hacer era [madera] un cobertizo. Hombre, recuerdo haber tocado trabajitos con Tito donde uno sabía que no había practicado con el vibráfono. Tocamos en un club toda una semana y el comienza a tocar con el vibráfono. Al principio, le pega mal a las notas, se las salta, sus manos son mazos cayendo; finalizando la semana comienza a cambiar un poco, empieza a organizarse. Podía ver el poder de la inteligencia musical brillando a través del hombre y yo, pienso wow, si Tito es un 'gato', mudaría cada día un poco y sucedería una vaina monstruosa.

Loza: Y él se mantiene—también se adapta. Hace cosas nuevas, no toca los mismos acordes.

González: Tiene un excelente sentido armónico. Sabe lo que toca.

Loza: ¿Cree que eso es lo que le ayudó? Comparémoslo con alguien como Mongo, que tenía que depender muchísimo de sus manos; Tito básicamente tenía que sostener dos baquetas y fue capaz de surgir en el vibráfono, tenía el concepto armónico desde le piano hasta el saxofón. ¿Cree que eso lo ayudó a mantenerse en esto por más tiempo?¿ Le ayudó a traer a más músicos jóvenes como usted? ¿A progresar, haciendo algo como "Equinox" o como "First Light"?

González: Mongo todavía atrae gatos jóvenes a su banda. Él todavía es fuerte. La calidad de su música, ha decaído un poco frente a la de los 'gatos' viejos, sólo por los hombres que los rodean. Algunas veces no se tienen al lado los hombres adecuados, para que hagan que las vainas sucedan como sucedían antes. Cuando uno tiene a los 'gatos' viejos tocando con gatos realmente jóvenes, que aún no tienen experiencia, tampoco sucede—es como lo que le ocurre a Palmieri en este momento. Palmieri tiene una banda de chicos.

Loza: Palmieri trajo todo eso porque sonaba como McCoy Tyner. ¿Cree usted que Tito tenía una mentalidad o una filosofía tan progresista como la de Eddie Palmieri? Porque ahora, compara a Tito con Eddie Palmieri, por ejemplo.

González: Tito será progresista siempre. Tiene un espíritu joven y la mente abierta. Sólo con estar cerca de él uno se inspira y luego si él no está dispuesto a hacerlo, uno puede disponerlo todo para él y él seguirá adelante.

Loza: Ahora déjeme preguntarle otra cosa: algo sobre política. Muchos de los viejos dicen que esto no tiene nada que ver con la política, la gente ama la música y durante los cincuenta todos bailaban mambo: Los italianos, los judíos, los blancos, los irlandeses. Todavía es así. Pero durante los años sesenta y especialmente al comienzo de los setenta hubo fuertes movimientos de derechos civiles de afroamericanos y latinos por todo el país. Desde California hasta aquí. Suceden cosas que emulan esto. El movimiento chicano, el movimiento latino. Me parece que usted se identifica fuertemente con esto. ¿Cómo describiría su conciencia política?—porque eso fue pesado, no quiero llamarlo nacionalista, pero fue algo de identidad, los latinos diciendo, "Hey, estamos orgullosos de nuestra música y vamos a tocarla". Fue como un renacimiento. Ahora, sí tomamos a un tipo como Tito Puente, de alguna manera también avanzó sobre esto. ¿Pero cómo difiere lo que él hace, de lo que usted hace, generacional, filosófica, o políticamente? Es evidente para mí en su enfoque.

González: Yo soy más radical. Soy más radical, punto. No tiene ni idea de que tan opresivo puede llegar a ser esto. Han sido olvidadizos al respecto. Es como que Lionel Hampton es un republicano.

Loza: ¿En dónde se ha presentado su grupo?

González: Oh, hemos estado en todas partes. Hemos ido al Japón, Yugoslavia, Francia, Italia, Suiza, Bélgica, Holanda, Alemania.

Loza: Están comenzando a suceder cosas.

González: Hemos estado en Bogotá, Colombia. Hemos viajado por todos los Estados Unidos. Me emocioné cuando estuve en Bogotá. Pensé que íbamos a tocar a un puñado de campesinos *cumbieros*. Pensé que nos iban a tirar vegetales, cuando vieran que no tocábamos *cumbias*. Pero hombre, me sorprendí. Hay un entorno de jazz en Colombia. Tuvimos clubes de jazz después del trabajo, con 'gatos' sentados, tocando blues, tocando piezas de antología, usted sabe. Allí todo el mundo está interesado en el jazz. Me volví loco. Mi primera presentación, vinieron dos chicas preciosas y nos trajeron unos ramos de rosas, flores, hombre. Nos las dieron a nosotros. Nunca me habían tratado así en la vida.

Loza: ¿Su propio grupo?

González: Sí, Fuerte Apache. Yo pensé que nuestras tonadas pasarían por sobre sus cabezas.

Loza: El nombre de su grupo, Fuerte Apache. El Bronx era conocido por ese nombre. ¿Creció usted en el Bronx?

González: Sí. Yo nací en Manhattan, a los cuatro años nos mudamos al Bronx. Crecí allí desde entonces. Pero Tito ha sido una gran influencia en mi vida y agradezco haber tenido siquiera la oportunidad de conocerlo y de tocar con él. Aprendí mucho de él, es un ser humano bello. Toqué con Palmieri y eso también influenció mi vida, pero musicalmente no era tan progresista como Tito. Tito fue una verdadera personalidad original.

Loza: ¿Cuándo tocó con Palmieri?

González: 1970 ó '71. Estuve allí unos cuatro años.

Loza: Estuvo con el grupo grande.

González: Yo, (Andy) González, Alfredo De la Fé, Harry Vigiano, Víctor Paz, Chocolate, José Rodríguez, Barry

Rogers, Manny Cugat, Mario Rivera. Grandes mal nacidos. La mejor banda.

Loza: ¿Qué álbum grabó con Tito?

González: On Broadway [canta la frase rítmica]. Estoy seguro que indirectamente, no estoy diciendo que yo haya influenciado a Tito, pero siento que lo que él está haciendo, va en una dirección parecida a lo que yo estoy haciendo.

Loza: Sí, es un hecho que ese álbum, *On Broadway,* creo que fue el que le dio a una nueva dirección a esa banda.

González: La pequeña orquesta. El mismo grupo que formaba.

Loza: Yo creo que apenas comenzaba a abrirse, cuando hizo *On Broadway.* También hizo "First Light" en ese álbum. ¿En ese usted tocó la trompeta?

González: Sí.

Loza: En otras palabras, no sólo hablando de los viejos clásicos sino de algo más contemporáneo, más audaz. Como, *On Broadway;* no creo que él hubiera querido hacer eso. ¿Era esa su idea?

González: No, probablemente fue idea de Jorge Dalto, Jorge tocó "On Broadway" con [George] Benson. Jorge tocaba en la banda de Benson. Jorge era el director musical de Benson. Luego Jorge entró a la banda de Puente y de allí vino la influencia.

Poncho Sánchez

Durante los últimos 15 años, Poncho Sánchez se ha destacado como uno de los artistas más prolíficos, en el medio del jazz latino. Ha grabado más de 15 álbumes como director, la mayoría con el sello Concord, con el que también Tito Puente ha grabado. Tres de estos álbumes han sido nominados para el premio Grammy. Sánchez ha sido especialmente influenciado por Mongo Santamaría y Puente; ha tocado con ambos, los ha presentado como artistas invitados en sus propias grabaciones y ha demostrado significativamente su aprecio y respeto por ellos por medio de los segundos nombres de sus hijos—

Monguito y Tito. Sánchez, un chicano (mexicanoamericano) de Los Angeles, ha mantenido una mezcla de estilos progresistas, mientras, al mismo tiempo continúa con la base tradicional de la interpretación y la práctica de ejecución. Antes de tocar y grabar con su propio conjunto, pasó más de diez años tocando la conga para Cal Tjader [hasta su muerte en 1982] uno de los mayores constituyentes del jazz latino. Yo entrevisté a Poncho durante el invierno de 1996, inmediatamente después que él dirigió una conferencia [con el pianista David Torres] en la UCLA.

Loza: ¿Porqué es Tito Puente un músico de tal importancia en la música latina? ¿Qué piensa usted, que él ha hecho, musical, histórica y culturalmente? ¿Cómo ha afectado él a su música? ¿Cuáles son las cosas que él ha hecho y que de alguna forma usted ha emulado?

Sánchez: Tito es un magnífico músico, arreglista, compositor y director. Él puede tocar no sé cuantos instrumentos. Es un ejecutor talentoso del vibráfono y de los timbales. Creo que también tocó saxofón. Toca el piano. Tito entiende realmente la música, que es lo más importante para cualquier músico. Cal Tjader era igual. No sólo era un gran ejecutor del vibráfono; no tocaba mal el piano y era un gran tamborilero. Tito no sólo es bueno tocando el timbal; es un gran músico—lo es porque sabe componer, teoría y todo lo demás. Desde el principio, Tito acostumbraba a hacer él sólo sus arreglos, partituras y demás. Creo que ese es un punto muy importante, que resalta en la vida de Puente. Y especialmente viniendo de mí, otro músico que lo ha respetado toda la vida. Yo sé que él es un gran músico. En sus años mozos Tito era increíble. Fue uno de los primeros en tocar cuatro timbales. Él utilizaba dos timbales y los timbalitos. No hubo muchos que lo hicieran en esos días. Logró sacarles algunas melodías que eran bastante innovadoras para su tiempo. Nadie hacía nada parecido.

Creo también que Tito se dio cuenta muy pronto en su carrera, que él era un gran hombre del espectáculo. Él sabe como dirigirse a una muchedumbre o a una audiencia y como manejarla. Sabe cuando ser gracioso y cuando no. Es un músico consumado en su totalidad. Ha escrito muchas canciones. Ahora están saliendo muchos CDs. Estoy comprando todos los CDs antiguos, los clásicos. Y ha escrito tantas canciones. Quiero decir, algunas de ellas son bastante simples, un pequeño cha-cha-cha o una *guajira;* pero hay otras un poco más complicadas. Ha hecho cosas bastante complejas.

Loza: ¿Cuáles fueron algunas de las diferencias de estilo de lo que Tito hacía, comparándolas con, digamos Machito o Rodríguez? ¿Qué hacía único su sonido?

Sánchez: Cuando comencé a escuchar realmente los trabajos de Tito, Santitos Colón era su cantante principal. Santitos tiene una voz única, así que yo reconocía la banda de Tito porque Santitos cantaba. Un gran cantante, tenía su propio estilo—una voz fuerte. Me conecté mucho con eso, porque Santitos fue su cantante principal por muchos años. Pero al mismo tiempo, Tito tenía una sección de trompetas poderosa. Siempre estaban calientes, aún en las mezclas de las grabaciones; algunas veces más que calientes. ¿Pero sabe qué? Hombre, estaban entonados y soplaban duro. El álbum que me viene a la mente, es el álbum del aniversario número veinte, en el que tocaron "Mambo a la Tito" esas tonadas. Hombre, las trompetas arden. Y luego, el gran final con el saxofón barítono. Tito tenía un sonido único, porque principalmente tenía trompetas y saxofones, donde las otras bandas sólo tenían trombones—aunque Machito tenía muchos trompetistas. Machito tenía muchos tipos del jazz tocando con él. Muchos de los grandes gatos del jazz de ese tiempo—Doc Cheatham—y hasta hizo un álbum con Charlie Parker y todos los ejecutantes de jazz de ese tiempo. En ese entonces me encantaba la banda de Tito. En algunas canciones la banda de Machito sonaba más actual, cuando empecé a escuchar.

Loza: Hay dos puntos interesantes musicalmente. Número uno, usted mencionó la increíble variedad de canciones que él escribió y segundo la moda del vibráfono, Tito estaba haciendo cosas como "Mambo diablo" al comienzo de los cincuentas. ¿Cuál es la relación de Tito con Cal Tjader?

Sánchez: En esa época, Tito tenía en su banda a Mongo Santamaría y Willie Bobo. Tito dejaba que Willie viniera a tocar los bongoes de vez en cuando y decían que Willie se estaba volviendo tan bueno, que la gente esperaba que Tito tocara el vibráfono, para que Willie pudiera tocar los timbales. Ellos esperaban eso, Willie tocaba bien y Tito lo sabía; Willie tocaba muy bien los bongoes. Allí es donde entra Cal Tjader. Él vio tocar a Mongo y a Willie con la banda de Puente en Nueva York. Cal cuenta, que cuando venía con su banda de jazz a la ciudad de Nueva York, en los intermedios salía, a la vuelta de la esquina, a uno de los puntos latinos para oír tocar la banda de Puente. Él decía, "Yo no podía creer el sentimiento, el sonido, la forma como la música me hacía sentir". Willie y Mongo tocando con Tito, sonaban maravillosamente tocando juntos. La verdad es que abandonaron la banda de Tito para mudarse a California, uniéndose a la banda de Cal Tjader. Toda esta gente importante que ha tocado con Tito o por medio de la banda de Tito han logrado hacer algo con sus vidas—lo mismo que yo a través de Cal Tjader.

Loza: Ciertamente Puente tenía tino para conseguir una buena sección rítmica. Barretto llegó pronto, después de eso, al final de los cincuenta.

Sánchez: Él ha tenido a los mejores tocando con él.

Loza: Gente como Patato Valdez, Manny Oquendo, Mongo Santamaría. Una de las cosas más interesantes era que Tito hacía de todo; tocaba el vibráfono, tocaba boleros, tocaba cha-cha-cha. Fue uno de los que impulsó el cha-cha-cha en términos de la gran orquesta.

Sánchez: Por esa época todos tocaban mambo y cha-cha-cha en el Palladium. Era algo grande lo que ocurría en Nueva York. Claro, yo solo era un chico que no sabía nada sobre esto. De todas formas, aprendí todo esto en mis estudios musicales y en mi crianza. Luego esto llegó a California. No mucha gente lo entendió al comienzo, pero llegó. A mis hermanos y hermanas de alguna forma les llegó. Acostumbraban a ir al Hollywood Palladium cuando Chico Sesma tenía los bailes latinos allí. Yo era un niño, pero mis hermanos y hermanas llegaban diciendo, "Hemos visto a Tito Puente, hemos visto esto y aquello en el Palladium". En ese tiempo la pachanga era algo grande. Fue un baile caliente por un tiempo.

Loza: Por alguna razón, mucha gente—de hecho, Chico Sesma y Jerry González dijeron esto y quiero saber que piensa usted—ellos describieron el sonido de Tito, especialmente para ese período, cuando tenía la orquesta grande en los cincuentas, como . . . yo diría un sonido de percusión orquestado. Él enfoque de Tito era más de hacer de toda la banda una sección de percusión, sí la comparaban con Tito Rodríguez o con Machito. ¿Qué piensa usted de una descripción como ésta?

Sánchez: De alguna forma estoy de acuerdo. Recuerdo cuando yo iba al Colegio Cerritos y Jack Wheaton era el director musical y me preguntó si tenía algún disco de Tito Puente. Le dije que acostumbraba oírlos años atrás, pero que llevaba mucho tiempo sin escucharlos. Recuerdo haberle traído el álbum que tiene "Oye como va" y esas canciones de allí. Una de las primeras cosas que me dijo [fue que Tito] escribió todo como si fuera un sonido de mucha percusión. Y dije, "Es cierto". Aunque mantenía una textura muy melódica y armónicamente decente.

Loza: De hecho, armónicamente buscaba tonalidades extendidas.

Sánchez: Creo que él creó su propio sonido, su propio estilo de escritura, su propio estilo de ejecución, el sonido de su banda, mientras que Tito Rodríguez era un poco más suave—su voz tenía un tono más suave. Un enfoque diferente y su campo de acción era distinto al de Tito Puente.

Loza: La forma en que yo lo veo, Tito [Puente] enfatizaba mucho el trabajo de solo, las secciones de *montuno*. Llegando a Cal Tjader. . . . Ahora, Tito es uno de los pocos artistas del jazz latino que aún vive, con Mongo y otros pocos de la vieja generación. ¿En dónde pondría a Tito dentro del rol del jazz latino? ¿Quién era el líder del jazz latino?

Sánchez: Todos estaban tratando de sobrepasarse entre ellos. En ese tiempo se llevaba a cabo una gran competencia, creo que Tito estaba muy metido en ello. No lo culpo. Cal sabía más de jazz que Tito, creo yo, pues Tito conocía mejor lo del latino, mientras que Cal era un músico de jazz. ¿Cómo podría Tito saber más de jazz que Cal? Tito no era tan técnico como Cal. No debería hablar de "técnico" ya que Tito tenía muy buena técnica, pero Cal la hacía deslizarse mejor en el vibráfono. Oscilaba mejor. Una aproximación más de jazz. Mientras que cuando Tito tocaba el vibráfono, estaba más [encerrado en los patrones rítmicos latinos].

Loza: Lo es. Es más latino. Cuando Tito tocaba al comienzo de los años cincuenta, en su mayoría era en bailes. Eran trabajos. Quiero decir que tocaba un baile detrás de otro.

Sánchez: Creo que ese es el punto. No es realmente una anotación; era lo que sucedía en todas sus vidas en ese momento. Creo que la moda del jazz latino, comenzó a crecer en algún momento en Nueva York, porque hasta Tito Rodríguez hizo un álbum en el Palladium, donde se manejaban los clásicos del jazz, como "Summertime" y "Bye Bye Blues". Uno de mis álbumes favoritos de Tito Rodríguez se llama *Tito Tito Tito*. Ellos hicieron "Descarga malanga". Tenían un tipo allí tocando un solo de jazz y alguien, probablemente alguien como Víctor Paz, tocando estilo *montuno,* estilo latino. Así que se podía oír jazz y los blues entrando hasta en la música de Tito Rodríguez, lo mismo que a la de Tito Puente. Creo que ambos, empezaron a experimentar más con el jazz latino en ese tiempo.

Loza: De muchas maneras Cal Tjader, pavimentó el camino del jazz latino como movimiento independiente. Quiero decir, que él no tocaba en bailes.

Sánchez: Más aún que Tito o cualquiera de las bandas, Cal Tjader—claro está, él no se inventó el jazz latino, de ninguna manera—pero hizo que éste cobrara vida y creciera. Muchos relacionan el jazz latino con Cal Tjader, especialmente los viejos, más viejos que nosotros: Alguien dijos, "Cal Tjader era el tipo que tocaba el gran sonido del jazz latino y Tito Puente tenía una gran banda de baile".

Loza: Tito comenzó fuerte con el jazz latino, especialmente alrededor del tiempo en que murió Cal Tjader. Creo que fue en 1978 ó '79, cuando comenzó con su grupo pequeño de jazz. Cal Tjader murió en el '83. Desde que él murió, personas como Tito y usted han sido los mayores proponentes del movimiento del jazz latino.

Sánchez: Estoy de acuerdo con eso. Creo que en ese tiempo Tito se dio cuenta, de lo costoso que se estaba volviendo viajar con una orquesta de veinticinco músicos o hasta con una de dieciséis. Las aerolíneas comenzaban a encarecerse. Todo comenzaba a encarecerse. Uno ya no podía hacer eso.

Loza: Y ya los bailes no eran tan populares.

Sánchez: Al respecto, recuerdo a Tito diciendo que él realmente amaba a los chicanos de Los Angeles. Él diría: "Yo vendría a tocar en San Francisco y Los Angeles tan sólo por los chicanos; no por los puertorriqueños ni por los cubanos". Eso era muy importante. Él tuvo que empezar a achicar su banda poco a poco, porque todo se puso muy costoso para viajar.

Loza: Él tuvo unos años duros en los setenta. No estaba en la cima. Fue cuando Eddie Palmieri y los otros . . . Barretto . . . Fania. Y Tito no trabajaba [en exclusividad] con Fania.

Sánchez: Pero aguantó bien. Mantuvo su orgullo y su sonido y su estilo. A todos les seguía emocionando venir a ver a Tito hacer un solo de timbal. Lo que quiero decir es, todos los timbaleros que conozco [dirían algo como], "Ah, Tito, hombre. Lo voy a ver mañana en la noche". Todavía tocaba.

Loza: Poncho, déjeme preguntarle otra cosa. Otra cosa acerca de Tito—y yo lo pondría a usted en esta misma categoría—hay algo acerca del sonido *típico,* el sonido cubano viejo. Usted sabe que Dizzy lo mezclaba con aquellos del jazz y funcionaba. Todavía quedaba un sonido *típico.* Cal Tjader lo tenía. Tenemos a Miles Davis, Duke Ellington, Count Basie y John Coltrane en el jazz. ¿Dónde acomodaría usted a Tito en relación con la otra gente de la que hemos venido hablando: Tito Rodríguez, Machito, Bauzá? ¿Alguna vez ha sentido, que tal vez ustedes, sean el final de una era, de esa moda vieja *típica?*

Sánchez: Podría ser una posibilidad, podría suceder, creo que sería lo peor que podría sucederle a esta música, perder ese sonido auténtico. Muchas veces he pensado en ello. Aún cuando toco el tambor, sólo quiero que suene como le sonaba a Mongo y a Chano Pozo y todo así.

Loza: Tito en sus años jóvenes tenía la misma actitud. Quiero decir, "Es música cubana y tenemos que tocarla auténticamente". ¿Esto continuará?

Sánchez: Creo que sí. Realmente sí. Siempre me sorprende cuantos chicos jóvenes, se acercan y me cuentan que aman esta música de verdad y que están comenzando una pequeña banda de jazz latino, en sitios que uno no imaginaría que puede suceder, lugares como Seattle o Arkansas. Siempre le pondrán su propio giro a ello. Pero yo creo que con esta música, jazz latino, no se puede llegar tan lejos. Siempre encontrará el sonido auténtico de los tambores conga, la *cáscara* del timbal, los cencerros. Creo que va a seguir adelante. Creo que hay algunos jóvenes que seguirán adelante.

Loza: ¿Qué siente, acerca de su relación con Tito Puente, respecto a que él lo miraba a usted como una de esas personas que continuarían la tradición?

Sánchez: En primer lugar, me siento honrado. Eso es como si uno de sus héroes en la vida, le pide ayuda. Conozco a Tito muy bien y a él realmente le gusta mucho nuestra banda. Le contaré de un nuevo club que acabamos de formar y que nos ha servido mucho. Creo que va a servir bien, para la banda de Tito y viceversa. Nosotros hacemos esto el uno por el otro.

Loza: Creo que Tito, está observándolo para que usted lleve la antorcha. Sé que de muchas maneras lo está haciendo por Mongo. Está tratando de traer a Mongo de regreso, de alguna manera.

Sánchez: Sí. Mongo ya no tiene una banda. Trabaja con la banda de las estrellas de Tito y trabaja con mi banda. Cada vez que podemos poner a Mongo en nuestra agenda, lo hacemos. Acabamos de hacer una gira en California y grabamos el álbum de Poncho y Mongo que saldrá en septiembre. En este momento, Mongo no tiene la energía necesaria para dirigir una banda e irse de gira por todo el país y no creo que debería tener que. . . . Tito quiere seguir viajando y quiere mantener su banda. Muy sinceramente, si Tito deja de tocar, creo que será el final de su vida. Eso lo mataría. La verdad, si pasa eso probablemente lo mate.

Loza: Creo que tocar es lo que le ha dado longevidad. Sabe, Max Salazar, considera que la forma en que Tito Puente tocó "Lover Come Back to Me" de su álbum *Chile con Soul* tiene el más maravilloso solo de timbal que haya tocado nunca.

Sánchez: Bueno, él sólo fue estupendo. Pero tanto como el mejor . . . hay algunas grabaciones que me gustan mucho.

Loza: No creo que se pueda escoger la mejor.

Sánchez: Es un halago para mí. Me siento orgulloso, por el hecho que tal vez hicimos que Tito diera lo mejor de sí. Eso también me halaga a mí. Otra cosa que me sorprendió y también escribió Max—hicimos los 25 álbumes favoritos en el catálogo *descarga*. Él hizo uno, Joe Rizo hizo otro, Ramón y yo hicimos otro juntos. Me di cuenta que eligió uno de mis álbumes; él dice que de las 25 o 30 grabaciones que hay de "Manteca" la mía es su versión favorita. Me siento totalmente halagado. . . . Si nosotros hicimos que Tito diera lo mejor y Max piensa que es su mejor solo, tomaré eso como un elogio personal. Es un buen solo, un solo excelente.

Loza: Lo es. Él está caliente en él. Muchas veces he sentido que Tito se mejoró. Creo que hace cinco años, todavía tocaba en la cima. No sé si todavía está allí, pero a mi manera de ver, Tito siguió mejorando después de los sesenta. De otro lado, en algunas de esas primeras grabaciones los vuela: *Carnaval cubano.* . . .

Sánchez: Top Percussion, "Hot Timbal". En primer lugar, los ritmos son increíbles y luego hace un solo por encima de esos ritmos rápidos (*canta*). Hombre, ¡Tito!

Loza: Esos álbumes son del '55 y del '57, cuando él hizo esos dos álbumes de percusión. Eso estaba bien adelantado a su tiempo, todo el concepto: sin orquesta, sin grupo latino, solo bajo y percusión. Eso fue bien radical, ¿verdad?

Sánchez: ¡Absolutamente! Estaban muy adelantados a su tiempo y Tito tiene mucho que ver en ello.

Loza: Aún hoy, eso sería una aventura. Eso fue lo que le dijeron.

Sánchez: Ésos son solos clásicos y álbumes clásicos.

Hilton Ruiz

Con el lanzamiento de *Jazzin'*, uno de los álbumes más recientes de Tito Puente (presentando a la cantante India) empecé a comprender el papel central que el prolífico pianista, compositor y arreglista Hilton Ruiz, ha venido representando en el mundo musical del Maestro Puente. Aunque Ruiz, ha estado trabajando por años con los artistas más grandes, incluyendo a Puente como parte de sus Golden Latin All Stars, su trabajo en *Jazzin'*, parece haber tenido un propósito y un significado especiales, en relación con el estado actual de la música latina y la continuidad del legado de Puente.

Conocí a Ruiz, durante uno de sus días de club en la primavera de 1996 en Catalina's en Los Angeles donde dirigía un trío, que incluía al legendario ejecutor de congas Francisco Aguabella. La siguiente entrevista, tuvo lugar al día siguiente en el Hotel Hollywood Palms. Se unió a Ruiz y a mí para la entrevista, Bill Martin, un alto ejecutivo del sello RMM/Tropijazz.

Como se observa en la entrevista, Ruiz ha tenido una carrera distinguida como artista, grabando y tocando extensamente. Nació en 1952 en el centro de Manhattan, él representa otro ejemplo, de la colaboración que nunca termina de Puente hacia otros artistas de diferentes generaciones y con la más alta integridad artística.

Loza: ¿Hilton, cómo entró en este negocio y cómo aprendió a comerciar?

Ruiz: Comencé con Santiago Messorrama, de Puerto Rico y enseñaba en 125th Street con Broadway. Nací en el centro de Manhattan en 5th Street con 8th Avenue. Mis padres oían a Liberace y a Duke Ellington—esas eran las dos personas a las que escuchaban. Y también la radio. Mi madre tenía discos de Libertad Lamarque y Ray Parker. Esa era la clase de música que oían en casa. Tiempo atrás oímos de Tito Puente; ha sido un nombre tan casero por tanto tiempo. Comencé estudiando un método llamado "Eslava", un método de solfeo, sistema para cantar leyendo, antes de llegar a la armonía. Estudié todo eso y fui al Carnegie Hall. Tenía ocho años, cuando di mi primer recital en el Carnegie Hall y nueve cuando di otro. Tengo las reseñas, buenas reseñas entonces.

Loza: ¿Música clásica?

Ruiz: Sí, música clásica. Estaba estudiando en el conservatorio como pianista clásico. Luego en mis años de adolescente, en el bachillerato acostumbraba a tocar órgano en la iglesia. Era un organista de iglesia. Cuando tenía unos 16 o 17 años fui con Ismael Rivera. Toqué con él como un año. Luego cuando cumplí 18 fui con Mary Lou Williams, quien era considerada la primera dama del jazz. Ella escribía música para Benny Goodman, Duke Ellington y Andy Kirk, considerada una pionera. Sus contemporáneos eran Thelonious Monk, Art Tatum, Fats Waller, Bud Powell; estos tipos acostumbraban ira su casa y tener intercambios en el piano. Así que, Mary Lou me oyó tocar y dijo, "Le enseñaré sin cobrar", y yo le dije, "Wow, eso está muy bien". Así que yo iba todos los días a su casa y ella me decía más o menos que *no* hacer. Porque yo estaba tocando de verdad. Tenía discos, escuchaba a McCoy Tyner, a Herbie Hancock y hacía mi propio trabajo al oír los discos. Mary Lou me mostró la imagen del ragtime [popular] blues, boggie-woogie, como tocar con autenticidad. Lo obtuve de una persona que realmente estaba allí. Luego estudié con Cedar Walton y gente como Roland Hanna y Barry Harris. Conocí a Joe Newman y a Frank Foster de la banda de Basie. Tenían un taller llamado el Jazz Interaction Workshop for Young Musicians (taller interactivo de jazz para jóvenes músicos) y ese taller tampoco tenía costo. Yo iba por allá y de alguna manera, una noche, alguien no vino y ellos dijeron, "¿A quién llamamos"? "Hilton el pianista, saquémoslo del taller". Así que estos tipos me mostraron exactamente que hacer. Mi carrera, hasta el momento había sido manos a la obra, en trabajos de entrenamiento. Cuando estuve con Joe Newman y Frank Foster, me oyó Clark Terry y él me sacó de viaje por primera vez. Terminé yendo a Europa con Clark y por todo el país: después de eso fui con—déjeme darle sólo los nombres de los grandes—Rahsaan Roland Kirk, saxofonista, que tocaba tres saxofones a la vez sin parar para respirar. Durante la presentación de Rahssan, él tocaría la música de Fats Waller, la siguiente tonada sería de Charlie Parker, la siguiente sería algo de Johnny Ace. Tocaría blues, verdaderos blues afroamericanos. Tuve cinco años de experiencia, viajando por todo el país, viajando a través de Europa; fuimos a Australia, Nueva Zelandia, fuimos a todos lados. Aprendí muchísimo con Rahsaan. Hice cinco álbumes con él. Por este tiempo fui contratado por un hombre llamado Nils Wefey, para Steeplechase Records, que es un sello "beige". Realicé cinco álbumes para ellos. Luego Columbia del Japón y grabé un álbum con ellos, CBS Japón. Luego independiente hice un álbum en Francia. En Munich, Alemania hice un trío. Ahora tengo como 22 álbumes. Eso es lo que tengo ahora, mi álbum 22 es líder. También grabé como secundario con otros artistas. Básicamente, tengo la experiencia de manos a la obra, de los originarios de esta música. Tito Puente me era familiar todo este tiempo, porque todo el mundo lo conocía. Sí uno no sabía quien era Tito Puente, olvídelo, no lo entendería.

Luego conocí a Tito. Jack Hooke y Ralph Mercado tenían algo llamado "Salsa Meets Jazz", donde tocaban dos grandes bandas de renombre, como El Gran Combo, Ray Barretto, Eddie Palmieri, todas estas grandes orquestas; y luego tendrían un solista de jazz invitado. Yo era el solista invitado en muchas de esas reuniones. Charlie Palmieri conocía a otros tipos allí. Yo los conocía un poquito a través de su música, pero iba allí como un pianista de jazz puertorriqueño. Era un solista de jazz. Allí fue donde Tito me oyó de verdad. Sabía de mí porque era de mente abierta. Yo tenía amigos que tocaban en su banda y le habían hablado de mí, usted sabe, "Debes echarle una mirada a Hilton. Este tipo es un pianista de jazz, duro". Así que yo era más un pianista de jazz que uno latino o de salsa. Así lo conocí. La primera vez que toqué con él, yo tocaba una tonada, era mi arreglo—no, era el arreglo de Tito . . . la verdad es que no me acuerdo quien hizo el arreglo, pero era algo llamado "Blue Bossa". Tratábamos de tocar canciones que todos conocieran. Esa era una de las más interpretadas por Kenny Dorhan [canta la tonada]. Tito levanta la vista mientras toca los timbales y me da una mirada y yo leo en sus ojos, "Hey, hombre, yo sé todo lo que está haciendo. Me gusta lo que está haciendo, pero mira esto". Y comenzó a tocar algo, y yo dije, "Wow, hombre". Él estaba metido *en* ello. Me llevó a un nivel en el que no había estado antes. Así que le dimos muy bien ese día. Luego hicimos un álbum llamado *Live at the Village Gate*. Realizado con una banda llamada Tito Puente Golden Latin Jazz All Stars. Hicimos otro álbum llamado *In Session*. De ahí en adelante, para casi todos los álbumes que hizo, me tuvo allí arreglando y escribiendo canciones. Contribuí con originales.

Para los arreglos, él me decía lo que quería. Diría, "Quiero hacer este tipo de canción así, quiero la instrumentación así". Sabía que yo podía hacerlo. Así es como llegamos a hacer tantas cosas juntos. Sólo en este año he grabado 20 arreglos. Tenemos a Mongo Santamaría, Charlie Sepúlveda, Dave Valentín, Juan Pablo Torres (Long John Oliva), que vino desde California para (unirse) a Batacumbelé. De pronto, me convertí en arreglista.

Loza: Aprendiendo a través de Tito, entonces.

Ruiz: Yo hacía arreglos antes. Hacía arreglos de jazz. Hice cinco álbumes para la RCA en el sello Novus, en los que usé percusión latina. Me di cuenta que el publico estaba cambiando completamente del ritmo latino. Las mismas canciones que había estado tocando todo el tiempo, ahora usando los tambores, la gente saltaba de sus asientos, enloqueciendo con ellos: La recepción fue bien caliente.

Loza: Como muchos otros artistas del jazz, podría tener problemas, (pero) usted no los tuvo al regresar al *guajeo*.

Ruiz: No, de ninguna manera.

Loza: Usted hizo eso. Muchos músicos de jazz no lo hacen.

Ruiz: Es por la clave. Es la guía de la música latina, que es como un sabor distinto. Es como tener dos cocineros distintos, un chef francés y un chef japonés y traté de poner eso junto. La verdad es que uno tiene que estar allí y vivirlo para poder relatarlo. Lo importante era que el jazz era mi amor verdadero. Quería convertirme en pianista de jazz bebop. Vine antes que Michel Camilo. Llegué diez años antes que todo esos tipos, como Chucho Valdés, Gonzalo Rubalcaba; estos tipos oyeron mis discos. Jorge Dalto, le conseguí el trabajo con Paquito D'Rivera, pues cuando Paquito llegó aquí desde Cuba, venía buscándome. Ellos dijeron, "Queremos a Hilton Ruiz. Él es el tipo que necesitamos para hacer que esto funcione". Así que hice dos álbumes con ellos, ahí mismo. En mi tiempo, yo era el original. Porque tuvimos la era de Machito, la era de Cal Tjader, muchas cosas sucedieron allí, gente como Chick Corea y Vince Guaraldi, todos estos otros pianistas lo hacían también. No eran tampoco, necesariamente pianistas de *guajeo*. Eran pianistas de jazz, pero tenían el sentimiento por esto. Armando Peraza y Willie Bobo—esos tipos les dijeron, "Oigan con un ritmo como ese, si tienen el sentimiento, esos tipos van a hacer (y) a tocar con el sentimiento apropiado por lo que aportan constantemente". Pero después de Rohsaan Roland Kirk, más o menos ha sido Tito el punto más grande en mi carrera. Porque él sacó más de mí, de lo que yo sabía que tenía. Sabía tanto de la granbanda. Él me diría, "Sería mejor si dobla la cantidad de cornos aquí, si dobla el barítono con este acorde, ensaye este acorde aquí, no haga esto, hay mejores formas de hacer las cosas", y de pronto en un año, había doblado mis conocimientos.

Loza: Básicamente en este punto, él ya no tiene el tiempo para hacerlo, ni la energía.

Ruiz: Sí fuera por energía, lo haría. Nadie tiene más energía que Tito Puente.

Loza: Pero, para orquestar todo lo que hace, lo hace solo. . . .

Ruiz: Lo que él hizo por mí fue el sabor que yo tenía y el sabor que le ponía a mis arreglos, él encontró que era el verdadero sabor del jazz, el que él quería retratar, porque sus cosas no se han asentado. Hay mucha historia detrás de esto. Él estaba cerca de Thelonious Monk, estaba cerca de Charlie Parker, tocaba alternándose en Birdland, tenían la banda de Tito Puente y enseguida a Charlie Parker. He visto a Tito hacer un gran arreglo en la orquesta, sin previo aviso—fue fantástico—y trajo el arreglo al día siguiente, el arreglo escrito, completo en todas sus partes. La gente no sabe esto de él . . . Si tenemos un artista que toca tan bien los timbales—es un espectáculo, se maneja tan bien y la gente lo quiere tanto, es posible que la gente que no escribe la historia, no se dé cuenta de la magnitud que alcanza como músico.

Loza: Sus primera grabaciones, todas fueron con sus arreglos. Otras son con sus arreglos en un 80 por ciento.

Ruiz: Es un genio.

Loza: Poco a poco comenzó a utilizar a otra gente para diversificar su sonido.

Ruiz: Si él necesita algo especial, consigue la persona para que lo haga, pero él es el ejecutivo, arreglista en jefe. Supervisa todo, así que yo sería un arreglista del staff. En otras palabras, él me dará un proyecto—digamos cuatro o cinco canciones—y dirá: "Tengo un álbum que saldrá el mes próximo. Vaya a trabajar; esto es lo que quiero". Tal vez, me dará una idea, pero tengo libertad para hacer lo que quiera, porque él no me exige que haga cosas fuera de lo ordinario. Usa mi talento como es, pero logra más de mí, usted comprende: "Yo nunca pensé en hacerlo así".

Loza: Cuando usted iba creciendo, ¿qué representó él para usted cultural y musicalmente, en términos de lo que él estaba haciendo en la industria? En otras palabras, la gente iba a ver las bandas al Palladium, cuando todo eso sucedía. Usted probablemente recuerda algo de ello. ¿Cuáles fueron los eventos particulares, piezas, cosas que realmente le hayan afectado de lo que él hacía, que le afectaron como músico y que usted crea que afectaron al mundo de la música?

Ruiz: Encuentro que muchos de los arreglos que oí eran latinos, digamos, de modo armónico. Eran grandes arreglos; era fantástica la forma en que estaban ensamblados. Cosas de calidad. Pero oí el "Jumpin' with Symphony Sid", de Tito, ese arreglo y me dije: "Wow, esta cosa suena realmente como jazz". Porque estábamos hablando de mascar el jazz afroamericano, así que se oían tipos tocar *en* solos de jazz. Pero el sabor real, la cosa real, se podía ver la diferencia. Noté esto en su banda, él tenía los solistas que tocaban el sonido real. Allí es cuando entendí, ahí mismo. Me daba cuenta de sus arreglos comunes del mambo latino, que también tenían el sabor de jazz, pero también tenía esas otras cosas que eran como. . . . Yo podría tocarla junto a John Coltrane, como parte de mí entrenamiento para escuchar. Escuchaba mucho. Solía escuchar jazz como diversión. Nunca me di cuenta, que me iba a convertir en uno de los mejores pianistas de jazz en el mundo. Nunca estuvo esto en mi mente. Yo quería ser un artista comercial. Yo dibujaba y pintaba y cosas así. Luego, de golpe me encontré en esta carrera, así que me di cuenta que todo es materia de sabor, de gusto. Esa es la diferencia de ser músico. Una persona que es médico, abogado, plomero o basurero o lo que sea, cuando oyen esta música ellos *saben*. No conocen nada sobre el pentagrama o las notas y eso, nada del aspecto teórico de la música, pero lo reconocen cuando lo oyen. Los bailarines de mambo—muchos judíos fueron los mejores bailarines de mambo. Algo totalmente fuera de su entorno, porque son gente del Mediterráneo, pero reconocían por el sabor, sí estaba bien o no. En otras palabras como mi madre o su madre, no las puede engañar, no importa como. Y ellas no van a manejar las notas.

Loza: Así que él pasaba sus exámenes con el público y con los profesionales.

Ruiz: Eso es cierto.

Loza: Lo que usted dice, es que notaba que él era experimental.

Ruiz: Experimental, pero con calidad. Porque mucha música es materia de gusto. Como el movimiento de *avant-garde,* que llegó tocando mucha música libre. Albert Ayler y Pharoah Sanders. Mucha gente lo adoró, pero mucha gente no quería ser molestada con ello. Era como con los fanáticos de Louis Armstrong; si no era de Louis Armstrong, no querían saber nada de esto. Si no era Dizzy Gillespie . . . porque tenían su propio gusto. El resultado final es que el público comprador, se rige por su propio gusto y por la presión del grupo. Algunas veces puede que no le guste tanto, pero sí a sus amigos les gusta, eso les permite convertirse en parte "del grupo". Como los del rap hoy en día. Yo no creo que a todos les guste tanto el rap, pero el compás es tolerable y las rimas. Me gusta el rap pero no todo. Yo soy como cualquiera. El hecho que sea un músico, no quiere decir que no tenga mi gusto personal. Pero me doy cuenta que mucho de ello, tiene que ver con la presión del grupo. Oh, compra este disco, este tipo tiene esto, este tipo tiene aquello. Si a muchos de estos muchachos les mostraran otras formas de música, ellos probablemente dirían, "Wow, realmente me gusta *eso".* Pero como eso es lo que ponen en la radio y eso es lo único que oyen, no tienen nada más para escoger, tienen que elegir sus artistas particulares de eso.

Loza: Hablando de baile, cuando usted oyó a Machito, Tito Rodríguez, Tito Puente, Pérez Prado, ¿qué sintió musicalmente que hacía Tito y Machito no? Machito había comenzado con el jazz latino. ¿Tito en dónde expandiría eso? ¿Qué hizo él, armónica y rítmicamente?

Ruiz: Él escogió los músicos adecuados, para interpretar la música del momento. Personas como yo. Cuando me oyó, creo que lo que oyó fue . . . la razón por la que estoy ahí, es porque estaba haciendo algo innovador y un poquito diferente, de lo que ya había sucedido. Ya que él tiene una experiencia de 50 años y 110 álbumes grabados, lo ha oído todo. No puede uno aparecer frente a él con cosas viejas, diciendo que son nuevas. Él diría, "No, no, yo lo hice en esta grabación o yo lo hice en aquella". Grandes tipos llegaron a través de su banda. Yo resulté llegando en un tiempo diferente, porque nací en 1952. Tengo 44 años. Mi experiencia viene de la generación baby-boomer. Me gustaban los Temptations, The Four Tops, Aretha Franklin . . . Es la gente que uno elige, la que le da frescura a la música, enfoques frescos. Ahora tenemos Internet, tenemos comunicaciones satelitales, tenemos cosas que no se conocían cuando yo era niño.

Loza: Él tenía a Joe Loco, Eddie Palmieri, Charlie Palmieri, toda esa gente trabajaba con él. Él escogió a Mongo Santamaría y Willie Bobo, todos estos percusionistas. El hecho que él haya logrado tocar el vibráfono, que también era una cosa diferente, con su gran orquesta; él era percusionista, un timbalero, pero pasaría al vibráfono en cosas como "Hong Kong Mambo" o el arreglo que hizo para "Autumn Leaves". Aún a esa tan temprana, la llamó "Fantasía cubana", eso fue en 1950. ¿Cómo representaría usted, lo que él hacía allí musicalmente? ¿Estaba "sofisticando" la música o la estaba armonizando?

Ruiz: Estaba innovando. La tomaba y la volvía más fresca y hacía lo mismo que la compañía de automóviles Ford. Ahora, usted va allí y saca su Lincoln Town Car, le habla y todo eso, le dice la temperatura. Es como eso. Haciendo la comparación con Henry Ford, comenzó haciendo un carro, luego de golpe hay una nueva tecnología, llegan los computadores. (Así que) él pone un computador al auto, pero no para dañarlo, debe mejorarlo; debe ser la cosa correcta.

Loza: La gente siente que él usó toda la orquesta como un instrumento de percusión.

Ruiz: Lo es. Las líneas de cornos (canta un patrón sincopado) son percusiones. Estas líneas han sido tomadas de los compases del tambor, (canta el patrón del tambor). Uno solo le pone melodía (canta una melodía sincopada), entonces, toda la banda se convierte en un tambor.

Loza: Es por eso que la llamó percusión orquestada.

Marín: ¿En el momento en que conoce a Tito, usted ya era verdaderamente un pianista de jazz, comparado con los otros tipos que salen de la música latina?

Ruiz: Cierto. Yo era 100 por ciento "uncut bebop". Conocía el repertorio bebop, conocía el piano *stride,* conocía el piano boogie-woogie, acompañaba a cantantes como Betty Carter, acompañé a Joe Williams y a Eddie Jefferson, quienes inventaron las palabras para las canciones de Miles Davis, también fui su pianista. Yo era puro jazz y eso era lo que Tito quería. Yo era un pianista de jazz, que también tocaba música latina, pero primero comencé con Ismael Rivera. Solía ir a Cheetah, solía ir a Hunt's Point Palace, solía ir a Colgate Gardens, solía ir al Corso, St. George Hotel, tendrían 13 bandas. Los Hermanos Lebrón, TNT, Willie Colón. Yo estaba allí, tenía 15 años. Iba con mi chica a bailar esa música. Vi este movimiento. Estaba allí bailando. Pero era un adolescente, íbamos allí a oír esas bandas, porque sabíamos que estaría caliente y allí sucedería la escena. Después de cumplir dieciocho, trabajé 20 años viajando a través de América, a través del Medio Oeste y el Sur encontrando esos músicos originales. Me metí en ello, porque era lo que yo quería hacer, ese era mi amor. Oí a John Coltrane y a Charlie Parker y me dije que esa era la música que yo quería tocar. Para poder hacerlo, debía separarme y aprender y luego regresar de nuevo. Hice un círculo completo, redescubrí mis raíces y Tito fue el que me ayudó a reencontrar mis raíces. Él me enderezó, me sacó de toda esa confusión. Dijo, bajémoslo a la tierra, así es como va. Debe hacer esto, debe hacer aquello y eso me hizo aún más fuerte. Así que hoy me sostengo firme. Puedo hacer jazz, pero también trabajo en el conocimiento de la clave, que me ha llevado bastante tiempo. Dediqué mucho tiempo aprendiendo a tocar con clave. Hay mucha gente que no lo logra.

Loza: ¿Alguna vez se encontró volviendo a estudiar sus arreglos?

Ruiz: Sí. Cuando yo hice los arreglos para (uno se sus álbumes), si usted lee las notas de la contraportada dice, "Arreglo original del Hilton Ruiz, inspirado por el arreglo original de Tito Puente". Yo oí el arreglo original. Charlie Sepúlveda quería un buen arreglo para la trompeta, así que oí el arreglo de Tito Puente, las ricas texturas que tenía en los barítonos. Y dije, "Wow, esto es muy bueno, lo voy a usar en mi arreglo". Pero le di el crédito a Tito, porque si no hubiera oído ese arreglo, me hubiera ido en veinte direcciones distintas. Así que el 50 por ciento de ello es búsqueda. Sí uno quiere hacer algo, digamos "In the Mood", debe oír el arreglo original.

Marín: Tito también era pianista y nadie habla de esto.

Ruiz: Ve, Tito estaba en la armada. Participó en muchas batallas durante la querra en un portaaviones. Vio como caían las bombas y los zeros; apagaba incendios en el barco. Tiene una condecoración del presidente de los Estados Unidos. Fue citado por el presidente por acción en la Segunda Guerra Mundial. También tocaba la corneta. Así que cuando salió, había un pago G.I. esperándolo. Muchos de ellos se volvieron médicos, odontólogos, etcétera. Tito fue a Juilliard y estudió música formal. Carnegie Hall y Juilliard eran las dos mejores escuelas de música en América—punto. Allí es donde él (continuó estudiando) y aprendió a tocar el piano. Así que puede tocarle una *comparsa*. Le gustaba tocar alternados con Eddie Palmieri, tocando el piano en trío. Habían ocasiones en las que él se sentó a tocar el piano y yo dije: "Hombre, eso suena como Art Tatum". Yo no sabía. Le conocía por sus timbales, su vibráfono y sus arreglos.

Loza: El hombre está inmerso en habilidad musical.

Ruiz: Es un auténtico músico. Sabe escribir en cualquier clave, sabe arreglar. Así que de todas maneras, tocaba el piano y yo le decía, "Hágalo de nuevo, quiero usarlo a mi estilo". Él tocaba eso que estaba en octavas dobles, lo que hacía que la cosa sonara enorme. Todos los años que yo había tocado, había oído ese sonido y nunca había sido capaz de . . . ve, muchas cosas son visuales. Uno puede tratar de oír, pero si se sienta al lado del tipo y mira como lo hace, puede resultar totalmente diferente, a lo que uno pensaba que sucedía en su oído. Estas cosas suceden en la música por la forma como están grabadas, el tiempo en que se grabó, la calidad de la grabación, algunas cosas que ocurren armónicamente, ciertos armónicos que sobresalen y termina oyendo notas que no están allí. Muchas de ellas están siendo producidas, por otras notas que están siendo tocadas. Cuando uno realmente ve la cosa visual, uno dice, "Wow, ¡así es como se hace!" Ahora, cada vez que quiero lograr eso, lo llamo "El sonido de Tito", porque vuelve toda mi "cosa" aún más grande.

Loza: La mayoría de los arreglistas realmente excelentes, tienen conocimiento. Primero, generalmente han estudiado. Han estudiado alguna clase de conceptos musicales, en términos de cómo se ensambla la armonía y si sabe lidiar con el teclado, ayuda mucho. Y Tito lo tenía.

Ruiz: Claro, ahora no mencionaré nombres, pero un día, un tipo trajo un arreglo y era un arreglo bastante difícil. Tenía unas veinte páginas de música. Tito acababa de bajarse de un avión, que venía no sé de donde, tal vez de Australia, un viaje de 24 horas. Él llega, es el primero en el ensayo, está allí sentado. El tipo trae el arreglo. Sorpresivamente él (Tito) dice, "Espere un minuto. Este arreglo no tiene sentimiento, no tiene alma. No es lo que necesito". No para insultar a la persona, pero él no iba a aceptar ninguna basura. Él tiene parámetros muy altos. Así que se quita sus lentes, se sienta en el butaca, apaga la música y ejecuta a la primera lectura todo el arreglo, con todas las pausas, perfecto al primer intento. Yo vi esto. Luego le dijo al tipo, necesita esto, necesita aquello. Yo me llevé el arreglo a casa, lo traje de regreso y el arreglo salió mejor por eso. Pero él no es la clase de persona, que se pone frente a una banda, sólo porque tiene un gran nombre y no sabe cada línea de la música. La verdad es que puede sentarse y leerla para usted y mostrarle como se ejecuta. Usted puede decir todo lo que quiera decir, pero cuando llega el momento de sentarse frente al público, poner la música frente a usted, ahí es cuando se va a dar cuenta sí es capaz de hacerlo.

Loza: Y él puede. Recuerdo la primera vez que lo traje a la UCLA, estábamos haciendo arreglos que estaban recién escritos y él los ejecutó a primera vista en el escenario.

Ruiz: Hay que entender que este hombre, ha hecho esto con miles de arreglos, tal vez cinco o diez mil de ellos.

Loza: Él ve diez compases adelante.

Ruiz: Como Frank Wess, de la banda de Basie y estos tipos de estudio, Jon Faddis. Estos tipos lo han hecho tanto, que leen páginas adelante para ver que viene. También son intuitivos. Por el patrón de las cosas en este momento, se

puede decir más o menos como sigue adelante. En realidad
haciéndolo, es cuando uno se da cuenta de lo bueno que es la
persona.

Loza: Francisco (Aguabella) estaba haciendo algo así
anoche sin música.

Ruiz: Tiene la perspicacia. Estaba tocando una de
mis canciones anoche y esta tonada tiene una sección que es
puro jazz y no una sección tipo mambo y él la tocó como si
fuera escrita por él. Yo le dije: "Tal vez usted lo escribió. Es mi
tonada, pero suena como si usted la hubiera escrito". Yo me
quedé muy impresionado. Eso es musicalidad y experiencia.
Se puede hacer de oído. Yo siempre digo que hay que mirar a
los músicos ciegos, como Ray Charles, a Rahsaan Roland Kirk
y a José Feliciano. Su mundo, su visión, es una visión sonora.
Ellos ven en audio color.

Loza: Ellos son los mejores. No se inhiben por lo que
está escrito. Ellos ven otro tipo de anotaciones.

Ruiz: Nosotros, los que tenemos todos los sentidos
funcionando, debemos aprender de ellos. Tenemos todas las
ventajas que ellos no tienen. Pero en este mundo el Creador
nos da ciertos dones, para ciertas cosas. Pero si uno tiene
todos los sentidos y puede ver, estará tocando en el estudio.
Ahora, yo he ido con Tito para montar espectáculos, como al
Kennedy Center—tocamos para el presidente de los Estados
Unidos; tocamos para el Presidente Clinton. En cualquier
situación en que se encuentre, será presentado con música y
tiene público durante el ensayo. Tiene que decidir, lo hace o
no. Si uno no puede hacerlo tiene que buscar quien lo haga.

Loza: ¿Bill Clinton se sentó con ustedes ese día?

Ruiz: No, él no vino a sentarse aquí. Estaba con la
Primera Dama sentado justo allá, como desde aquí a donde
está esa lámpara, allá. Yo estaba muy orgulloso. Se veía bien,
hombre. Mejor de como se ve en la televisión.

Loza: Ahora, ¿acaban de sacar este nuevo álbum
Jazzin'? No sé como se está vendiendo, pero me imagino que
bien.

Marín: Ya está en listas.

Loza: Ahora, esta mujer, India, para mí no era importante oírla, pues ella estaba haciendo cosas comerciales,
un nuevo tipo de salsa, pero me sorprendió lo que hizo.

Ruiz: Nos sorprendió a todos.

Loza: Es una locura, *Jazzin'* el que usted escribió, le dio el nombre al álbum. ¿Usted tiene dos tonadas allí?

Ruiz: Yo escribí *Jazzin'* e hice los arreglos para "Wave" y "Love for Sale".

Loza: Bueno, hablemos de esas tres tonadas. *Jazzin'* es algo verdaderamente "monkiano". Usted es muy "monkiano", es decir tiene mucho de Thelonious Monk en su ejecución. Es una línea muy bebop, una línea muy difícil, el tema central y hay por lo menos dos de ellos, realmente, los que usted une con Tito en la marimba y luego ella lo canta y además, creo yo que usted hace la dirección en el piano, ¿cierto?

Ruiz: Cierto.

Loza: Bueno, cuénteme de ello. ¿Cuánto le llevó a Tito aprendérselo? ¿Sólo le saltó encima? Sabe, no es una tonada fácil de tocar.

Ruiz: Con la cantidad de experiencia que él tiene y como esta clase de música le es familiar, solo tuvo que hacerlo, lo mismo que los demás tuvieron que hacerlo. Tuvo que sentarse y tocar el arreglo completo y aprender. Y hace solos en el.

Loza: Me parece que ahora está haciendo mejores solos en el vibráfono, de los que hacía hace treinta años, cuando tocó "Hong Kong Mambo".

Ruiz: Se supone que debe ser mejor. El hombre es mejor. Tiene setenta y tres años.

Loza: Pero hace un solo endemoniado y luego toca esa línea. Ahora estamos hablando de intervalos locos. Y luego ella canta ahí mismo, ¿tomó tiempo para lograrlo? ¿O los dos saltaron sobre ello?

Ruiz: Hicieron exactamente lo que hicieron en otras partes del álbum.

Loza: Y qué con India. ¿Practicó con ella en el piano?

Ruiz: No, India no había hecho algo así nunca. Ella era una cantante de estilo libre. Esta chica tiene un instrumento de música que es increíble. Le digo que ella es una de las mejores cantantes de nuestro tiempo. Lo que sucedía con ella, era que necesitaba la gente específica, para que la enganchara realmente. Así que lo que hicimos con ella fue mucho ensayo, nos reunimos para buscar las claves que estuvieran bien para ella y solo trabajábamos, en lo tocante a "Wave" cosas como esa, en los intervalos, como cantarlos, cosas que ella no conocía. Sólo tenía 26 años, era una artista estilo libre y lo hizo muy bien con la Warner Brothers, cuando tenía 16, con Louis Vega. Desde que cumplió 16, no ha necesitado a nadie; tenía dinero; ya tenía todo. Es una mujer muy bella, tiene una gran personalidad y es divertido estar con ella, siempre sabe lo que quiere. Tito fue realmente el que le mostró como llegar. Yo haría algo como "Love for Sale" y él llamaría desde California y me diría, "Déjeme oírlo". Nosotros pensábamos que era bueno, pero él diría, "No, no, háganlo de nuevo. Tiene que ser mejor que eso. Quiero que ella cante más alto. Quiero que ella haga esto o aquello". En otras palabras, cuando nosotros lo llevamos a donde creemos que es la meta, él toma un segundo paso.

Loza: ¿Escribiendo o grabando?

Ruiz: El arreglo estaba bien, menos su canto. Ella cantaba bien, era bello, era grande. Pero él dijo: "No, paren, ella tiene que subir al final. Cuando viene la parte (canta) 'sígueme y sube las escaleras' tiene que oírse como que 'sígueme y sube las escaleras.' Tiene que tener esa subida". Él sabía que ella lo tenía.

Loza: Así que él la enseñaba.

Ruiz: Sí, él le enseñaba que hacer. Yo también le ayudé con mi experiencia, porque muchas veces Dave Valentin no estaba allí, estaba de viaje, así que fui yo el que terminó el proyecto. Dave fue coproductor. Tito era el productor y Ralph Mercado y Jack Hooke fueron los productores ejecutivos. Pero yo tuve que estar allí muchas horas. Yo me pasaba 18 horas diarias en el estudio. Una cosa que se aprende acerca del estudio, es que cada ocho horas hay que salir, por una media hora, pues hay un campo magnético o electrónico que lo satura, lo hace sentir cansado y lo exprime. Yo tenía que estar encima del coro; tenía que estar encima de las mezclas. Para mí, esto me cansa más que arreglar o tocar. Yo no lo sabía. Yo tuve que producir un disco para George Adams, un saxofonista, hace años. Recibimos cinco estrellas por el. Salió bastante bien. Se llamaba *Paradise Space Station.*

Ésta fue una producción fácil, porque lo único que tuve que hacer, fue asegurarme que el sonido estuviera bien, pues los músicos sabían exactamente que hacer. Pero para este proyecto, yo tuve que estar encima de todo, mientras me encontraba allí, porque ni Tito ni Dave estaban al mismo tiempo. Así que yo me mantenía en contacto telefónico con ellos todo el tiempo, asegurándome que todas las directrices que ellos daban fueran llevadas a cabo, para que cuando ellos llegaran, todo estuviera bien. Creo que fue uno de los proyectos más grandes en los que he participado. Pero ver a esta chica cantando así y a la gente oyendo la cinta en el restaurante de Tito—él la toco para algunos de sus amigos—y ellos dijeron: "Eso suena como Ella Fitzgerald".

Loza: Ella murió casi el mismo día que salió el disco.

Ruiz: Para mí sonaba como Dinah Washington algunas veces, pero también tenía el sentimiento de Liza Minnelli o el sentimiento de Barbra Streisand.

Loza: Allí también hay un poco de Broadway y ella suena como Nancy Wilson.

Marín: Nadie habla de ese álbum como la gente de la industria. Gente que no sabe nada de el dice: "Éste es un álbum pop, no un álbum de jazz".

Loza: Pero lo pondrán en jazz.

Ruiz: ¿Pero quién puede definir *Jazzin'* la tonada del título como una tonada pop?

Marín: Estoy hablando de todo el álbum.

Ruiz: Eso es bueno, porque eso le da mercadeo. Es decir, que la música de Tito y algo de la música que yo toco, tonadas que he escrito como "Home Cooking" y "Miami Girl", conozco muchos chicos que lo oyen y son de los que escuchan heavy metal. Es el gentío de *Beavis and Butthead*; y me dijeron que es lo mejor que han oído.

Loza: Están hambrientos pues, y nadie los ha alimentado. Y lo van a comprar; y lo van a aprender; justo de la misma manera en que ella (La India) lo está aprendiendo; tiene la habilidad musical; no importa si antes hacía hip-hop o cualquier otra. Si tiene la habilidad, puede hacerlo pero alguien tiene que enseñarle.

Ruiz: Así que Tito y yo la guiamos a través de todo. La llevó a sitios donde no sabía que podía llegar.

Loza: Sólo espero que se mantenga allí. ¿Ahora, escribió esa tonada especialmente para ese álbum, *Jazzin'*?

Ruiz: Sí, lo hice. Esa tonada era una tonada que yo . . . lo que yo hago cuando estoy sentado en casa, a las cuatro o cinco de la mañana, tal vez me levanto y voy al piano y comienzo con algo (canta una frase corta) así, y lo archivo. Lo archivo en una gaveta, pues en ese momento no irá más allá. No saco nada aguijoneándome. Podría seguir en 100 direcciones diferentes, pero no iría a donde yo quiero así que la retengo, la dejo reposar por un tiempo a ver que sucede con ella. De pronto, digo que ahora puedo usarla porque es buena para la voz, se puede cantar. Luego (canta otra frase) escribí todo después de eso, salió de esa única línea.

Loza: Le puso tema, la desarrolló.

Ruiz: Eso fue lo que me llevó a ella. Esa fue la primera idea. De esa idea automática habría podido ir en cualquier dirección, pero tenía que ser bebop.

Loza: Así que ese es un motivo; que usted lo guarda y luego retoma y sigue desde allí.

Ruiz: Cierto. Tengo varios de ellos en casa en este momento. Algunas veces tienen que salir al cielo claro azul.

Loza: Así que él quería que usted escribiera algo. Él dijo, "Quiero que escriba", y usted puso manos a la obra.

Ruiz: Tenía que asegurarme que fuera jazz, pues cuando presentara esto ante la comunidad de jazz, mi integridad, su integridad estarían en juego—para que nadie que no sea ejecutor de bebop, que no tenga el dominio del instrumento, sea capaz de tocar esa canción.

Loza: ¿Qué lo hizo decidirse a tomar el título de la canción como título para el álbum?

Ruiz: Era la que más me gustaba.

Loza: "Love for Sale" fue con la banda de Basie, ¿verdad?

Ruiz: Suena como una gran banda por la forma como arreglé, pero es el Conjunto de Jazz Latino.

Loza: ¿Lo mismo con "Wave?"

Ruiz : Esa también es con el Conjunto de Jazz Latino. Le hice el mismo tipo de arreglo, pues él me dijo que quería conseguir un sonido con un conjunto pequeño, que fuera como de orquesta.

Loza: Sí, usted no podía obtener ese sonido con una banda completa, porque todavía tiene el sonido del grupo tipo bop.

Ruiz: Podría tener el sonido con una orquesta, pero de nuevo, habría sonado como orquesta. Es algo distinto. Pero la idea es lograr que suene más grande de lo que es, tocando con los instrumentos que tiene. Ese es el poder del arreglo. Si pone ciertos intervalos juntos—aún con dos cornos, si armoniza dos cornos de cierta manera, crea un sonido más grande del que lograría poniéndolos al unísono u otra cosa. Uno debe saber cuando meter los tonos que dirigen, la voz que dirige, cosas así; eso llega con la experiencia.

Loza: Ahora, déjeme preguntarle algo como tema final. Mucha gente separa el intelecto de la intuición y yo creo que esto es un problema. La música es una forma de comunicación intelectual, así que, ¿por qué debe estar separada de la intuición? A lo que quiero llegar, es a que si uno tiene a una persona como Tito Puente, según su punto de vista, ¿debe ser reconocido únicamente como artista intuitivo, que tiene estas habilidades construidas, o como un intelectual? O sea, ¿qué dice su música, social, intelectual y filosóficamente?

Ruiz: Para mí el resultado final—ahora, yo no puedo hablar por él o cómo se siente, pero puedo decirle lo que yo pienso que sucede—es que la integridad está allí, el sentimiento está allí. En primer lugar el sentimiento. El sentimiento de la música que hace que la persona promedio, que tiene capacidad intelectual en diferentes campos—ya sea medicina, o literatura, o deportes, o cualquiera otra—la gente siente esa música. Tenemos gente que viene de todos los caminos de la vida, que ama este disco—abogados, tipos de la calle—pero el sentimiento viene primero. El resto es académico—las herramientas que se necesitan para llegar a crear, como usted mismo, como profesor y como escritor. Usted tiene que saber como escribir, debe saber donde poner sus comas. Ahora, podría saber todo esto, pero si no dice nada, no significa nada. Así que lo que dice es su sentimiento. Está expresando lo que siente y luego tan sólo está usando esas herramientas literarias o esas herramientas gramaticales para expresarse. Pero luego, puede venir un tipo del otro lado de la calle y tener un mejor sentimiento y un mejor mensaje. Puede encontrar una mujer vieja, una mujer pobre, que tenga más perspicacia que un tipo de Wall Street.

Loza: Ella puede que no sea capaz de escribir ni una coma.

Ruiz: Eso no importa. Así es como funciona. Yo también hice muchas cosas en la academia. Hago muchos talleres. Lo que hago es, encuentro que hay mucha complacencia. No usted, pero hay muchos tipos grandes que pueden tocar, pero tantos profesores tienen grados en música clásica y de golpe, este colega debe tener un programa de jazz. No van a botar al tipo.

Loza: Bien pronto, están distorsionando la música porque la interpretan mal.

Ruiz: Bien, hay que tener cuidado con ello, porque hay gente que gasta los ahorros de toda la vida, enviando a esos chicos al colegio a aprender, así que el que les enseñe, debe ser capaz de hacerlo. Debería haber algún tipo de referencia recíproca. Pero todo esto sale en el lavado. Es decir, yo nunca aceptaría un maestro que hace un blues con Charlie Parker, sabiendo que él no lo sabe tocar para que luego el vaya y le diga a un alumno enfrente de toda la clase, "Hombre, no tiene nada que hacer aquí, usted no sabe lo que hace". Así el estudiante sufrirá automáticamente. Así que lo que yo haría, es tratar que el maestro quede bien ante el estudiante. El resto lo discutiríamos en la oficina: "Hombre, entre usted y yo, dígame, yo creo que ni siquiera haría eso". Porque no quiero cerrarme una puerta. Pero conozco músicos que si lo harían, dirían "Oiga hombre, usted no tiene nada que hacer aquí. Estos chicos vienen del colegio y no están para tocar nada en la ciudad de Nueva York". Aún cuando usted venga de Berklee o lo que sea, aún debe pagar sus deudas, pues hay muchos buenos colegios. Yo me aseguraría de tocar la canción ante los chicos primero. Ellos dirían, "Wow, nunca había oído eso antes". Estoy hablando de Des Moines, Iowa o Lansing, Michigan. Encuentra chiquillas rubias de nueve años, tocando el saxofón alto, tratando de interpretar a Charlie Parker. ¡Algunas de estas chiquillas, tocan mejor que algunos de los tipos de Nueva York! Sí sólo pudieran llegar hasta la persona indicada. Conozco una niña llamada Sue Terry, que puede ser rusa o judía o algo así, pero esta niña toca estupendamente, hombre. Ella es fantástica. Mejor que muchos otros.

Loza: Es como los juegos Olímpicos. Todos esos países como México y Nicaragua, ellos podrían tener gimnastas y trataron de hacerlo pero no lo hicieron. Por eso, para mí los Olímpicos no son un reflejo de la sociedad mundial.

Ruiz: Afortunadamente, si hay mucha gente como usted, que tienen la experiencia, que han grabado, que sabe lo que está sucediendo y eso es lo que salva a la academia.

Loza: Bueno, esperemos que sí.

Ruiz: Yo sé que sí, porque he estado allí. Llego a sitios donde nadie va como ejecutante.

Loza: Bueno, está bien, alguien tiene que hacerlo, como traer a Francisco (Aguabella) a enseñar en la UCLA. Ya es un miembro de la facultad. También tenemos a Nati Cano, enseñando mariachi en el departamento. Hemos traído como invitado a Tito Puente y estamos insistiendo en traer a Kenny Burell, quien vendría en el otoño. En este momento, ha sido contratado como profesor de tiempo completo y director del nuevo programa de estudios de jazz. Él está trayendo gente como Billy Higgins, Oscar Brashear, Harold Land y Garnett Brown.

Ruiz: He estado en coloquios con Kenny Burell y hemos juzgado bandas en el New England Conservatory, juzgamos en Berklee School of Music y algo que no hice fue dar malas notas a nadie, porque esto pasa a la hoja de vida de los estudiantes de la academia. Aquí estamos lidiando con el futuro de estos muchachos. Tan solo digo, "Suena bien pero necesita más trabajo". Nunca algo negativo. Uno tiene que darse cuenta de lo que está haciendo. No puede sentarse allí arriba a decir: "Yo soy esto y aquello y yo pienso que—". Hay que pensar en el contexto; la hoja de estudios del muchacho, él va a tratar de ganar una beca en alguna parte. Lo que uno haga, va a ser clasificado por el departamento, por las directivas del colegio para determinar el grado de una persona, lo que definirá su entrada en algún programa importante.

Loza: Lo he visto suceder. Algunos grandes artistas no saben enseñar. Ellos harán esto, ellos dirán esto: "Espere un minuto, pare y toque las notas correctas". El chico está haciendo su mejor esfuerzo, déjenlo en paz así como los dejamos a ustedes, cuando se estaban desarrollando.

Ruiz: Porque no saben enseñar.

Loza: Una cosa más al respecto de Tito. ¿Alguna vez ha recibido una impresión religiosa o espiritual del hombre? ¿Qué significa todo esto espiritualmente? ¿Metafísicamente?

Ruiz: Ahora, los aspectos religiosos tendría que discutirlos con él, pero espiritualmente para mí, es un buen sentimiento que hace a la gente sentirse bien, cuando estamos comunicando nuestras frecuencias y energías que son invisibles, verdaderamente logran que la gente olvide sus problemas y dificultades. Aunque tengan una limitación física— como alguien bailando en una silla de ruedas—las personas quieren salir a bailar. Los que están deprimidos, quieren oír algo bueno. Se desentienden cuando escuchan música. No están oyendo respecto a ningún problema. ¿Cómo llaman esto? Es una cura espiritual. Cuando se sana el espíritu, esto ayuda a sanar el cuerpo. Estoy seguro que ha oído decir a los cirujanos: "Nunca pensé que este tipo saliera así de la operación. No entiendo que lo ha hecho recobrarse así". Así que, ¿qué sucedió? El espíritu se encarga. Es algo que no podemos ver. Todos creemos en el de maneras diferentes. Pero todo es lo mismo y todo viene de un solo lugar. Viene del Creador. Así que, el propósito nuestro como músicos y lo que Tito hace, es que la gente se sienta bien. Sí está en este planeta y está haciendo que la gente se sienta bien, dándole energía positiva y eso los hace sentirse bien, esto es mejor que cualquier terapia. Esta gente puede pasar tiempo en el sofá y no sentir lo mismo con el psiquiatra de lo que siente con la música. La gente que no puede caminar bien, escuchan la música y de pronto se llenan de energía. Hay una fuerza vital que emana de esta música que nos hace sentir bien. Esa es la idea, la cosa positiva. Esto nos retira de las frecuencias negativas que hay a nuestro alrededor. Creo que como músicos somos sanadores espirituales y que Tito definitivamente lo tiene. Él es probablemente uno de los más grandes en esto.

Loza: En otras palabras, ¿Cómo un *santero* o *curandero*?

Ruiz: Sí, como un chamán o un sacerdote o un hombre sabio.

Loza: Como músico, siempre he sentido que cuando dejo de tocar, me comienzo a enfermar, como sicótico o neurótico.

Ruiz: Sí, porque no tiene nada más que hacer, sino pensar en sus problemas.

Loza: Una vez que ha llegado a este estado, ese estado del que hemos hablado, el de la curación, la energía positiva y usted se sale de ello, puede ser muy dañino. Le hace darse cuenta del porqué la gente tiene que gastar mucha energía negativa, haciendo cosas negativas, ya sea disparando con las bandas o explotando prostitutas; ellos están sacando experiencias de allí.

Ruiz: Pero entonces, de nuevo, encuentra lo bueno y lo malo. Encuentra lo dulce y lo amargo. El asunto, es tratar de encontrar más bien que mal, porque siempre va a encontrar a alguien que no va a estar de acuerdo con usted.

Loza: Pero hay que saber manejarlo.

Ruiz: Pero yo encuentro, que mucha gente que viene con actitudes negativas y una mirada que—yo puedo leer en la gente, porque he estado mucho por ahí, profesionalmente por treinta años—usted lo ve venir. Pero después que tocamos la música, se ve el cambio en la gente. De golpe ellos dicen: "Wow, y ya no me miran como a este tipo puertorriqueño" o "a este hispano", y se ha purgado el racismo y el veneno. Ahora dicen: "Éste tipo me hizo sentir bien. Así que no todos son malos, ¿lo son? Después de todo, tal vez debo conocer más gente como ésta, porque me estoy sintiendo mejor con este tipo". Hace que la gente piense.

Fotografía publicitaria. (Foto de Martín Cohen. LP *Percusión,* 1983)

Rumba para Monk, grabación de 1989 de Jerry González, que tocó con Puente a comienzos de los ochentas. Entrevista en el capítulo 5. (Cortesía de Sunny Side Communication, Inc.)

Cartel anunciando la presentación para una beca de Tito Puente en el Lincoln Center, 13 de mayo de 1983.

En concierto con UCLATINO, dirigido por el autor, como parte de la "Noche mexicana" (UCLA, Mexican Arts Series, 1988). También se presentaron Linda Ronstadt, Poncho Sánchez, Nati Cano, Lalo Guerrero y Daniel Valdez. (Cortesía de UCLA Mexican Arts Series)

Puente tocando con el grupo UCLATINO de la UCLA, dirigido por el autor (a la izquierda en la sección de trompetas), 1983. (Foto de Claudia Cuevas)

Foto de la celebración por su estrella en el Hollywood Walk of Fame, 1990. (Foto de Martín Cohen)

Estudio Publicitario que se usó como imagen de cubierta para el *Master Timbalero* en 1991. (Foto de Martín Cohen)

Cartel distribuido en Nueva York, anunciando el Concierto por
el Décimo cuarto Aniversario de la Fundación Beca Tito Puente,
un tributo para Dizzy Gillespie, Machito y Mario Bauzá, con
la presentación de varios artistas invitados, en el famoso Apollo
Theatre de Harlem.

Cubierta del programa del décimo sexto concierto a beneficio de la Fundación Beca Tito Puente, el 27 de julio de 1996, celebrando los 50 años de Puente en el espectáculo y con la presentación de las orquestas de Puente y Johnny Pacheco.

Puente es anunciado con otros artistas del jazz en un panfleto del Blue Note, en Tokio(1996). Finalizando los 90s, continuó presentándose en vivo en los más prestigiosos clubes del mundo. (Cortesía de Blue Note, Tokio. Foto transferida por Ko Sasaki)

Tito Puente recibiendo el Premio a los Fundadores de ASCAP en 1994. Presentado por Sheila E, al lado de la Presidente de ASCAP Marilyn Bergman y Arturo Sandoval. (ASCAP, *Playback*, septiembre de 1994)

Foto publicitaria para Tito Puente Jr. y el Latin Rhythm Crew, quienes grabaron un álbum de rap latino, bajo el sello EMI Latino en 1996. (Cortesía de Tito Puente Jr.)

Ray Santos

Hilton Ruiz

Poncho Sánchez (Cortesía de la Agencia Berkeley)

6

Estilo musical e innovaciones

Al reflexionar sobre la música de Tito Puente, uno debe dirigirse inevitablemente, hacia los temas de su habilidad de composición, su virtuosismo musical, sus dotes como director, sus dotes para el espectáculo y su innovación. En este capítulo he intentado elaborar todos estos hechos en un boceto breve de, y comentario sobre una selección diversa de su música grabada, que representa un lapso de 50 años de su carrera, desde sus primeros años hasta el presente.

Repertorio temprano

El aprendizaje de Puente con la orquesta de Machito durante los años 1940–42, tuvo un profundo impacto en sus primeros arreglos y su estilo de composición. Su enfoque orquestal floreció al máximo en los años después de su regreso de la guerra. Al principio, experimentando extensamente con las bandas de la marina y luego mientras estudió en Juilliard y aprendió el sistema Schielinger con Richard Bender, Puente se aventuró en el territorio musical que luego se convertiría en el estilo de su marca registrada. De todas maneras, sus primeras grabaciones proyectaron resueltamente el estilo cubano dominante, no sólo de Machito y Bauzá, sino las tradiciones tempranas del *son* cubano de Arsenio Rodríguez y Beny Moré, entre muchos otros estilistas cubanos esenciales.

Las composiciones "Picadillo", "Abaniquito", y "Esy" tipifican las piezas de Puente grabadas durante los años 1949–51. Como se contextualizó históricamente en el capítulo primero, "Picadillo", emergió como una pieza muy importante para Puente en gran número de formas. Compuesta por Puente cuando dirigía su primera orquesta, The Picadilly Boys, en 1948, la tonada a la que él se refirió originalmente como "un picadillo", o "mish-mash", fue grabado en 1949. El sabor "oriental" con el que Puente ha caracterizado alguna de sus composiciones, se pone inmediatamente en movimiento con un tema de apertura, compuesto por metales que sigue a un solo de patrón—*tumbao* en ocho compases para bajo y la mano izquierda en el piano.

El arreglo estrictamente instrumental (sin voces) procede desde el tema central para metales, hacia un embellecido solo sincopado para piano, lindando significativamente, dentro del simple pero conmovedor "orientalismo" del tema central, que es construido por la combinación de una estructura armónica de cuartas y algo como una melodía pentatónica. El arreglo es un ejemplo de economía musical, aunque proporciona al músico y al bailarín, la oportunidad de crear y embellecer en una gama extendida de posibilidades. El sincopado, la curiosidad armónica, la consistencia rítmica y la libertad convergieron en un escenario auditivo que en 1949 emergió en un nuevo sonido. Puente inauguró sus principios innovadores y su estilo con una pieza musical muy sencilla pero muy interesante. Una de las puntos esenciales de este estilo, es la uso de la orquesta como un todo, incluyendo la sección de metales, como un dispositivo de percusión—una característica que eventualmente, vendría a distinguir el sonido de Puente de los otros grandes artistas de la música latina.

Esencialmente soy un arreglista rítmico y sincopado. Estoy involucrado con formas rítmicas en arreglos de tipo percusión, donde yo interpongo muchos metales con la percusión latina, porque en nuestra música, los metales son instrumentos esenciales, debido al hecho que hace muchos años en Cuba algunos de los *conjuntos,* como en México, siempre usaban trompetas. Luego los saxofones se mezclaron en todo esto. Mi expansión hacia el arreglo comenzó cuando la mayoría de las bandas americanas tenían más extensiones dentro de sus arreglos, por la apretura tonal de los saxofones, lo que les dio un acorde mayor, real. Pero los arreglistas latinos no estudiaban lo suficiente para llegar a dominarlo. Siempre estábamos con nuestras tónicas y tríadas y sextas, tu sabes. De pronto, comprendimos. Entramos en los acordes de séptimas mayores; pero este tipo de armonías no concuerdan con la música latina típica. La única forma en que uno puede entrar en una extensión de esta clase de armonías, manteniéndola básicamente latina, es usando el cálculo correcto que va con la clave, lo que discutía en la clase de percusión. Ustedes deben tener el cálculo conveniente de metales y el sincopado exacto del piano—lo que nosotros llamamos *guajeo* en español. Es como una frase rítmica. Cada frase rítmica identifica un tipo de música diferente (Puente 1984).

Las siguientes observaciones del pianista y director de orquesta Charlie Palmieri, extiende el concepto de la percusión de Puente:

Conozco a Tito Puente desde que nos encontramos en el Salón de la Organización de los Viejos Músicos hace casi 30 años. Entonces él era el contratista de la Banda de samba para el (club nocturno) Copacabana de Fernando Alvarez y me dio el libro de partituras para piano de la banda. Trabajamos juntos como compañeros y a medida que tocaba con él, oí tocar tambor y timbal como nunca antes. Sus arreglos estaban adelantados a su tiempo. Estando aún con la banda Copa, Tito organizó su propio grupo, con el que yo toqué piano en el Palladium todos los domingos por la tarde. Fue Tito que me inspiró para que estudiara composición y arreglo. Mucha gente todavía no sabe que Tito es un pianista excelente y que fue el primero en introducir el vibráfono en la música latina (Cugat introdujo la marimba). A más de ser un compositor y arreglista sobresaliente, Tito es reconocido por su trabajo con los timbales. Antes de su popularidad como tamborilero, la mayoría de los músicos querían ser pianistas como Anselmo Sacassás, Gilberto Frank Ayala y Noro Morales. Fue Tito el que popularizó los timbales e inspiró a cientos detimbaleros a seguir sus pasos (Salazar 1977, 26–27).

"Abaniquito", el primer gran éxito de Puente, fue producto de la orquesta de Tito Puente, recién formada por su director en 1949. Grabado cerca del fin del año, el arreglo presentaba el nuevo cantante de la orquesta el *sonero* cubano, Vicentico Valdés. Muy parecida a "Picadillo", la composición comienza con un patrón de *tumbao* para bajo y piano, seguida de frases rítmicas repetitivas de metales, embellecido por acentos de bongo e improvisaciones o *repicando*, ejecutado por Manny Oquendo. La estructura vocal de la pieza es básica: versos improvisados, texto juguetón basados en el motivo retórico del abaniquito o pequeño abanico. La siguiente es la transcripción de los *soneos* improvisados o *inspiraciones* de Vicentico Valdés con el coro repetitivo, incorporando la palabra abaniquito.

Abaniquito

Ocho doy por un medio.

Coro: Abaniquito de a real

Abanico, abanico, abanico de a real.

Coro: Abaniquito de a real.

¡Oye, oye, oye ponme a gozar!

Coro: Abaniquito de a real.

Rumbero bueno

mira, vamos a rumbear.

Coro: Abaniquito de a real.

¡Ocho yo doy por un real!

Coro: Abaniquito de a real.

Mira, mira, no, no.

Cumbara, cumbara, cumbara

ponme a gozar.

Coro: Abaniquito de a real.

María linda vamo' a gozar.

Coro: Abaniquito de a real.

Abanico, abanico, abanico de a real.

Coro: Abaniquito de a real.

Oye, oye, oye vamo'

a rumbear.

Coro: Abaniquito de a real.

Mira, mira mamá, pa' gozar.

Coro: Abaniquito de a real.

¡Manteca!

Abanico, abanico, abanico, abanico,

abanico,

mira, pero no, no, no, no.

Cosa buena.

Coro: Abaniquito de a real.

Abanico, mira

¡pero pa' gozar!

Coro: Abaniquito de a real.

Oye, mira

pa' rumbear

Coro: Abaniquito de a real.

Abanico, abaniquito no, no (bis)

De gran interés en el arreglo de "Abaniquito" es una frase rítmica de mambo, siguiendo la sección vocal inicial ya citada, y basada en la frase rítmica melódica "Manteca" de Dizzy Gillespie y Chano Pozo. Es esencial notar que Puente, desde 1949, estaba popularizando en grabaciones y principalmente en el Palladium, los conceptos innovadores en colaboración con Machito, Bauzá, Gillespie–Pozo, fusionando la música bailable cubana con el bop. El mismo Puente reconoció siempre este matrimonio de estilos musicales y su importancia no sólo en su desarrollo artístico, sino también en la música latina en general, con referencia especial al mambo.

El mambo difiere, digamos que de la rumba, en que se concentra más en el fuera de compás o en el después del compás, como el jazz moderno—mientras que la rumba se concentra *en* el compás. Y el mambo es más sincopado en su forma melódica que la rumba. Creo que cualquier persona que le guste el jazz, le le gustará el mambo. El mambo es popular porque sus ritmos fuertes le dan un sabor rico para bailar. Lo que le está dando más éxito, es la combinación de los elementos de jazz con los elementos del mambo. Por ejemplo, el bop solo tiene sonidos armónicamente excéntricos y no es fácil de bailar. Es por eso, que las bandas bop están usando tambores conga, dándole un sabor de mambo a su trabajo. Lo mismo en mi banda, yo utilizo ciertos aspectos del jazz. En nuestros arreglos utilizamos algunos de los sonidos modernos a la manera de Dizzy Gillespie y Stan Kenton pero nunca perdemos la autenticidad del ritmo latino (Puente 1992).

"Esy", otro mambo de Puente, fue grabado por él y su orquesta en 1951 y fue dedicado a Esy Morales, un flautista puertorriqueño que murió en 1950. Era hermano del pianista Noro Morales y tocaba con él y Xavier Cugat. También dirigía su propia orquesta.

Así como "Picadillo" es instrumental, pero difiere notablemente de "Esy" en su estilo general, tonalidad, orquestación y ritmo melódico; con más influencia de jazz, la composición es señalada por varios temas rítmicos y melódicoso. Armónicamente está profundamente texturizada con una urdimbre de acordes séptimas en varias inversiones, desde la entrada inicial del piano, hasta la aparición de la trompeta y el saxofón, que siguen respectivamente en compases 13 y 25. También es para señalar la evocación divergente del jazz de estos dos temas separados de los cornos, que se sobreponen en el patrón de mambo consistente y que se mantiene a lo largo de toda la pieza, basado en la entrada inicial del piano, aunque orquestado en varias combinaciones con la sección de ritmo y la sección de metales. En "Esy", Puente así comienza a explotar aún más la integración de la latina con el jazz, haciéndolo en una versión orquestada, que comenzó a mostrar el desarrollo de su propio sello individual. El complejo armónico-melódico forjado por Puente en la tonada, evoca de nuevo la "percusión orquestal" aludida anteriormente. Seguramente, representaba un cruce nuevo e innovador, en la dirección que la música bailable latina, iba a tomar durante el comienzo de los años cincuenta, en la ciudad de Nueva York.

"Mambo diablo" constituye otra grabación clásica del repertorio temprano de Puente. Importante en esta grabación fue el uso del vibráfono por parte de Puente, que él había estudiado durante su estancia en Juilliard. Aunque algunos otros directores de banda latinos habían experimentado con el uso de la marimba, Puente fue el primero en adoptar el vibráfono como una opción corriente en su orquesta. Una vez más, las innovaciones de Puente dan testimonio del impacto del jazz, pues el instrumento había sido incorporado unos años antes a las ejecuciones de jazz, especialmente por Lionel Hampton y Milt Jackson. Eventualmente el vibráfono llegó a ser un instrumento típico del jazz latino, convirtiéndose en el instrumento característico de los conjuntos como el Cal Tjader, Joe Loco, Joe Cuba y Louie Ramírez, entre muchos otros.

Grabado en 1949–51, "Mambo diablo" está basado en un solo de Puente que anuncia el motivo principal al comienzo del arreglo. Haciendo un patrón con el tema básico sincopado. La sección de metales destaca la frase rítmica del mambo en muchos puntos, siempre reforzando y acentuando el vibráfono como instrumento característico y sus líneas como el *motivo* de la composición. Puente improvisa fluida y generosamente a través del arreglo, exhibiendo la gran integración entre el mambo y el bop, que él ya había desarrollado. Sus conceptos melódicos y rítmicos prestados directamente de las dos tradiciones; la mezcla de los dos estilos, estaba encaminándolos a formas totalmente nuevas y diferentes.

Mientras tanto, el público se adaptó al mambo instrumental, como el "Mambo diablo" sin ningún problema estético o ideológico. En retrospectiva, el contexto fue radical.

Al mismo tiempo que Puente producía estos experimentos innovadores, también continuaba ejecutando y grabando mambos típicos del momento. Entre las partituras de grabaciones que estaba sacando en esos días, su arreglo de "Dónde estabas tú" de E. Duarte Brito, muestra como mantenía los tradicionales y populares mambos estilo cubano. Las grabaciones de Tito Puente presentaban a Vicentico Valdés cantando y a Al Escobar al piano—este último tocando música bailable estilo típico cubano, aunque de forma progresiva. Una característica interesante del arreglo son las frases rítmicas del saxofón que caracterizaron el estilo del mambo de Pérez Prado, quien influenció no solo a Tito Puente, sino a muchos otros directores de orquesta de la época, desde Cuba hasta los Estados Unidos, incluyendo notables como Machito, Beny Moré, Miguelito Valdés y Tito Rodríguez. Además, el estilo de cantar de *sonero* Valdés era otro ingrediente esencial para mantener la estrictas inflexiones y estilizaciones cubanas tan importantes para la filosofía artística de Puente, especialmente cuando él estaba interpretando el repertorio de bailes más tradicionales y populares. Tampoco desestimó Puente el significado, ni el sentido de las canciones ni las *inspiraciones,* hacia el público que bailaba y escuchaba. Aunque muchos dentro de la audiencia del Palladium no comprendían los textos en español, la mayoría sí lo hacía y Puente luchó por proveérselos a su público.

Los años RCA

En 1955, Puente firmó un contrato de exclusividad con RCA Records que se extendía hasta 1960. Él y su orquesta habían pasado por transiciones notables y cambios de estilo y de mercado. A pesar de la lucha de Puente con la compañía, los años con la RCA de muchas formas fueron directrices, no sólo por sus innovaciones artísticas, sino también en su deseo de llegar a un público mayor. Ahora había firmado con una compañía disquera internacional que estaba tratando de llegar al mercado latino, tanto aquí como en el exterior, especialmente en Latinoamérica. Otros artistas que grababan con la RCA, especialmente en sus estudios de la Ciudad de México, eran Pérez Prado, Luis Alcaraz y Beny Moré. Ahora Puente estaba, en sentido de mercadeo, compitiendo en otro nivel—no un nivel más importante, sino diferente y de muchas formas más peligroso.

En 1956, Puente grabó el LP clásico *Cuban Carnival,* que se convirtió en su primer gran éxito con la RCA. Justo antes de esto, en 1955, Puente había grabado su *Puente in Percussion,* para Tico Records, un experimento con percusionistas como Mongo Santamaría, Willie Bobo, Patato Valdez, Cándido Camero y el bajo Bobby Rodríguez, todos aún miembros de su orquesta para *Cuban Carnival.* Como se mencionó en el capítulo uno, el siguiente LP, *Top Percussion,* fue grabado para la RCA en 1957. El concepto de Puente de la "percusión orquestada", estilo aún en desarrollo, se usó también en *Cuban Carnival* y el sonido único e innovador de la orquesta de Puente se convirtió en una materia, no sólo de vanguardia en la música latina, sino también de aprobación popular. Ya sea que fuera un mambo cantado en típica estructura—son o una salida radical en la partitura instrumental, los arreglos y composiciones de Puente eran bailables y los clientes seguían asistiendo a las presentaciones de Puente y seguían comprando sus discos

Unos de los cortes más innovadores y destacados en el álbum *Cuban Carnival* es la pista de apertura, "Elegua Chango". Titulada con los nombres de los dos *orishas* yoruba (deidades o santos patronos sobrenaturales) africano y afrocubanos; la pieza es una amalgama de tambores afrocubanos tradicionales y orquestación progresiva que incorpora múltiples efectos de fraseología y textura, a la vez que estructuras armónicas extendidas y experimentación melódica. Ahora Puente había sobrepasado por mucho las prácticas normativas y típicas de su tiempo. Un solo de trompeta caracterizaba con fuerza la primera parte del arreglo. Estratégicamente limitó el LP a una sola composición, ese estilo. El público aprobó su inclusión como parte de su repertorio que crecía y se expandía.

Dos piezas en *Cuban Carnival* que pronto se volvieron clásicos de la música bailable latina fueron: "Pa' los rumberos" y "Qué será mi china". "Pa' los rumberos", sería grabada por Carlos Santana 25 años más tarde, es un arreglo vigoroso y dinámico que también explotó la fuerza de percusión de la orquesta de Puente. Un tema coral básico—pero intensamente fuerte—enmarca la composición, que está construida sobre tonales amplios, los metales acentúan con sus altos registros penetrantes, frases rítmicas del mambo típicas para saxofón y extensos solos e improvisaciones de conga (Mongo Santamaría) y timbal (Puente). Varias pausas orquestales y de percusión, también iluminan el arreglo clásico.

También es de interés, la introducción original, comparada con la más contemporánea que ha sido asociada con "Pa' los rumberos" y que Puente usa como introductoria en muchas de sus presentaciones. Después que Santana grabara la canción en 1972 (en su LP *Santana III*), Puente decidió incorporar la introducción y la coda innovadora y con el sabor de rock de Santana.

En el álbum, en seguida de "Pa' los rumberos" está el clásico y muy querido cha-cha-cha "Qué será mi china" (titulado "Qué será" en el LP original de la RCA). A mediados de los años cincuenta el cha-cha-cha cubano (o cha-cha) se había puesto en boga entre los aficionados a la música latina en los Estados Unidos y en el exterior, aunque la forma fue estilizada originalmente por los conjuntos cubanos de *charanga,* incluyendo los de Enrique Jorrín y la Orquesta Aragón. Puente absorbió los patrones tradicionales de la flauta y las líneas cantadas al unísono del estilo en "Qué será mi china", entre muchos otros cha-cha-cha que estaba orquestando. De particular interés en su arreglo de "Qué será mi china" es la introducción rítmica rota, que se vuelve algo como el motivo orquestal de la pieza, seguido inmediatamente por el coro vocal principal y el tema.

Otra pista en *Cuban Carnival* que merece atención aquí es "Cuban Fantasy", que cierra el álbum como la última de once piezas. El arreglo de Puente de la composición de Ray Bryant, presenta su vibráfono como cabeza principal, puenteando las frases rítmicas. Un ambiente muy orientado hacia el jazz, es utilizado en el marco de un mambo, seguido por un solo de saxofón tenor con suaves blues, sabor "cool-jazz". El "orientalismo" de Puente, emerge nuevamente en la medida trigésimo segunda, una frase rítmica en armonías cuartas y melodía pentatónica. Con una duración de un minuto y 54 segundos, el arreglo es un buen ejemplo de una economía de sonido, romántica, ricamente montada y ejecutada.

Para apreciar la evolución del estilo musical de Tito Puente y el de la música latina en general, es esencial referirse a los pensamientos de Puente, especialmente en lo que concierne a los conceptos rítmicos y de percusión adaptados en los arreglos y patrones latinos y su transformación en patrones de jazz. Esto ha sido un tópico repetido en muchas de mis conversaciones con Puente. La siguiente es una transcripción de una conferencia que él dictó en UCLA en 1994.

Ahora, me imagino que todos ustedes son arreglistas o están estudiando composición y arreglos. Es muy importante en los arreglos de música latina, emparejar los patrones (match figurations). Es por eso que esos pequeños palitos (claves), aparecen algunas veces en la parte baja de la partitura. En ocasiones, yo escribo el compás de la clave—cada vez que escribo un patrón, de cualquier clase como procedimiento en el piano, es un *guajeo. Guajeo* es una versión que se puede tocar en el piano. Si uno va a estar escribiendo algo como *guaguancó,* usted hará así (*toca el modelo en el piano*). Ese es el tipo de patrón que se necesita para este tipo de música, música *guaguancó.* Y también para un mambo up-tempo, pero normalmente para un mambo up-tempo, tocamos así (*toca el modelo*)—ésos son cambios que se necesitan. No los oigo como cambios de "Tea for

Two". Esto es lo que tocan estos puertorriqueños, cambios de "Tea for Two". No son capaces de entrar en el jazz latino, porque para poder hacerlo, uno tiene que entrar en el aspecto armónico real de la música—muchos cambios. Hay una diferencia entre el jazz latino y la música latina. Vean, muchos músicos latinos piensan que pueden tocar jazz latino, pero no es tan fácil porque la música latina, una vez que uno se aparta del aspecto armónico de la música realmente típica, se pierde su autenticidad y sus raíces. Cuando uno toca latino, (demuestra el modelo para piano de los cambios de "Tea for Two")—eso hace. Si quiere repasar los cambios, solo cuente las dos vocales. Si mantiene ese patrón, eso es lo que le da el sabor latino a la música, lo que la hace diferente del jazz. Ahora que, cuando esté tocando jazz latino, está tocando más patrones. . . . Esa es la diferencia entre el jazz latino y la latina, esa es la pregunta que me hacen los músicos latinos cuando voy a Suramérica . . . algunos de ellos están verdaderamente metidos en el jazz, otros no. Pero uno debe tener realmente un concepto de jazz para tener capacidad de tocar el jazz latino.

Yo fui muy afortunado de haber nacido en Spanish Harlem, en Nueva York, y el ser criado con música latina y con música de jazz al mismo tiempo. Es por eso que puedo combinar ambas músicas, porque tengo las bases del ritmo latino y luego estudié en mis años de Juilliard. Estudié mis armonías y todo eso, para poder llegar a combinar todo, ello con la clave y es eso lo que hizo la música más interesante. Por esto el jazz latino se ha vuelto muy popular en todo el mundo, porque uno toma las mismas melodías de jazz que la gente conoce y luego le acomoda por debajo la influencia latina. Eso hace emocionante la música, como lo hizo Dizzy Gillespie hace 40 o 50 años, cuando tenía a Chano Pozo e hizo "Manteca" y "Tin Tin Deo" y "Night in Tunisia" y esa clase de tonadas realmente hip. También ellos tuvieron esa clase de influencia latina allá y (Chano Pozo) es uno de los maestros, uno de mis mentores entre Machito y Mario Bauzá. . . . Esta gente se involucró en juntar el jazz y la latina. Gente como Bauzá, fue la responsable que personas como nosotros, sacáramos esta clase de música y que la hiciéramos crecer y crecer y reconocer mundialmente. Y el secreto de ello es la percusión, naturalmente, porque la percusión latina por debajo de las melodías de jazz, produce más emoción (Puente 1994).

Fue especialmente a la mitad de los cincuenta, que Puente comenzó a aplicar tales técnicas de yuxtaposición de jazz y latino en sus arreglos y composiciones. Dos álbumes, en los que buscó específicamente combinar elementos de jazz con latina, fueron *Puente Goes*

Jazz y *Night Beat,* ambos mencionados en el capítulo uno. *Night Beat* presentaba algunas composiciones y arreglos de Puente, especialmente progresivos, notable el trabajo instrumental de "Mambo Jazz", conocido como "Mambo Beat", presentando solos de Joe Grimm en el saxofón barítono, Doc Severinsen en la trompeta y Puente en los timbales.

Significativamente representativo de esa época está otro LP, *Mucho Puente,* que incluye pistas grabadas desde 1955 hasta 1957. La grabación representó también otro cambio estilístico y conceptual para Puente, quien presentó una variedad de instrumentos y conjuntos con los que experimentaba en ese momento, siendo el vibráfono el más notable, Dek Teete (un conjunto de diez piezas), gran-banda y amplias adiciones de vientos-maderas y cuerdas acompañando. El álbum iba desde composiciones clásicas latinoamericanas, adaptadas al vibráfono por Puente y su conjunto, tales como "What a Difference a Day Makes" (de María Grever), "Noche de Ronda" (de Agustín Lara y María Teresa Lara), "Son de la Loma" (de Miguel Matamoros) y "Almendra" (de Abelardo Valdez), hasta tonadas que habían emergido aquí y en el exterior, incluyendo "Lullaby of the Leaves" (de Berenice Petkere y Joe Young), "Tea for Two" (de Vicente Youmans e Irving Caesar) y "Mack the Knife" (de Kurt Weill y Bertolt Brecht) de *The Threepenny Opera,* en la que Puente usa un compás interesante en un esquema de mambo.

Una innovación estilística, especialmente notable para la música latina en ese momento, fue la utilización de la guitarra eléctrica por parte de Puente, interpretada primero por Johnny Smith con George Barnes y Al Caiola. Puente hace amplio uso de su vibráfono en ambos solo e instrumentalmente, en todos menos en cuatro, de las quince pistas del álbum y los arreglos son todos suyos.

Uno de los arreglos de Puente, más complejo e innovador de *Mucho Puente,* es el de "Tea for Two", que se ha convertido en un gran éxito en la música popular del día. La adaptación de Puente de la canción, como quiera que es un cha-cha-cha súper bailable, en el que él maximizó la instrumentación de la gran-banda, para un efecto dinámico.

Dance Mania

Grabado en Nueva York, en noviembre y diciembre de 1957 y lanzada en 1958, *Dance Mania,* fue considerado por muchos críticos, como el punto decisivo en la carrera de Puente. Por el tiempo en que fue grabado el LP, Puente ya se había establecido como un arreglista osado y un compositor innovador en el mundo de la música. Con el lanzamiento de su disco, también estableció algo así como un precedente para la música latina, pues su enfoque ecléctico experimental, se hizo aún más popular con el público. El mosaico innovador de sonido del disco fue caracterizado por la diversidad de nuevos arreglos y nuevos músicos, lo mismo que la gran integración de la mezcla de ideas y estilos musicales. Una de las mayores diferencias en el sonido y la banda de Puente en esta época fue el *sonero* Santitos Colón, quien se unió a la orquesta en 1956, aunque *Dance Mania* fue la primera grabación con el conjunto. Diferente a la mayoría de los cantantes anteriores de Puente, Colón no era cubano y no se adhería a lo que algunos llamarían un estilo estricto o típico de canto cubano, ni en términos de inflexión tonal ni en la ejecución de la improvisación o *inspiraciones*. Su estilo nuevo y característico, estaba marcado especialmente por un registro vocal alto y menos estricto, algunas veces improvisación sin rima, en la que no implementaba la *copla*, forma poética más tradicional que los *soneros* cubanos habían tendido a retener en las dos corrientes, la innovadora y la tradicional. Para prestar especial atención en *Dance Mania,* estaba la exquisita ejecución de Colón del bolero "Estoy siempre junto a ti", compuesta por Pepe Delgado.

"El Cayuco", la pista inicial de los once arreglos del LP, fue un éxito inmediato con el público. Comenzando con una interacción sincopada de frases rítmicas e intervalos entre el saxofón y la sección de metales, la pieza está estructurada, sobre la base rítmica de un *son montuno* pero muestra una orientación hacia el cha-cha-cha en su arreglo y motivo vocal, textual y estilísticamente. Un *coro* sigue a la introducción instrumental, continuando con breves *soneos* de Colón.

Uno de los aspectos interesantes de "El Cayuco", lo mismo que de otros arreglos del LP, es la falta de solos instrumentales. Frases rítmicas de metales y de vientos-maderas interactúan y los intervalos iluminan la pieza, de una forma que se presta para una interpretación típica y a la vez moderna para la época. Puente continuó haciendo una práctica de satisfacer a su público ecléctico en evolución, pero aún tradicional que bailaba en el Palladium. Así, el álbum se extiende desde arreglos como "el cayuco", basado en un énfasis vocal y de conjunto, hasta piezas que exhiben arreglos completamente instrumentales y algunos que presentan largos solos improvisados, innovadores y virtuosos de cornos y percusión. La segunda pista del LP, "Complicación", (compuesta por Francisco Aguabella) aunque un baile típico y popular, el *guaguancó,* sigue una fórmula parecida a la de "El cayuco".

Sigue un arreglo muy interesante para la época, el "3-D Mambo", un "mambo jazz instrumental" compuesto y arreglado por Ray Santos, quien se desempeñó como saxofón alto, en diferentes épocas en la orquesta de Puente, aunque no tocó en *Dance Mania.* Literalmente, un híbrido de mambo apuntalado y apoyando un swing, sobrepuesto al acoplamiento de la orquestación, la composición se estructura en su mayor parte, en un tema principal construido sobre una frase rítmica de mambo, que se introduce en los metales y se recicla con diversidad en la sección de saxofones. Una pieza corta, de dos minutos y 23 segundos, sirvió como una transición suave en el baile, por lo que el público fue atraído. La pieza simbolizaba la interacción de los bailarines aficionados latinos o de swing y se prestaba para la relación creciente de estos dos públicos que se encontraban en las pistas de baile de clubes, como el Palladium, lo mismo que en las tiendas de discos y en los clubes de jazz.

También incluida en el álbum estaba otra de las grandes composiciones de Puente, "Hong Kong Mambo". Durante estos años, el uso del sonido "oriental" por parte de Puente se había convertido en parte de su estilo personal y él continuaba explotando el concepto de forma creativa. Basado en una frase rítmica del mambo con una inflexión y fuerte sentimiento de jazz, la pieza comienza con Puente planteando el tema único en la marimba (usándola por vez primera en lugar del vibráfono) y nuevamente evocando el emergente sonido de jazz latino de la época, personificados a través de otros intérpretes del vibráfono como Cal Tjader.

Pero Puente fue capaz de explotar también las mayores dimensiones de su gran orquesta, que difería de los pequeños grupos de Tjader y otros artistas que experimentaban con la fórmula del jazz latino. Nuevamente Puente desafiaba las ventajas promocionales de los salones de baile y los círculos de jazz latino, donde los arreglos como "Hong Kong Mambo" llegaban a ser clásicos en ambos contextos. Y a través de todo esto, la gente seguía bailando.

Hay otro arreglo del álbum que llegaría a ser un clásico duradero en el repertorio del baile latino, el "Mambo gozón". Una composición de Puente con mucha energía; la pieza comienza con una de sus introducciones estilísticas de intervalo orquestal, seguida por un solo de piano *guajeo.* En el séptimo compás los saxofones en quintas tonales entran en forma de *guajeo*, contrapunteado ocho compases después por la sección de metales, de trompetas y de trombones.

El *coro* principal, entra inmediatamente después de esta introducción instrumental. Sobre los *coros* de apertura de "A gozar este rico mambo, a gozar", Santitos Colón comienza inmediatamente sus *inspiraciones*.

La sección del coro es seguida por un intervalo orquestado (o puente) y luego se repite. Una versión más corta "a gozar" es repetida tres veces, acentuada por intervalos de transición que puentean y seguidos cada vez, por una construcción orquestada formada por patrones en dobles octavas, culminando cada vez con un solo de percusión. La última aparición de esta sección termina el arreglo.

Como en muchos de los mambos de Puente, "Mambo gozón", es representativo de la progresión típica del mambo a mediados de los cincuenta, entre las bandas de música bailable latina, especialmente aquellas de la ciudad de Nueva York. Con respecto a algunas de las prácticas del género, por mucho los mambos de Puente empujaban con sus armonías, su instrumentación y cambios constantes en el empleo de su "percusión orquestal" y el carácter estilístico resultante.

El mambo originalmente, había sido una sección de frase rítmica de la estructura del *son* cubano más formal y fue utilizada previamente por Cachao y Orestes López en Cuba. Muchas guarachas tradicionales, por ejemplo continuaron construyéndose con una sección de verso completa, una sección de *coro e inspiraciones* y una sección separada de "mambo", que también se volvió parte del *danzón* cubano clásico. En las bandas, de los que practicaban mambo moderno en los cincuenta, como Puente, Machito, Rodríguez y Pérez Prado, el mambo se había vuelto una fórmula básica, estructurada principalmente en frases rítmicas instrumentales y embellecida con varias secciones de *coro*. Notables cambios en tiempo o en patrones rítmicos específicos, no eran la regla en el mambo, durante el período inmediatamente anterior y posterior al *Dance Mania* de Puente, que de muchas formas personificó y culminó el estilo del mambo, de finales de los años cuarenta hasta los cincuenta.

Entrando en los años sesenta

En 1960, en su discurso de posesión presidencial, John F. Kennedy proclamó la "Nueva frontera", como una metáfora para el futuro de la nación y del mundo. La década siguiente viviría cambios sociales radicales y en la evolución cultural. Tito Puente no fue la excepción a la difusión de la transformación filosófica, tecnológica y social, que llegó a convertirse en el símbolo de los años sesenta.

En 1960, por ejemplo, Puente se sumergió en un proyecto de compleja innovación musical. En sus propias palabras, por años había sido su "meta que el jazz y la música latina fueran combinados como una fuerza poderosa en la música, donde los oyentes y los bailarines, disfrutaran de este maravilloso ritmo, juntos" (Morrow y Puente 1993). Puente procedió a hacer equipo con Buddy Morrow, un director de banda que tocaba el trombón, en un proyecto que culminó en *Revolving Bandstand,* una serie de sesiones de grabación donde Puente y Morrow—tocando simultáneamente—ejecutaron arreglos pasando o "girando como un carrusel" de una orquesta a otra. Morrow hizo los siguientes comentarios, sobre la naturaleza del reto del proyecto:

> Cuando nosotros hablábamos sobre la posibilidad de hacer este álbum, la primera cosa que se me ocurrió, fue—¿funcionará? Solo imaginé *dos orquestas completas,* en otras palabras, dos secciones rítmicas completamente diferentes y secciones de metales, para mencionarlos saxofones, distintos directores y arreglistas diferentes. La grabación era un trabajo enorme, aunque sólo fuera por la sincronización (time-lag)—la diferencia de medio segundo, entre la ejecución de una nota por un músico, al oído de otro que esté a 20 o 30 pies de distancia; sin embargo deben ejecutar como uno solo o si no, el efecto total y la emoción se perderían. Ciertamente es un reto en todos sus aspectos (Morrow y Puente 1993).

Dobles arreglos de un surtido de clásicos, fueron escritos independientemente por Puente y George Williams. Ninguno de los arreglos incorporaba canto, literalmente volaban de una banda a otra, cambiando el estilo rítmico y armónico, de swing de jazz a ritmos latinos, incluyendo el mambo, el cha-cha-cha y el bolero. Las transiciones entre estas secciones, usualmente ocurriría en puntos estratégicos—por ejemplo, el cambio de tema principal a puente. Una lógica y una estructura bien desarrolladas, emergieron a un efecto fuerte moldeado de forma única, sincrónico y contrastante.

Un ejemplo de arreglos contrastantes, es el tratamiento de Puente al clásico "Autumn Leaves". Introduce la tonada en el vibráfono con un ritmo de bolero, ejecutado con un suave paso de balada; Puente escribe un interesante acompañamiento orquestal, usando metales y vientos-madera. La sección de puente del tema central, cambia a un ritmo de cha-cha-cha con una frase rítmica metálica sincopada, acentuada en aumento, retornando al ritmo de bolero en la frase melódica final. El arreglo pasa entonces a la orquesta de Morrow, transformándose rítmicamente en un compás de swing, con las secciones de trombón y saxofón escritas como un collage interesante del tema inicial, que es luego tocado por toda la orquesta, incorporando especialmente la sección de trompetas a la melodía, con el trombón tocando a contra tema. Retornando a la sección armónica principal, Puente comienza en un solo improvisado de vibráfono, seguido por Morrow en el trombón tocando la melodía Puente. Un corto solo de bongo de José Mangual Sr. en las medidas finales del Puente, lleva de nuevo a la orquesta de Puente, al ritmo de bolero y a una interacción del tema central, tocado primero por Puente en el vibráfono con el trombón de Morrow contrapunteando y luego por Morrow con embellecimientos de Puente. Una coda (cola) innovadora de acordes descendentes tocados por el vibráfono de Puente, termina el arreglo con una cadencia por Puente y el sello final de tres acordes con toda la orquesta.

Una pista contrastante en el LP *Revolving Bandstand* es el arreglo de George Williams de "Harlem Nocturne", un éxito instrumental muy popular de la época, compuesto por Earle Hagen y grabado por numerosos artistas. Comienza con un tiempo *swing* a medio-paso, el arreglo está iniciado por el piano y la improvisación de la guitarra eléctrica.

Un oscuro juego con humor de jazz, la orquesta completa de Morrow, comienza con el tema principal en orquestación armonizada, con algún contrafraseo entre el saxofón y la guitarra; la guitarra figura a través de toda la progresión armónica de la melodía, explotando la apertura de la figura de improvisación en el piano. El tema central entonces pasa a la orquesta de Puente en un ritmo de cha-cha-cha, comenzando con los saxofones tenores al unísono, en la primera sección de la cabeza, seguido por la sección de saxofones completamente armonizados. Aunque sin doble tiempo, el sentimiento del cha-cha-cha, le da al arreglo un doble sentido en este punto por el abrupto cambio rítmico, aunque la pieza continúa fluyendo lentamente. Las trompetas con sordina proveen un staccato interesante, pero melodioso, telón de fondo de contrapartes, acentuando el compás sincopado del cha-cha-cha de la sección del ritmo latino.

En el puente, el arreglo retoma a la orquesta de Morrow en un *swing,* con las secciones completas de metales y vientos-madera armonizando la melodía. La figura descendente que cierra la sección del puente, está escrita para el trombón de Morrow. La melodía puente se repite ahora en su totalidad, mientras se devuelve a la orquesta de Puente, nuevamente el cha-cha-cha con sordina, las trompetas en staccato, entregando la melodía en un sincopado latino. La flauta y los saxofones, terminan la sección en un patrón descendente que devuelve la pieza nuevamente a la orquesta de Morrow y el tema melódico principal, esta vez está planteado por la guitarra (Al Casamenti) en forma de *swing.* La sección de trompetas con sordina y de los trombones, generan unas figuras de soporte interesantes y el saxofón barítono le hace eco a la improvisación inicial de piano, cerrando la sección. El tema central está repetido por el conjunto de Puente, nuevamente cha-cha-cha, con la guitarra tocando ahora la melodía una octava más alta. La segunda frase del tema, es recogida por la banda de Morrow en un swing, deslizándose graciosamente hacia una sección de coda (cola) marcada inicialmente por la improvisación del piano y la guitarra, con flauta y saxofones pausando el motivo melódico principal de la tonada.

El LP *Revolving Bandstand* expuso la experimentación que Puente había exhibido desde sus primeras bandas, pero sus ideas se estaban expandiendo aún más en los años sesenta y su estatura internacional crecía y el respeto artístico del que él disfrutaba dentro de la industria de la música, hacían más fáciles la grabaciones. Aunque *Revolving Bandstand* no usó el marco bailable más tradicional, que Puente acostumbraba aportar consistentemente para su audiencia, hasta el momento tanto el público como los músicos reaccionaron positivamente. El jazz latino fue revitalizado por la grabación, aunque no fue lanzada hasta 1963; sin embargo, la nueva experimentación de Puente con las mezclas de jazz comenzaron a afectar directamente a los músicos más jóvenes, muchos de los cuales, encabezarían en nuevo movimiento de la salsa a finales de los años sesenta y comienzos de los setenta. Uno de ellos era Ray Barretto, quien tocaba las congas en la orquesta de Puente en 1960 y que grabó en las sesiones de *Revolving Bandstand.*

Puente continuó con su prolífico rendimiento de grabaciones a lo largo de la década de los sesenta. Sus conceptos progresistas— aunque todavía tradicionales—estuvieron marcados especialmente durante este período por muchos cantantes dinámicos, que no sólo le dieron sabor a sus arreglos, sino que influenciaron su composición y sus técnicas de arreglo y desarrollo de su estilo. En 1961, utilizó a muy respetado vocalista cubano Rolando La Serie, en su LP *Pachanga in New York*. En 1962 Puente grabó el LP *Y parece bobo* (bajo el sello Alegre de Al Santiago) presentando a Chirivico Dávila, un *sonero* puerto-rriqueño que cantaba en la típica tradición cubana, agregando su toque y espíritu a veces humorístico y personal. Las *inspiraciones* de Dávila, hacían eco en el arte antiguo de los *soneros* cubanos, Beny Moré y Vicentico Valdés. Fue también durante este período que Puente grabó *The Exciting Tito Puente in Hollywood* (más tarde con el nuevo título de *Tito Puente Now*). La grabación presentaba al flautista cubano Rolando Lozano, que había llegado a Los Angeles a mediados de los cincuenta.

En 1965, Puente grabó *Tito Puente Swings La Lupe*. Presen-tando a la talentosa *sonera* cubana La Lupe, el LP tipificó las muchas grabaciones que seguirían, donde Puente colaboró con vocalistas fe-meninas, notable La Lupe (Lupe Yoli) y Celia Cruz. Un esfuerzo tal, *El Rey y Yo/The King and I* (1967), es un ejemplo vívido del movimiento de Puente tradicional y progresista de ese tiempo. Piezas en la grabación, todos arreglos vocales, desde los típicos cubanos como la *guaracha, guajira, son montuno y cha-cha-cha* a un *bolero* mexicano, una *plena* puertorriqueña y la balada de los Beatles "Yesterday". De especial interés para sus arreglos y por su calidad vocal está el bolero "Ruega por nosotros" presentando el canto apasionado de La Lupe y a Puente en el vibráfono. Compuesta por Alberto Cervantes y Rubén Fuentes, la pieza fue escrita originalmente para mariachi. Fuentes es conside-rado por muchos, como el que más influencia ha tenido sobre el estilo del mariachi mexicano, como estilista, compositor y arreglista en los últimos cincuenta años; él dirigió el LP de Linda Ronstadt *Canciones de mi padre*, que fue un gran éxito durante la década de los ochenta. Tam-bién es de interés que Puente grabara la excitante y dinámica "La salve plena", una *plena* tradicional basada en el folclore puertorriqueño del género bailable y rara vez grabada, por las orquestas de música latina de la era del Palladium en Nueva York. También han incluido en el LP tres piezas compuestas por La Lupe, "Cumba cumba", "Oriente" y "Mi gente". "Oriente" fue la que recibió más radiodifusión y fue un gran éxito dentro de la industria de la música latina. El clímax del LP lo proporciona la ejecución de La Lupe del tema religioso "Rezo yemaya", incorporando el dialecto lucumí derivado del yoruba, los tambores *batá* y otro arreglo orquestal innovador de Tito Puente.

Antes de *El Rey y Yo* en 1966, Puente grabó el primero de sus álbumes con otra cantante, Celia Cruz. Originaria de La Habana, Cruz formó una asociación histórica con Puente, que duró hasta finales de los años noventa. Ella ha ejecutado y grabado extensamente como solista y es aclamada como la cantante de más influencia en la música latina contemporánea.

El LP con Celia Cruz fue titulado *Cuba y Puerto Rico son . . .* y representa otra innovadora mezcla de pistas, cada una basada en ritmos propios de Cuba, Puerto Rico, República Dominicana y Colombia. Y con la música, así como Puente dirigió con La Lupe, él escribió arreglos específicamente diseñados para Celia Cruz y se inclinó a usar composiciones de otros. El LP incluía las siguientes piezas y sus estructuras rítmico/bailables apropiadas:

1. La guarachera: *guaracha* cubana

2. Mi desesperación: rock

3. La plena bomba me llama: *plena y bomba* puertorriqueña

4. Desencanto: *bolero-choí* cubano (combinación de bolero y cha-cha-cha)

5. Cumbiando: *cumbia* colombiana

6. Tinicué: afrocubano (basado en cantos y ritmos religiosos afrocubanos)

7. No hay amigos: *guaguancó* cubano

8. Me acuerdo de ti: *bolero* cubano

9. No juegue con el diablo: *ritmo vereguá*

10. *Herencia gitana:* bolero zambra

11. *La rueda: rumba* cubana

12. Salve pa' ti: *merengue* dominicano

De los diversos arreglos dinámicos en el LP, uno que llama la atención como "marca de fábrica", es la interpretación de "la guarachera" de Celia Cruz, una composición poderosa, basada en la forma musical tradicional *guaracha* cubana, compuesta en estilo contemporáneo por el *sonero* Chirivico Dávila. Los versos iniciales de la pieza de apertura comienzan como sigue:

La guarachera

Abran paso que aquí traigo yo

en mi voz un sonido cordial

Guarachera me llama la gente

Yo con Tito Puente voy a guarachar.

Vengan todos a oírme cantar

con mi coro que viene allá atrás

Yo si soy guarachera consciente

y este rico ambiente

me pone a inspirar

Coro: Guarachera, bonco

Inspiración: Bonco, bonco, bonco

rumba buena

Coro: Guarachera, bonco

Inspiración: ¡Me llaman la guarachera!

Coro: Guarachera, bonco

Inspiración: Boncooo, boncooo

Boncooo, boncooo

Coro: Guarachera, bonco

Inspiración: Bonco, bonco, bonco

que la rumba

¡Vaya a guarachar!

Coro: Guarachera, bonco

Oye, Tito Puente

guarachea conmigo

¿A ver si es verdad, chico?

Coro: Guarachea, bonco.

La forma típica de la *guaracha* cubana incluye un verso principal, muchas veces cantado en coplas satíricas o con humor (coplas poéticas rimadas en estrofas de cuatro versos) y frecuentemente emplea un esquema armónico, multiacorde a lo largo de la melodía del verso. En su arreglo de "La guarachera", Puente inserta una sección de "mambo" con frases rítmicas de metales que le hacen puente a una sección de *coro*, incluyendo improvisaciones por Cruz y un solo timbal extendido, que comienza con una interacción creativa, ingeniosa vocal-timbal, entre Cruz y Puente. El sentimiento *típico* cubano es de gran intensidad y autenticidad progresiva, en el arreglo de Puente y la canción de Cruz.

Entre los cantantes en el campo de la música latina, hombres o mujeres, Celia Cruz ha surgido como el exponente directivo de esta forma artística, como Puente en la suya—por ello la muy popular y aceptada analogía de Tito como "El Rey" (desde la perspectiva instrumental-orquestal) y Celia como "La Reina" (desde la perspectiva vocal). Aunque fue precedida por otras, Celia Cruz se convirtió en la figura a más asociada con y responsable por el cambio del rol de la mujer en el arte. En esto hay que darle crédito a Puente, por incorporar a muchas otras mujeres vocalistas, en sus presentaciones y en sus grabaciones, incluyendo a La Lupe, Abbe Lane, La Lloroncita, Sophy Hernández, Noraida, Millie P., Yolanda Duke y La India.

Con el advenimiento de los años setenta, la música de Puente continuó cambiando, adaptándose a nuevos conceptos, manteniendo los ingredientes esenciales y la integridad de la música latina. Un LP que muestra con fuerza estas cualidades de tiempo y cultura, es lanzado en 1973, *Tito Puente and His Concert Orchestra*. La versatilidad, diversidad, colores contrastantes, vitalidad rítmica y precisión expresiva, marcan auditivamente este importante álbum y juego de composiciones.

En el LP Puente ejecuta los timbales, *kintos* (pequeños timbales), el vibráfono, la marimba melódica, el piano eléctrico, tímpanos, pandereta, percusión variada y "tambores rock". Como invitado especial en este álbum, está el pianista Charlie Palmieri (piano, órgano y melódica) quien toca en todas las pistas. El ascenso de la influencia del jazz, extendido a otros estilos musicales, desde finales de los años sesenta, hasta mediados de los setenta, se refleja en muchos de los arreglos de la grabación, no obstante, la integridad de los ritmos *típicos* cubanos tradicionales y la articulación de los arreglos compendian el álbum.

De tal corte, "El rey del timbal" (lanzado originalmente en 1952), se convirtió en el mayor éxito asociado con el LP. Compuesto y arreglado por Puente, "El Rey" cumple con su nombre, demostrando un virtuosismo musical en los timbales, alrededor de los cuales se crea el arreglo. Después de una introducción de una percusión de dieciséis compases, entra la orquesta completa en el tema principal, seguida inmediatamente por el tema de ocho compases y un intervalo rápido de timbal, es el *coro* y el verso principal, cantado más adelante por Frankie Figueroa:

El rey del timbal	Repicando por aquí
El rey del timbal soy yo	y tumbando por acá
La ley, soy yo. (bis)	El rey, soy yo

El rey del timbal soy yo

La ley, soy yo

Coro: Soy el rey del timbal

Inspiración: Repicando por aquí

y tumbando por acá, mamá

Coro: Soy el rey del timbal

Inspiración: Tito, el rey del timbal

Que te voy a cantar Mangual*

Coro: Soy el rey del timbal

Inspiración: El rey, el rey de los cueros

El rey del timbal

Coro: Soy el rey del timbal

¡Arranca Tito!

Haciéndole clímax a la segunda parte del arreglo, hay un solo de timbal de Puente, que para muchos, fue una marca de audiencia, por la maestría del instrumento y el sello de la composición. El ejemplo 16, es una transcripción del solo, que Puente grabó en dos pistas separadas que doblaron unidas.

También readaptado en el LP, de su repertorio anterior, está el "Mambo diablo" en un arreglo totalmente renovado. Incorporando muchas de las prácticas de jazz progresivo contemporáneo, Puente utiliza estructuras de acordes extendidos a través del arreglo, especialmente al adicionar, una introducción extensa, donde él emplea una variedad de texturas orquestales y una gama amplia de contratemas sincopados. Como en su versión original del "Mambo diablo", Puente manifiesta el comienzo de una tonada instrumental en el vibráfono. Iluminados en la nueva grabación, aparecen solos improvisados, muy influenciados por el jazz de Puente en el vibráfono y de Don Palmer en el saxofón soprano.

Otra pista notable en *Tito Puente and His Concert Orchestra* en el *son montuno* "¡Ah! ¡Ah!" ricamente texturizado y arreglado, con una sección de *coro* ejecutada con frescura por Frankie Figueroa, Vitín Avilés, Adalberto Santiago y Yayo El Indio. El arreglo de Puente para la pista, título de la película *The Last Tango in Paris,* también incluía el uso de la guitarra eléctrica (con wah-wah, reverbereo y efectos de distorsión), melódica y otra instrumentación juntada a su orquesta de cinco trompetas, cinco saxofones, dos trombones, bongoes, congas, tambores, bajos y teclados. Puente también incorporó la instrumentación adicional, a su arreglo de *La danza del fuego ritual,* del compositor español Manuel de Falla, incluyendo órgano, piano eléctrico,

---

* Esto se refiere al percusionista José Mangual.

melódica, saxofón bajo, tímpanos, flauta y el flautín (piccolo) entre otros instrumentos. Presentados en este arreglo extenso, innovador y experimental, hay solos de piano (Palmieri), saxofón alto y trompeta. (De algún interés a lo largo de la grabación, es la ejecución en el saxofón barítono de René McLean, hijo del notable ejecutor de saxofón alto y compositor de jazz Jackie McLean.) También se distinguen en esta compleja secuencia de colores orquestales y contrapuntos, los solos experimentales y dinámicos de Puente en el piano eléctrico y Palmieri en el órgano.

El año en que fue lanzado este LP, 1973, representó mucho en las áreas de experimentación artística y cambio cultural; y nuevamente Puente se adaptó al contexto de la época. La foto sepia de Puente en la portada del álbum, muestra un *timbalero* envejeciendo con gracia, con un estilo de peinado "afro", con un traje a rayas de tres piezas, cruzado y de solapas anchas. Lo juvenil de Puente no era sólo su apariencia; según muchos, estaba tocando con más intensidad y a un nivel mayor de virtuosismo que nunca antes. Carlos Santana, un icono del movimiento rock de San Francisco, ya había grabado dos antiguas composiciones de Puente, "Oye como va" y "Pa' los rumberos", ambos éxitos reconocidos internacionalmente. Puente no sólo estaba a la vista del público de dos generaciones de música; se había convertido en una leyenda.

A mediados de los setenta, otro hecho que afectó profundamente el papel de Puente como maestro músico, fue aquel de una creciente identidad panlatina, que se extendía por los Estados Unidos. Jóvenes puertorriqueños, chicanos, cubanos, dominicanos, centro americanos y otros latinoamericanos que vivían en el país empezaron a unirse en un movimiento político, social y cultural que constantemente buscaba símbolos, dirigentes y expresiones comunes en el arte. El movimiento de la salsa estaba en pleno y músicos más jóvenes y artistas, buscaron en Tito Puente inspiración y liderazgo, como hizo Carlos Santana. Sus conceptos musicales eran ahora modelos para jóvenes directores de banda, compositores y arreglistas que vivían en Nueva York, tales como Willie Colón, Larry Harlow, Sonny Bravo, Johnny Rodríguez, Dave Valentín, Jerry González y Hilton Ruiz, entre otros. Además de la banda de Santana, otros grupos de la Costa Oeste que implementaban su estilo musical, eran: Malo (dirigida por Jorge Santana, quien más tarde se presentó en una grabación de Todas las Estrellas de Fania), Azteca (que incluía a Pete y Coke Escobedo), El Chicano, Tierra y Cold Blood. En el exterior las bandas de salsa y los artistas emulaban el legado de Puente, incluyendo a Oscar D'León en Venezuela, Lobo y Melón en México y un panameño llamado Rubén Blades.

Para Puente, ocurrió algo más que representó un cambio a nivel musical. Con su LP de 1973, Puente había llamado a su conjunto una orquesta de "concierto". Aunque la mayoría de sus arreglos eran bailables, una gran parte del álbum, fue conceptualizada para el salón de conciertos, demostradas por el filo de las ejecuciones de Puente, de su propio "Mambo diablo" y "La danza del fuego ritual" de Falla. Las metas musicales de Puente, se habían expandido en términos de lo que ahora quería hacer con su música y a dónde y cómo iba para lograrlo. Y como siempre en el curso de la historia, el movimiento masivo de la música, no se podía separar del complejo ideológico-industrial.

La leyenda continúa

El lanzamiento del LP *The Legend* de Puente en 1977, ejemplificó el puesto musical y social que la industria de la música latina, le otorgaba a Tito Puente una coronación de su influencia prolífica de una forma artística que era ahora popular, no sólo en el movimiento panlatino, sino también—como siempre—dentro de los sectores internacionales que favorecían las categorías de estilos musicales, edad, etnia y clase, entre otras clasificaciones culturales. El álbum fue nominado para un premio Grammy.

Significativamente, la canción del título del LP fue compuesta por el joven Rubén Blades, que para esta época había venido a Nueva York desde Panamá y estaba haciendo muchos trabajos para el sello Fania. Blades había estudiado leyes en Panamá y había desarrollado una mezcla excitante y única de estilo musical e ideología política a través de sus composiciones y de su excepcional talento como *sonero*. En 1980, Blades y Willie Colón colaboraron como codirectores en el LP *Siembra*, que se convirtió en el LP más vendido en la historia de la salsa hasta el momento.

Al escribir "La leyenda", Blades componía un homenaje a la inevitable caracterización de Puente como una leyenda. La letra de Blade, también representaba los abrumadores sentimientos de la nueva generación *de salseros* que emulaban a Puente, el director de banda que al final del arreglo, es descrito como "El Rey del Timbal" por el *coro*. El arreglo musical de Louie Ramírez refleja fuertemente los estilos emergentes de salsa de la época, pues incluye suaves texturas orquestales intercaladas; una amplia gama dinámica; y notablemente, un esquema armónico progresivo que incorpora una estructura cordal extendida y tonales armónicos cercanos. Estas cualidades armónicas son evidentes en los *guajeos* de piano, "recopilando" y embellecimientos. Un contraste significativo, con la nueva salsa contemporánea de los jóvenes directores de banda de esa época, era el tamaño de la orquesta. Puente todavía mantenía completas las secciones de metales y vientos-madera (lo que más tarde fue explotado progresivamente en el arreglo de Ramírez, por medio de grandes variaciones dinámicas, melódicas y de percusión), sumadas a una sección completa de ritmo con piano, bajo, congas, bongos y timbales. También se incluía el trabajo de Puente en el vibráfono, piano eléctrico, sintetizador y timbalitos, los timbales más pequeños y de timbre alto, en los que Puente ejecutaba un solo extenso al final del arreglo. Las canciones principales del álbum, son ejecutadas por Santos Colón, quien para este momento, llevaba 20 años trabajando con Puente. En el *coro* cantaban Adalberto Santiago, Tito Allen y Tito Puente.

Todos, menos dos de los arreglos en *The Legend* fueron hechos por Puente y todos incluyen letra, menos una composición de Puente que los críticos han calificado como la más notable, innovadora y controversial en el sentido musical del LP. Como puntualizó Max Salazar en el capítulo tres, a algunos les gustó y a otros no porque el trabajo innovador estaba incluido en un álbum que, aunque arreglado de una forma moderna, aún era música de baile cubana tradicional. Puente tituló el instrumental, "Fiesta a la King"; en este experimentó con ideas nuevas, que incluían el uso de un tema melódico principal, creativo, multiseccionado, construido sobre tonales estilo jazz y frases melódicas. Rítmicamente, la pieza se adhiere a las estructuras cubanas tradicionales, especialmente aquella de la clave invertida del *son montuno.* John Coltrane, había dejado su marca indeleble en el jazz, la música latina y la música popular y su influencia se nota en el solo tenor, que encuadra la primera sección de *montuno* del arreglo, una práctica estilísticamente dominante, que había conseguido su clímax a mediados de los setenta. En seguida del solo tenor, Puente improvisa un solo en el vibráfono, ondulando con fluidez y tejiendo con gracia un sonido madre en el que elementos de percusión, melódicos y armónicos interactúan coloridamente.

El LP también recuerda el lado valioso del romanticismo,

como se expresa en el bolero, "Qué falta tu me haces", de Bobby Capó, interpretado por Santos Colón en su rico e inconfundible estilo vocal. Otra pieza innovadora e imaginativa del LP, es "Bombata" de Puente, una yuxtaposición de los idiomas musicales puertorriqueño y cubano, haciendo uso de los tambores religiosos afrocubanos *batá,* adaptándolos al ritmo afropuertorriqueño *bomba* y con forma de canción. En los setenta, un gran contingente de latinos y gente de otras procedencias en los Estados Unidos tomaron gran interés por los orígenes religiosos y folclóricos de la música afrocubana y su relación con el desarrollo de la salsa. De nuevo, como durante toda su carrera, Puente continuó conceptualizando y personificando la unión de lo musical con lo social.

El otorgamiento del primer premio Grammy a Puente en 1978 sostiene esta ecuación social y musical. Con el movimiento salsa en pleno apogeo, los iconos de la música latina comenzaron a ser finalmente reconocidos en la "corriente principal" de la industria musical de los Estados Unidos. Pero el Grammy de Puente por su *Homenaje a Beny* significó mucho más que solo un logro industrial o ideológico para el mercado y cultura latinos. Con este LP, Puente estaba pagando tributo a Beny Moré, un artista seminal cubano cuya música había llevado a la evolución de una salsa tan pura como aquella de Machito y Puente. En efecto, Puente arriesgó alienando segmentos de la industria por una parte, porque un álbum de "tributo" podría parecer nacionalista y por otra parte, porque el público no latinoamericano no sabían nada sobre Moré.

Pero el "renacimiento latino" y "la explosión de salsa" a finales de los años setenta resultaron ser apoyos y no disuasores para Puente y su energía constantemente innovadora. El LP de Moré resultó muy popular en varios sectores del mercado. Los veteranos del viejo Palladium gravitaban hacia la nostalgia del repertorio de Moré en el LP y el consistente carácter bailable de todos los arreglos. La audiencia más joven de esa época había reafirmado el baile latino, que también se estaba aprovisionando con el música de moda de los setenta, disco, que ha tomado prestado mucho de los estilos de bailes latinos, como el mambo y el cha-cha-cha.

El álbum *Homenaje a Beny,* producido por Louie Ramírez, incluye diez pistas, la mayoría de ellas son tonadas compuestas originalmente o grabadas por Moré y rearregladas en un formato más contemporáneo. Las composiciones originales de Moré incluyen:

"Que bueno baila usted" (son montuno), "Bonito y sabroso" (mambo), "Dolor y perdón" (bolero), "Se me cayó el tabaco" (son montuno) y "Santa Isabel de las lajas" (son montuno). Los *coros* del álbum son cantados por Tito Allen, Rubén Blades, Adalberto Santiago y Puente. El poderoso y sobresaliente arreglo de Puente para "Que bueno baila usted", una de las canciones más populares de Moré, emerge como uno de los éxitos del LP y el de mayor radiodifusión (ilustrando la importancia de esta composición, hay un documental cubano que narraba la vida y la obra del compositor, titulado con el mismo nombre). Al comparar los arreglos de Puente de 1978, con la grabación original de Moré, popular a comienzos de los cincuenta, se revela la progresión de las ideas musicales y la evolución del estilo, basadas en el *son* cubano tradicional, cuyo estilo Moré influenció grandemente en sus primeras etapas. Puente "modernizó" el sonido a través de nuevos arreglos, sin comprometer ni los patrones rítmicos del *son* cubano, ni la integridad de la coreografía. El arreglo de Puente de "Que bueno baila usted", emplea cinco *soneros* distintos y claramente acentuados, metales sincopados y figuras madera-viento construidas sobre combinaciones cordales ampliamente tonales. Armónicamente, Puente no utilizó un acercamiento tan experimental, como los utilizados en los repertorios de los setenta y que ya analizamos—el de la *Orquesta concierto* y el LP *The Legend*. Improvisando *inspiraciones* dedicadas a la memoria de Moré, en el arreglo están Celia Cruz, Adalberto Santiago, Ismael Quintana, Junior González y Héctor Casanova.

La magistral interpretación que hizo Celia Cruz del éxito de Moré, "Yiri yiri bon" (compuesto por Silvestre Méndez) y un dueto presentando a Cruz y Cheo Feliciano, son grabaciones finamente ejecutadas y arreglos hechos por Puente y Marty Sheller, respectivamente. Otro corte en el álbum que amerita atención, es "Bonito y sabroso" de Moré, interpretado vocalmente por Néstor Sánchez y arreglado por Eddie Martínez. La melodía clásica del verso principal, es cantada con toda fidelidad a la versión original de Moré, pero el arreglo de Martínez exhibe los cambios de estilo que han ocurrido en la orquestación de la música latina y en la práctica de la ejecución en los últimos treinta años, desde que Moré iniciara su actividad creativa y su popularidad, especialmente al respecto de la metamorfosis, que tuvo lugar en la ciudad de Nueva York y sus variadas influencias del jazz, en un ambiente multicultural pan latino. A través de su arreglo, Martínez incorpora varias secciones de puente con orquestaciones contrapunteadas únicas y excitantes, moduladas a través de varios centros tonales, abarcando armonizaciones extendidas y de alcance.

El verso original (en partes al unísono o armonizado por la sección del *coro*), el *coro* y las *inspiraciones* de Néstor Sánchez en la grabación están estructuradas de la siguiente forma:

Bonito y sabroso

Pero qué bonito y sabroso

bailan el mambo las mexicanas

mueven la cintura y los hombros

igualito que las cubanas. (bis)

Con el sentido del ritmo

para bailar y gozar.

Que hasta parece que estoy en

La Habana,

cuando bailando veo a una

mexicana.

No hay que olvidar que México

y la Habana,

son dos ciudades que son como

hermanas.

Para reír y cantar.

Pero qué bonito y sabroso

bailan el mambo las mexicanas

mueven la cintura y los hombros

igualito que las cubanas. (bis)

Coro: Mueven la cintura y los hombros.

Inspiración: Lo bailan en México, en

La Habana.

Mueven la cintura y los hombros.

Coro: Mueven la cintura y

los hombros.

Inspiración: Cuando lo bailas conmigo

me tiras unos pasos,

mamita, que me asombro.

Coro: Mueven la cintura y

los hombros.

Inspiración: Ven baila como yo

en la posición que tu te pongas

yo me pongo.

Coro: Mueven la cintura y los hombros.

Inspiración: Tan linda que yo no me

puedo contener.

Bailando con Isabel yo me asombro.

Coro: Mueven la cintura y

los hombros.

Inspiración: Beny Moré esto es para ti,

aunque se muy bien que muchos

no te alcanzan ni

los hombros.

Coro: Mueven la cintura y los hombros.

Inspiración: Ven gana bailando

conmigo.

Este ritmo no se llama sorongo.

Coro: Mueven la cintura y los hombros.

Inspiración: Báilalo tu aquí.

Trae a tu hermana, dilo,

que me pongo.

Coro: Mueven la cintura y los hombros.

Inspiración: ¡Como dijo Beny!

Muchacha mira, como yo gozo

en La Habana.

En 1979 y 1985, Puente grabó los volúmenes dos y tres de *Homenaje a Beny,* presentando de nuevo a varios cantantes, interpretando nuevos arreglos del repertorio de Moré. A través de este período como a través de su carrera, Puente continuó utilizando diferentes cantantes, para sus presentaciones y grabaciones. Además de muchos de sus vocalistas anteriores, los siguientes *soneros* aparecieron en sus grabaciones, desde 1979 a lo largo de los años ochenta: Frankie Figueroa, Héctor Lavoe, Ismael Miranda, Pete "Conde" Rodríguez y Camilo Azuquita, entre otros.

En 1980, uno de estos cantantes, Frankie Figueroa grabó en un álbum importante de la orquesta de Puente, *Dancemania 80s* (Tico), titulada así, por la prolífica y muy exitosa *Dance Mania* RCA, LP de 1958, que fue seguida por el álbum ce 1963, *More Dancemania* RCA. Figueroa era un *sonero* dinámico, con una voz fuerte y bien modulada, que a menudo se presentaba en concierto, usando los movimientos de un boxeador, para sus acentos rítmicos y su espectáculo. Trabajó extensamente con la orquesta de Puente.

El álbum *Dancemania 80s,* fue otro signo de la consistencia en calidad y cantidad de la producción de Puente y su adaptación a las nuevas audiencias. Seis de las nueve pistas, fueron sus propias composiciones y él escribió todos los arreglos. La pista de apertura, un *guaguancó,* titulado "La generación del '80", compuesta por Puente, presentada y embellecida en otra de sus emocionantes orquestaciones, con poderoso metales y vientos-madera, refiriéndose en sus versos al nuevo público contemporáneo que bailaba y para los que Puente tocaba ahora. Concluyendo el arreglo, hay otro solo de timbal, clásico de Puente, otra proeza de habilidad—éste, siendo tocado por un hombre de cincuenta y siete años de edad, que literalmente comenzaba otra etapa en su carrera sin precedentes.

La generación del '80

Generación del ochenta,

bailen mi guaguancó.

Generación del ochenta,

bailen mi guaguancó.

Cuando yo me criaba

en el barrio de verdad

los muchachos me decían

que yo no estaba en na'.

Guaguancó, vengan todos

a bailar.

Coro: Generación del ochenta,

bailen mi guaguancó.

Generación del ochenta, bailen mi

guaguancó.

Cuando yo me criaba

en el barrio de verdad

los muchachos me decían

que yo no estaba en na'.

Guaguancó, vengan todos

a bailar.

Coro: Generación del ochenta,

bailen mi guaguancó.

Generación del ochenta,

bailen mi guaguancó.

Inspiración: Esto mamita

se ha puesto bueno,

con Tito y su tambor.

Coro: Generación del ochenta,

bailen mi guaguancó.

Generación del ochenta,

bailen mi guaguancó.

Inspiración: Tito Puente

Rey de los cueros.

Caballero, hay que quitarse el

sombrero.

Coro: Generación del ochenta,

bailen mi guaguancó.

Generación del ochenta,

bailen mi guaguancó.

Inspiración: Lo goza, lo goza to'

el mundo entero.

Oye mira, soy *sonero.*

Coro: Generación del ochenta,

bailen mi guaguancó.

Generación del ochenta,

bailen mi guaguancó.

Generación del ochenta,

bailen mi guaguancó.

Inspiración: Nadie comprende

lo que yo gozo

cuando Tito Puente toca los cueros.

Inspiración: No es tercero

ni segundo

¡Tito Puente siempre será el primero!

Coro: Generación del ochenta,

bailen mi guaguancó.

Coro: Repica el timbal.

Una variedad de ritmos latinos a la manera moderna, caracterizan el balance del álbum. Dos cha-cha-cha en el LP son de interés constante, de estilo innovador y artesanales. "Digan que sí", compuesta por Puente, utiliza una orquestación rica y melodiosa, texturizada por flautas armonizadas, sintetizador, trombón de pedal y una sección de trompetas con sordina. El timbre de esta mezcla de sonido, se desvía de la *típica* base cubana, mientras que simultáneamente se adhiere al estilo cubano tradicional del cha-cha-cha, en términos de estructura rítmica, adaptación al baile y una recreación cercana del sonido de la *charanga* clásica cubana. Destaca el uso de voces al unísono, sintetizador (remplazando los violines) y motivos en flauta. Es notable, que en la sección media instrumental, hay un hábil palmoteo y movimiento fluido, intercalando partes orquestadas. Culminando este arreglo de cha-cha-cha progresivo, se "llama" una sección que concluye similar a las codas (colas), clásicas de las antiguas orquestaciones de Puente. El otro cha-cha-cha del LP, el lenguaje de Puente es "Él que sabe, sabe", compuesto por Ernesto Duarte, representando otra interpretación innovadora del género cha-cha-cha. Usando una combinación de vocalización estilo *charanga*, orquestaciones tonales cercanas y un fraseo de jazz suave en los interludios de metales y madera-vientos, sumado a frases rítmicas en saxofón, colocadas estratégicamente y construyendo secciones de metales a intervalos, Puente teje una tela ordenada de efectos coherentes bien posicionados. Otra faceta única en la composición, es el talento del texto.

Él que sabe, sabe

Oyeme bien para que comprendas.

Oyeme bien para que comprendas.

No te pongas a escuchar

esos cantos de sirenas

ni trates de averiguar

como está la vida ajena.

Coro: Oyeme bien para que

comprendas. (bis)

No por mucho

madrugar

se amanece más temprano.

Acuérdate del refrán

y juzga bien a mi hermano.

Coro: Oyeme bien para que

comprendas. (bis)

Él que sabe, sabe

y el que no

¡que aprenda!

Coro: Oyeme bien para que

comprendas. (bis)

Él que sabe, sabe

y el que no

¡que aprenda!

En la segunda parte del arreglo, Puente introduce y alterna la sección del *coro*, al convertirlo en el rasgo que ilumina la pieza; nuevamente se ejercen orquestaciones en las frases de jazz texturizadas suavemente, cercanamente armonizadas, que se adaptan al cha-cha-cha sincopado.

Otra composición de Puente que es a la misma vez innovadora y progresista es "Ye-Ye", un mambo instrumental *up-tempo*, caracterizado por cornos sincopados firmemente y una sección de ritmo rápida, presentando un trabajo de timbal intrincado. Efectos vocales usados al mínimo, pero efectivamente, vistiendo la compleja orquestación con "Ye-Ye" en el motivo vocal. Pirámides orquestadas entre los metales y los vientos-madera, trabajadas hacia adentro de las diferentes secciones del arreglo de manera dinámica, punteando los diversos motivos melódicos y rítmicos, a través de estructuras armónicas progresivas, extendidas.

Otras dos composiciones de Puente en *Dancemania 80's*, son

particularmente iluminadas por elementos tropicales. "En el barrio", un *guaguancó* arreglado tradicionalmente, con un verso que refleja la parte positiva, de la vida en los barrios latinos de la ciudad. De nuevo Puente, yuxtapone temas que expresan los sentimientos sociales de identidad del latino común, que habían crecido para el final de los setenta y comienzo de los ochenta. El orgullo y la identidad latinos, fueron reafirmados por temas como el barrio y otras realidades culturales de los latinos en los Estados Unidos. Tales temas eran muy populares y adaptados comúnmente por muchos artistas de salsa del momento, especialmente los más jóvenes, los directores de banda con conciencia social y política y los conjuntos como el de Héctor Lavoe, Conjunto Libre, Rubén Blades, Willie Colón, Sonora Ponceña y El Gran Combo. También con tema interesante, aunque de maneras más satírica y humorística, es la canción de Puente "Le robaron los timbales". Contando como se los robaron mientras estaba de gira, obligándole a tocar los timbalitos.

En este mismo LP, Puente resucita y recicla, a través de un nuevo arreglo, un bolero que él había compuesto y grabado hacía unos años, "Sin amor". Los versos reflejan el espíritu y la creatividad romántica, que Puente mantuvo como parte de su repertorio y que consistentemente combinó la tradición y la innovación. Él se presenta ejecutando el vibráfono a lo largo de todo el arreglo, que también presenta la sensual voz de Frankie Figueroa.

Sin amor	A veces en mi soledad
Dios mío,	yo me pongo a pensar
¿Por qué no encuentro en esta vida	que la vida sin amor
tan siquiera un amor	es una llama
que me haga feliz?	que se extingue sola.
Dime,	Por eso
yo no puedo seguir	Dios mío, yo te pido ahora
sin tener un amor	que me des un amor
para mí, para mí.	que me haga feliz eternamente.

Yo no puedo

más estar

sin su amor.

A veces en mi soledad

yo me pongo a pensar

que la vida sin amor

es una llama

que se extingue sola.

Por eso

Dios mío, yo te pido ahora

que me des un amor

que me haga feliz eternamente.

No, no puedo más estar

sin un amor.

Jazz latino y mucho más

Alrededor de 1978–79, algo único y diferente comenzó a suceder para Tito Puente y la música por la cual era conocido: la música iba a expandirse. Como se anotó en el capítulo uno, durante esta época, Puente salió de gira con el conjunto jazz LP de Martín Cohen, que pronto evolucionaría al Conjunto de Jazz Latino de Tito Puente (también conocido como Tito Puente y su Conjunto Latino). El resultado de este viaje fructificó en doce álbumes de jazz latino de Puente y el sello Concord, desde 1983 adicionalmente a otros cuatro en Tropijazz (RMM). Con la excepción de su notable LP número 100, *The Mambo King,* más algunos otros álbumes de ese período, la mayoría de los últimos 20 y tantos álbumes de Puente han sido dedicados al idioma del jazz latino. Esta observación, sin embargo necesita de una aclaración.

Primero, algunos de estos álbumes marcados como jazz latino incluyen muchas composiciones y arreglos que pertenecen más a música de baile latina o salsa. Además, como la mayoría de la música que se basa en latina, mucho del jazz latino de Puente es *bailable,* pues es basado en la ejecución precisa de las formas tradicionales y los ritmos del *son* cubano, el cha-cha-cha y el mambo, entre muchos otros, esto ha sido un punto sensible para Puente:

Yo recuerdo haber ido a la compañía de grabación, fui donde el presidente y le dije que iba a grabar "Lush Life". ¿Usted va a grabar "Lush Life" de Ellington? Así que contesté, "No, no es de Duke

Ellington; es el trabajo de Billy Strayhorn 'Lush Life' ". "¿Y usted va a grabar eso?" "Sí, este puertorriqueño va a grabar 'Lush Life', nena". Y lo hice. No creían que un artista latino se atreviera a trabajar en ese tipo de música. Música como "Donne Lee" de Charlie Parker o Miles Davis, o cosas de Monk o de Coltrane: "Giant Steps". ¿Cómo podría ganar un premio Grammy? Le estaba diciendo al profesor Loza, un año, yo hice un álbum en vivo en San Francisco e iba por el Grammy y me sacaron de las nominaciones. Le pregunté al presidente—quien todavía está allí y es músico, Greene—le pregunté, "¿Qué está mal?" Me encanta hablar con músicos, porque de esa manera cuando me hacen una pregunta, yo creo que ellos saben de qué demonios están hablando. Ahora, éste es el presidente de NARAS, hoy en día sigue allí. Así que le pregunté, ¿Qué está mal en el álbum? Yo quiero que usted me diga por qué no puedo estar nominado, por el álbum que hice en San Francisco. No pudo contestarme. Yo le dije, "Bueno, voy a darle una semana, porque si no, voy a llamar a una conferencia de prensa y voy a poner al descubierto a NARAS". Yo quería saber *por qué*. ¿Era algo político o porqué no le dan el Grammy a la gente que merece el Grammy? Él me contestó que yo no tenía títulos en español en mis canciones. Ven, yo tenía "Giant Steps" de John Coltrane. Ni siquiera recuerdo como se dice el español. "¡Gigante de paso!," algo así. Yo no usé ningún timbalero redoblante. Él que tocaba el bajo, hacía "dun-dun-dun-dun" (simula un *tumbao* de bajo sincopado). Estábamos tocando música latina para "Giant Steps" de John Coltrane. Ésta es nuestra interpretación del jazz latino (Puente 1994).

Puente, además de muchos otros artistas latinos (entre ellos Eddie Palmieri) y el "Latin Categories Screening Committee" de NARAS, cabildearon extensamente para lograr una categoría de jazz latino, que finalmente se consiguió (aunque en el campo del jazz) para los premios Grammy de 1993. Sin embargo, antes de la creación de la categoría, tres de los doce discos de Puente con Concord, merecieron premios Grammy, incluyendo el primero en el sello *On Broadway*.

Dos cosas importantes señalaron la etapa de Puente durante los años ochenta; durante la mayor parte del tiempo, sus discos y sus conciertos se mantendrían en el formato de jazz latino. Un elemento fue su acercamiento innovador al desarrollo de un nuevo repertorio y su adaptación de clásicos populares y melodías tradicionales del jazz a formas y ritmos latinos. La otra fue sus instrumentaciones, a través de las cuales demostró nuevamente su enfoque extraordinariamente innovador y su imaginación.

Un primer ejemplo de esta mezcla de conceptos y desarrollo de estilo es la pista del título del LP *On Broadway* (1983), la primera grabación de Puente lanzada por su Conjunto Latino. El arreglo para *On Broadway,* un gran éxito doo-wop de *Rhythm & Blues,* grabado originalmente por Los Drifters (y compuesto por Cynthia Weil, Barry Mann, Jerry Leiber y Mike Stoller), había sido grabado recientemente por el cantante y guitarrista George Benson y nuevamente se convirtió en un éxito de la radio. Puente recicló y adaptó la canción, construyendo su esquema melódico y armónico sobre un ritmo de cha-cha-cha y presentando la guitarra eléctrica de Edgardo Miranda en el tema central. La mezcla de jazz–*Rhythm & Blues*–latino, se ve facilmente en este arreglo, como lo dice Pablo Guzmán en sus notas de contraportada describiendo la música del álbum. Guzmán reconoce a los ocho miembros de la banda de Puente como individuos muy talentosos y diversos, "quienes como Tito tienen un pie en el swing latino, que es la salsa y el otro en el mundo de la improvisación afroamericana, que es el jazz. El resultado es una mezcla rica y potente" (Guzmán 1983).

Siguiendo al solo de guitarra y retomando el tema central de "On Broadway", el arreglo cambia a un sentimiento de *guajira,* continúa mostrando a Miranda, pero ahora en el acústico *cuatro* puertorriqueño, un instrumento tipo guitarra de cinco cuerdas dobles, con un sonido similar al *tres* cubano, que fue uno de los instrumentos tradicionales, con el que se desarrollo el tradicional *son* cubano. Sigue una sección a doble-tiempo, presentando un dinámico trabajo en flauta de Mario Rivera, finalmente refiriéndose al ritmo de cha-cha-cha de la apertura y texturizado con el tema central, ejecutado de nuevo por Miranda, aunque esta vez en el *cuatro* en lugar de la guitarra eléctrica.

Especialmente evocando una vena latina más *típica,* está la ejecución de Puente en el vibráfono de "María Cervantes", compuesta por el pianista puertorriqueño Noro Morales, dedicando este arreglo a su memoria. También, recordatorio de una etapa más temprana de la carrera de Puente, está "Jo-Je-Ti", nombrada por y presentando al ejecutor de bongo Johnny Rodríguez, el timbalero de conga Jerry González y en los timbales Tito Puente y con un concepto similar está "Ti-Mon-Bo", en el LP *Top Percussion,* que presentaba a Tito Puente, Mongo Santamaría y Willie Bobo.

Otros dos arreglos excepcionales del LP *On Broadway* son: "T.P.'s especial" y "First Light", una composición del trompetista Freddie Hubbard, quien grabó originalmente la tonada en su álbum *First*

Light. El "T.P.'s especial" es una adaptación interesante de un comienzo inspirado en el bop, sobrepuesto en una base rítmica de *son montuno* y presentando a Alfredo De la Fé en el violín, mostrando el idioma de la *charanga* que le era familiar. También se presentaban solos de Mario Rivera en el saxofón tenor y de Jorge Dalto en el piano, este último es una sección armonizada en dinámicos y sin patrones de campanas, una práctica típica en los arreglos latinos.

Palabras como *oscuro, dulce* y *progresivo*, ciertamente se pueden usar para descubrir la sección del Conjunto Latino de Puente en "First Light" de Hubbard, que ya exhibía desde antes una fuerte influencia latina. Acomodado sobre un típico ritmo de cha-cha-cha, la pieza presenta a Mario Rivera en el saxofón soprano, a Jerry González en el *flugelhorn* (instrumento de metal relacionado con la trompeta) y a Jorge Dalto en el piano eléctrico, los tres mostrando ideas modernas y progresistas en sus solos respectivos y otros embellecimientos a lo largo del arreglo. Especialmente interesante, el uso de los efectos del pizzicato sincopado de Alfredo de la Fé (algunas veces en conjunto con el *guajeo* del piano), a la vez que los ricos realces armónicos de Dalto y su compilación atonal estratégica y otros efectos. Puente ejecuta unos rellenos precisos y ricos en los timbales hacia el final del arreglo, logrando un clímax al final de manera dinámica y excelente.

La mezcla musical del conjunto latino de Puente, también involucra la mezcla de diversos artistas jóvenes, virtuosos; una mezcla que ha caracterizado la música de Puente y sus conjuntos desde sus primeras presentaciones y grabaciones (y ayuda a explicar que el problema de Puente, con la idea de "crossover" es un fenómeno reciente). Su conjunto de 1983, representaba una nueva mezcla, diferente de alguna forma—una de una nueva generación y una nueva casta de músicos latinos jóvenes. A más de ejecutor de la trompeta y del trombón, Jimmy Frisaura, un italianoamericano, neoyorquino, quien para este momento había estado trabajando con Puente por cerca de cuarenta años y el bajo puertorriqueño, criado en Nueva York, Bobby Rodríguez, en ese momento con Puente por treinta años. El conjunto incluyó una variedad de jóvenes músicos, reflejando el movimiento pan-latino y el ímpetu artístico del momento. Tal vez el más notable entre estos personajes, fue el *conguero* y trompetista Jerry González. A los treinta y cuatro años de edad, González era lo suficientemente joven para ser considerado como un hijo de Puente (en ese momento Puente tenía sesenta años). González también era una figura, de alguna manera, colorida y manejaba mucha de la experimentación musical de los setentas, particularmente al respecto de un grupo que él había dirigido, El Grupo Folclórico Experimental. Ubicado en Nueva York, el conjunto experimentaba con jazz, géneros afrocubanos y afropuertorriqueños. González, también había estado muy comprometido con el Conjunto Libre, un grupo de salsa que experimentaba con las intersecciones de la música jazz latina. Además de su estilo virtuoso y progresivo con la trompeta, comparable al de los grandes estilistas de la época, como Freddie Hubbard y Woody Shaw, González también era un talentoso ejecutor de congas, con su novedoso y único instinto, a veces con una técnica poco ortodoxa, aunque con bases tradicionales. En lugar de tocar los usuales dos o tres tambores conga de diferentes tonos, él tocaba comúnmente cuatro o cinco, creando una nueva capa de sonido ricamente texturizada.

Los otros miembros del conjunto también exhibían diversas identidades panlatinas. El violinista Alfredo de la Fé, cubano, trajo un ambiente experimental al grupo por medio de su enfoque progresista del violín en la *charanga*. El pianista Jorge Dalto, originario de Argentina, representaba la joven y progresista ola de músicos de jazz y latina de la época. Anteriormente, él había tocado y grabado con George Benson y también estaba grabando su propio LP como director. Johnny Rodríguez, que tocaba el bongo, había sido el instrumento para la formación del grupo de salsa más innovador de Nueva York, Típica '73. Mario Rivera, originario de República Dominicana, fue un maestro prolífico de los vientos-madera y experimentó extensamente en la flauta y los saxofones tenor y soprano. Los puertorriqueños, Ray González, (trompeta) y Edgardo Miranda (guitarra y cuatro), fueron músicos fecundos, que no sólo mejoraron el conjunto de Puente, sino que fueron más allá del trabajo con Puente y el reconocimiento de la nueva casta emergente de músicos de jazz latino.

Abandonando el conjunto después del LP *On Broadway*, estaba Alfredo de la Fé, quien más tarde continuó su carrera de presentaciones y grabaciones en Colombia. También se alejó Jerry González, que retomó su trabajo con su Banda Fuerte Apache, con la que a continuación grabó varios discos y aún lidera en 1999. Fue reemplazado por el *conguero* José Madera, que vive en Nueva York. De todas maneras, González debe recibir el crédito de haber dejado su huella en la nueva empresa de Puente.

Muchos críticos consideran que *El Rey* (1984), segundo álbum de Puente con Concord, es una de las grabaciones más importantes de su carrera, junto con *Dance Mania*. Uno de cuatro álbumes de concierto en vivo, que lanzó Puente, *El Rey*, fue grabado en el Great American Music Hall de San Francisco en mayo de 1984. En las notas de la contraportada del LP, Hugh Wyatt, asegura la importancia de el "en vivo", asegurando que "el estilo de música de *El Rey* siempre debería ser en *vivo*, ya que la música es ardiente y altamente combustible. También me gusta por el llamado y la respuesta, entre su soberbio grupo de artistas y la audiencia, ya que ambas parecen haberse entregado totalmente" (Wyatt 1984).

Muchos músicos ven que el álbum presenta un repertorio sólido que incluye jazz y latino, donde Puente experimenta con la yuxtaposición y la intersección de las estructuras de jazz y latina—rítmica, armónica y melódicamente, en cuanto a su forma, arreglos e instrumentación.

De manera apropiada, la grabación comienza con una tonada, que para este momento ya era un clásico mundial, "Oye como va", siendo tocada en la misma ciudad donde Santana la había hecho parte de una velada de rock, más de una docena de años antes. Comparando musicalmente, es interesante anotar la metamorfosis de la pieza, desde la grabación original de Puente en 1963, hasta el hit de Santana en 1970 y la representación en vivo en 1984 en *El Rey*. "Oye como va" es un cha-cha-cha, que tiene una gran semejanza con el "Chanchullo" de Cachao, que fue arreglado y grabado por Puente y su orquesta en 1959, en su LP *Mucho cha-cha*, presentando a Johnny Pacheco en la flauta y Ray Barretto en las congas. "Oye como va" de Puente incorpora una sección de *coro*, a diferencia de la tonada de Cachao y utiliza ideas similares a las de "Chanchullo", donde hay, al amplio estilo de *charanga*, embellecimiento de flauta e improvisaciones; frases rítmicas relatadas por los metales e intervalos muy similares al final de las frases principales, todas en una frase rítmica de cha-cha-cha, sincopadas en el piano, que han llegado a personificar la composición de Puente.

Una faceta interesante de la articulación rítmica y armónica, es el efecto creado por un acorde repetitivo de una A menor séptima, con una cuarta suspendida resolviéndose en D^7 (solo en la mano izquierda), lo que es muy diferente de los *guajeos* en el piano, que se usan más comúnmente en el patrón del cha-cha-cha (aunque el patrón Cachao/Puente, también puede ser llamado tradicional). Mientras que "Oye como va" es similar en este aspecto a "Chanchullo", Puente negocia de una forma muy distinta el *tumbao* del bajo. Aunque idéntico en la formación rítmica, la línea de bajo de Puente se distingue melódicamente, resolviendo en esencia (junto con la parte que corresponde a la mano izquierda en el piano) la suspensión armónica del patrón del piano (la D de la maño derecha, toca a lo largo del patrón de dos compases) al implicar a I^7 sus.–IV^7 progresión, en últimas se presta bien para un único efecto de dirección.

Aunque "Oye como va" es similar a "Chanchullo" no puede llamarse la misma tonada. También puede considerarse de interés, el hecho que Puente como Santana en su experimento de rock latino, usaron un órgano en vez de un piano en su versión original de 1963, aunque no el mismo equipo Hammond B-3 que usó el organista de Santana, Greg Rolie. Santana remplazó las frases rítmicas de la flauta y el corno con su guitarra logrando un gran efecto. De otro lado, sin embargo, el arreglo de Santana es básicamente un duplicado (descontando algunos *coros* extra y una sección de cornos del arreglo se Puente) con una textura instrumental diferente y una base rítmica fusionando rock—*Rhythm & Blues* y cha-cha-cha.

En el LP *El Rey*, el pianista Jorge Dalto abre "Oye como va" y es seguido por los embellecimientos de flauta a paso rápido de Mario Rivera, quien hace solos extensamente a través de todo el arreglo y las figuras improvisadas en el bajo eléctrico de Bobby Rodríguez. Una sección de cornos rompe la frase de percusión, los cornos proceden a duplicar en armonía el patrón del piano. El intervalo "marca de fábrica" de esta tonada rompe la frase de la sección de *coro* y el solo de bajo que le sigue, como parte final del arreglo.

Hay otros dos clásicos de Tito Puente grabados en *El Rey*: "Ran Kan Kan" y "El rey del timbal". Mientras que la grabación original de Puente, en 1949, de "Ran Kan Kan" presenta al vocalista Vitín Avilés con la orquesta, el más actualizado en 1984—grabado en vivo—sirve en primera instancia como vehículo para exhibir la destreza de Puente en el timbal, todavía intrincada, vibrante y creativa. "El rey del timbal" está ejecutado sin vocales, no como el original, versión de 1973, con la Orquesta Concierto de Puente y también es ejecutado en un tiempo más rápido. En el original (la pieza está concebida como una vitrina de su habilidad como percusionista) Puente improvisa largamente, en un punto tocando una cadencia de solo en un juego de cuatro timbales. A lo largo del álbum, la sección de percusión de Francisco Aguabella (conga), Johnny Rodríguez (bongoes y congas) y José Madera (congas y timbales) proveen de un apoyo consistentemente fuerte y excitante y de un marco rítmico en el que Puente construye un sonido diverso. También es especialmente significativo para la grabación, la participación del músico veterano cubano Francisco Aguabella, quien había tocado, grabado y compuesto para Puente.

El *Rey* también presenta a Puente en el vibráfono, en "Hojas de otoño", donde adapta la introducción y la coda (cola) de su arreglo original para el LP *Revolving Bandstand* [grabado en 1960] y en un popurrí que incorpora loa clásicos del jazz, "Stella by Starlight" y "Delirio", un bolero clásico compuesto por César Portillo de la Luz.

Finalmente, y tal vez las pistas más innovadoras de *El Rey*, son las dos composiciones de John Coltrane, "Giant Steps" y "Equinox", innovadoras en varios aspectos. Pocos artistas latinos establecidos, especialmente de la misma generación que Puente, habían comenzado a experimentar con la fusión del progresivo, jazz post bop de artistas como John Coltrane, Miles Davis y Freddie Hubbard. Las dos piezas de Coltrane, que Puente incluyó en el álbum, eran experimentos que no sólo resultaron exitosos, sino que facilitaron la continuidad en la evolución de la música latina. La base musical rítmica y de textura de estas fusiones seguía siendo una forma tradicional de cha-cha-cha, mambo, *son montuno, guaguancó,* bolero y otros géneros afrocubanos de música y danza. Y la clave persistía como cronómetro de los experimentos más recientes de Puente.

El arreglo de Puente de "Giant Steps", vívido y creativo, da la razón a las siguientes notas. Puente adapta la tonada de Coltrane, diseñada intrincadamente a un paso muy actualizado, construyéndolo en un marco rítmico, basado en una clave 3–2. Siguiendo a una introducción de percusión y a la explosión de la *cabeza* por el conjunto, está un solo del saxofón tenor de Mario Rivera, acentuado y apasionado, navegando las modulaciones constantes de la tonada. Envolviendo la improvisación de Rivera, hay un interludio de un corno de frases en notas-dieciseisavas disparadas rápidamente, haciendo puente al rico solo de piano de Jorge Dalto, también ejecutado sobre las complejas y rápidas series de cambios de acordes de Coltrane, que definen la composición. La frase rítmica del corno, entra después del solo de Dalto, acentuando la exposición del timbal de Puente y logra un clímax poderoso del arreglo. Puente de nuevo demuestra su virtuosismo imaginativo, vibrante y lleno de energía, en cuatro timbales, creando un mosaico de melodía, ritmo y armonía.

Otra pieza que merece mencionarse en este álbum que hizo época, es "Linda chicana", un cha-cha-cha de Mark Levine, orquestado en una fluida textura interactiva, que explota creativamente la sección de cornos, con Mario Rivera en la flauta, Jimmy Frisaura en el trombón y Ray González en la trompeta.

Con la triste y desafortunada muerte de Jorge Dalto en 1984, después de su batalla contra el cáncer y de quien Puente decía "mi hombre en el piano", la posición al piano en el Conjunto Latino de Puente fue tomada por Sonny Bravo. El veterano—aunque joven— pianista había tocado mucho en el circuito de música latina y jazz, brillantemente con Johnny Rodríguez en el conjunto innovador y dinámico Típica '73.* Como Dalto, Bravo llegó con habilidades de arreglista a más de sus habilidad en la ejecución. El resto del conjunto que grabó *El rey* permaneció intacto (con excepción de Francisco Aguabella, cuya participación en la grabación de *El rey* en vivo fue algo más que una aparición de invitado). Ya en este punto, el Conjunto Latino de Puente se caracterizaba por la gente que formaba el núcleo de la banda, entre ellos Bravo, Jimmy Frisaura, Johnny Rodríguez, Bobby Rodríguez, José Madera y Mario Rivera.

Puente continuó lanzando discos con su Conjunto Latino, sacando su tercer álbum con Concord en 1985, *Mambo diablo,* como invitado especial George Shearing. Esta vez Puente recibió su tercer premio Grammy. El pianista Shearing, un veterano y reverenciado artista de jazz, grabó una pista en el álbum de su propia composición clásica, "Lullaby of Birdland", usando una estructura de *son montuno* basado en una figura de clave 2–3. Puente arregló de nuevo no solo la pista del título *Mambo diablo,* sino otro de sus clásicos antiguos, "Que será mi china" titulándola de nuevo "China". Ambos arreglos presentan a Puente en el vibráfono y a Mario Rivera en la flauta. "Lush Life" de Billy Strayhorn, está manejada hacia un arreglo fluido e innovador por Puente y Bravo, estructurado primero en un ritmo de bolero, que se transforma en cha-cha-cha. El arreglo presenta a Puente en el vibráfono y a Mario Rivera en el saxofón tenor. Posiblemente el arreglo más de todo el álbum, es el de "Take Five" un clásico de jazz de Paul Desmond (originalmente grabado por el Cuarteto de Dave Brubeck), arreglada aquí por Puente, quien transforma la tonada de una métrica de 5/4 a una métrica de cuatro en tiempo cortado, en puntos (i.e., el puente) adaptado al sentimiento de *guaracha* bailable, con el patrón del piano en el tema central.

---

* El padre de Rodríguez (el percusionista Johnny "La Vaca" Rodríguez) un puertorriqueño y el padre de Bravo (El bajo Elio Osacar) un cubano, fueron músicos muy conocidos del estilo afrocubano.

Presentados en el arreglo de "Take Five" están Mario Rivera en el saxofón tenor, Ray González en el *flugelhorn* (corno) y Puente en los timbales. El arreglo de Puente de la cabeza es un contrapunto creativamente diseñado, de tres cornos, Rivera, González y Jimmy Frisaura doblando en la trompeta. La recapitulación final del tema central, utiliza tonales cortos y la sección de cornos en líneas fluidas, dirigiéndolas al cierre de la tonada.

Otros arreglistas que comparten tareas en el álbum, incluyen altimbalero de conga José Madera ("Lullaby of Birdland" y "Pick Yourself Up"), Marty Sheller ("Eastern Joy Dance") y Sonny Bravo ("No pienses así").

El siguiente álbum de Puente fue *Sensación* y utilizó el mismo personal, fue grabado en diciembre de 1985 (otra vez en San Francisco) y lanzado en 1986. El conjunto hizo una nueva versión de "Fiesta a la King" 1978 de Puente y la pista del título "Que sensación" de Omar Hernández, fue arreglada por Sonny Bravo en un formato de salsa, que se convierte en una sección de *bomba* actualizada, cargada vocalmente. "Guajira for Cal" es una composición de Puente, dedicada a Cal Tjader, quien murió en mayo de 1983. En el arreglo, Puente toca el vibráfono junto con el vibrafonista Terry Gibbs, quien aparece como artista invitado y también toca como solista en el arreglo de *son montuno* que hizo Puente a "Jordu" de Duke Jordan. Otros artistas invitados en la grabación son: John Santos en los bongoes, en el bolero clásico "Contigo en la distancia" de César Portillo de la Luz. Santos también canta en el *coro* de "Que sensación", junto con Sonny Bravo, Juan Cevallos y Mario Rivera. Puente también hizo los arreglos de tres clásicos históricos, compuestos por los artistas de jazz Thelonious Monk ("Round Midnight"), Clare Fisher ("Morning") y Chick Corea ("Spain").

Notando la destreza y el virtuosismo musical que Puente sostentaba a la edad de sesenta y tres años, Enrique Fernández, hizo estos comentarios metafóricos, inteligentes y llenos de significado en sus notas para la contraportada del LP *Sensación*.

No hay ejecutor en el pop, rock o *Rhythm & Blues* que pueda sobrepasar a Tito en el escenario. Su energía surge e incendia los tambores. Y cuando hace solos, su ser compacto explota, hasta que lo que se observa es un pulpo, que de alguna manera, quedó atrapado en una tormenta tropical con una baqueta agarrada en cada tentáculo. Dos brazos arriba en el aire es el símbolo de Puente, por lo menos dos manos en cada tambor y otras más dos trabajando en el cencerro y el címbalo. *Pulpopuente*. (Fernández 1986).

El siguiente álbum de Puente con Concord, *Un poco loco* (1987) representa otra prolífica mezcla de jazz y latino y presenta al Conjunto Latino de Puente y a su orquesta. La pista del título es "Un poco loco", una composición clásica de Bud Powell que es una tonada bop intrincada y desafiante, interpretada por el Conjunto Latino de Puente con un arreglo con influencia de mambo, basada en una estructura rítmica en clave 3–2. Para anotar, en el álbum hay dos piezas de Puente: "Chango", que tiene una estructura similar a, aunque más desarrollada que aquella de su primer "Picadillo" y "Machito Forever" compuesta por Puente para su mentor y dedicada a su memoria. "Chango", abre con un golpe de gong, seguido por un son montuno, un patrón acentuado solo por marimba, piano y bajo yla frase rítmica principal entonada por el saxofón soprano redoblado de Mario Rivera y la melódica. Jimmy Frisaura y el nuevo miembro del conjunto Piro Rodríguez, entran más tarde con las trompetas, con interesantes contra melodías, frases rítmicas y los muy efectivos acordes piramidales. Un ambiente español, flamenco entre los cornos complementa el solo de Puente en la marimba. Finalmente, el arreglo es una interpretación dinámica y contemporánea del "Picadillo" original de Puente.

El arreglo de Puente de "Machito Forever" es para la orquesta completa, que es acomodada dentro del estudio para grabar dos pistas, siendo la otra de Ellington, "Prelude to a Kiss". La introducción instrumental, armónicamente progresiva de "Machito Forever" utiliza una variedad de tonales y combinaciones de textura, evidentes desde las primeras notas.

En el álbum *Un poco loco* hay que prestar especial atención a tres blues o tonadas con base en el funk sobrepuestas a ritmos latinos: de Moe Koffman "Swinging Shepherd Blues (Goes Latin)", de Benny Golson "Killer Joe" y de Chucho Valdés "Triton". La sección de cierre en el álbum de Puente "Alluya" un arreglo vocal y en percusión, basado en los ritmos y cantos de la música religiosa afrocubana. Los músicos invitados que tocaron en varias secciones del álbum, incluyen a Pete Escobedo (congas) y Rebeca Mauleón (sintetizador) en "Prelude to a Kiss", lo mismo que Juan Cevallos y John Santos, uniéndose a Puente en el *coro* de "El Timbalón", con orientación de salsa.

En los siguientes tres lanzamientos del sello Concord, Puente continuó expandiendo y mejorando sus arreglos con músicos adicionales para piezas específicas. En 1988 grabó *Salsa Meets Jazz*, presentando a Phil Woods, uno de los más importantes saxofonistas altos del mundo. Las pistas del álbum, iban desde "Guajira Soul" de Freddie Green a "Repetition" de Neal Hefti y desde "Guajira Soul" de Puente hasta "Con Alma" de Dizzy Gillespie. Entre julio y agosto de 1989, Puente grabó su lanzamiento de 1990, el aclamado álbum *Goza mi timbal*, con el que ganó su cuarto premio Grammy. El álbum incluía arreglos de Puente, Brian Murphy (en colaboración con Puente) y Marty Sheller y adaptaciones de Sonny Bravo y José Madera.

De particular interés en esta colección, hay varias tonadas de jazz clásicas y complejas, incluyendo dos de Sonny Rollins, "Airegin" (una pieza grabada muchas veces, cuyo título fue creado escribiendo *Nigeria* al revés) y "Pent-Up House". "All Blues" de Miles Davis y "Straight, No Chaser" de Thelonious Monk, este ultimo un arreglo innovador y refrescante de Murphy y Puente. También importante en el álbum está una adaptación de Bravo del "Cha-cha-cha" de Chucho Valdés y una adaptación de Madera de la "Oda a Cachao" de Tito Puente. Con "Oda a Cachao" Puente compuso un tributo al gran bajista cubano, combinando elementos en un cha-cha-cha reminicente de otro suyo, "Oye como va" y de "Chanchullo" de Cachao. En esta pieza se presenta el bajo Bobby Rodríguez. Puente escribió un nuevo arreglo de su clásico "Picadillo" para este álbum, renombrándolo aquí como "Picadillo a la Puente".

También hay que recorda, los comentarios de Hugh Wyatt en las notas de la contraportada del álbum acerca de Puente, como híbrido del jazz latino, además de gran amigo de su compañero el músico Jimmy Frisaura:

Los fusionadores son la materia prima de Wall Street y aportan la fuerza detrás del mercado bursátil, pero difícilmente trabajan en la música. Solo imagine una cuadrilla salvaje y discordante de mercaderes en el salón de la bolsa y tendría una idea del barullo de sonidos que conlleva la música. Una suave amalgama de notas podría ser el deseo de los fusionadores—pero usualmente no es lo que reciben.

En los sesenta y en los setenta, Miles Davis, Weather Report, John McLaughlin, los Heat Bros. y algunas otras bandas que fundieran los idiomas del jazz y el rock, para satisfacer las masas, le prendieron candela al mapa de la música pop.

Pero es de anotar, que la música resultante se miraba sospechosamente por los conocedores del jazz. Habían a los que no les importaba si alguno de los máximos innovadores del jazz lideraban el movimiento de fusión, pues de todas maneras, estaban aguando una de las expresiones más importantes de la música moderna—el jazz.

Pero en la niebla de esta cacofonía de discusiones ociosas, Tito Puente, el genio, fue incorporado en una fusión y adquisición tremenda e importante. No solo estaba mezclando una cantidad de formas latinas diferentes, que luego le acreditarían el título de "El Rey" (El rey de la salsa). Tito, que no gusta del nombre "salsa", estaba ocupado creando un matrimonio entre el jazz y la música latina. En ninguna parte su unión es más sosegadamente evidente que en esta grabación, el álbum número 99 de su carrera, que se extiende por más de cuatro décadas. La fusión de El Rey no lidia a la ligera con las dos formas distintas. Necesita de los elementos y los músicos más complejos del jazz—desde la gran disonancia de Thelonious Monk hasta el desarrollo temático sin precedentes de Sonny Rollins. Aunque pudiera parecer que el jazz y la latina están en polos opuestos del espectro musical, no lo están. Los músicos de jazz, especialmente Duke Ellington y Dizzy Gillespie, usaron ritmos latinos y otros elementos en los años treinta y cuarenta para proveer su música de impulso y sabor exótico. Aunque brillante, la música no deja de ser intelectual y muchas veces pontificial.

Finalmente, Tito le ha dedicado esta salida a su "mejor hombre", Jimmy Frisaura, quien sufrió un ataque al corazón. Lo que es conmovedor e intrigante a la vez, es el hecho que Tito originalmente canceló la sesión de grabación por lo de Jimmy. Pero luego dijo que había tenido un sueño el sábado, al día siguiente de la cancelación. El domingo citó a un ensayo y el lunes su banda completa comenzó a grabar. Dos días más tarde, en lo que es tal vez una de las grabaciones más rápidas en la historia de la electrónica, Tito y su banda habían terminado esta notable grabación. Los sonidos musicales han debido tomarles seis meses, así que ésta fue la grabación más dinámica que haya hecho El Rey. (Wyatt 1989).

Out of This World, el octavo lanzamiento consecutivo de Puente con Concord y *oficialmente* reconocido como el número 99 de su carrera fue grabado en 1990. y lanzado en 1991, poco tiempo después que él recibiera su estrella en el Hollywood Walk of Fame. En el álbum, él utiliza un conjunto de once personas, aumentando su Conjunto Latino con José "Papo" Rodríguez (un miembro permanente del conjunto de Poncho Sánchez) en los bongoes y el *chékere*, Charles Sepúlveda en la trompeta, Michael Turre en el saxofón barítono y la flauta y el Papo Vázquez en el trombón.

Para su álbum número 100, grabado y lanzado en 1991 y llamado *The Mambo King* a la luz de su reciente trabajo en la película, *The Mambo Kings*, Puente tomó una decisión importante para él, grabar el álbum con su gran orquesta de baile con la que aún se presentaba, aunque a una menor escala que antes de sus años con Concord. También fue importante el lanzamiento del álbum a través del sello disquero RMM, que acababa de ser incorporado por su agente de ventas de muchos años, Ralph Mercado. El álbum fue distribuido a través de Sony, la compañía disquera más grande del mundo.

Como se revisó en el capítulo uno, *The Mambo King* presentó a muchos cantantes que habían trabajado con Puente a lo largo de su carrera. Estos arreglos están actualizados en estilo contemporáneo y presentan a Puente en los timbales, el vibráfono y el sintetizador (para sonidos de cuerdas). La lista de músicos en la orquesta es impresionante: Sergio George, Sonny Bravo y Paquito Pastor en el piano; Johnny Torres, Bobby Rodríguez y Rubén Rodríguez en el bajo; Johnny Rodríguez y Papo Pepín en las congas; Marc Quiñónez en los timbales, Ray Colón y José Madera en los bongoes; David "Piro" Rodríguez, Charlie Sepúlveda, Ite Jerez, Bomberito Zarzuela, Brian Lynch, Barry Danielian, John Walsh y Chocolate Armenteros en las trompetas; Papo Vázquez, Luis López, Conrad Hewig, Lewis Kahn y Víctor Vásquez en los trombones; Bobby Porcelli, Mitch Frohman. Mario Rivera, Steve Sax, Pablo Calagero, Rolando Briceño, Pete Yellin y Bob Francheschini en los saxofones; Johnny Pacheco en la percusión; Ray Sepúlveda, Néstor Sánchez, Sergio George y Johnny Rivera en los *coros*.

Mucho del álbum es una reminiscencia de la era del salón de baile de Puente, especialmente esn sus días en el Palladium y particularmente las pistas donde se presentan los *soneros* Celia Cruz, Ismael Miranda, Santos Colón y Oscar D'León. En la *guaracha* "Celia y Tito", compuesta por Johnny Pacheco y arreglada por José Madera, Celia Cruz canta el siguiente verso y una improvisación dedicada a Puente. Como ella lo hizo en muchas ocasiones con Puente y a lo largo de muchos años, Cruz intercambia motivos vocales improvisados con los timbales de Puente, en la sección de *montuno* del arreglo.

Celia y Tito	con tenores, baladistas
¡Vaya, azúcar pa' Tito Puente!	y sopranos.
Yo he tenido la dicha de cantar	Y he compartido con los mejores

salseros

a los que quiero como si fueran mis

hermanos.

Ahora estoy invitada a compartir

con un grupo de salseros

sin igual.

La invitación viene de un

gran amigo.

Es Tito Puente mi hermano,

El rey del timbal.

Cuando llegué de Cuba

Tito me puso a gozar

y ahora, es el número cien

es que yo quiero

con mi voz reciprocar

y ahora, es el número cien

es que yo quiero

con mi voz reciprocar.

¡Y dice!

Esta guarachera ahora le viene a

cantar

porque el número cien de Tito

si lo quiero vacilar.

Coro: Oye Celia

pon a Tito a gozar.

Inspiración: Eee. Yo sé que cuando yo

empiece

él va a querer repicar.

Pero yo no lo dejaré, ¡caramba!

porque me quiero inspirar.

Coro: Oye Celia

pon a Tito a gozar.

Inspiración: A Tito Puente señores

siempre le agradeceré

él fue el que me acompañó

cuando de Cuba llegué.

Coro: Oye Celia

pon a Tito a gozar.

Inspiración: Esa amistad que tenemos

es casi como de hermanos

y si sigue éste timbeque

durará por muchos años.

Coro: Oye Celia

pon a Tito a gozar.

Inspiración: Que sí lo pongo a gozar, que sí lo pongo a tocar porque a Tito Puente le llaman, señores, el rey del timbal.

Coro: ¡Repica tu timbal!

Inspiración: Sigue ahí que tu vas bien.

Coro: ¡Repica tu timbal!

Vaya, Tito Puente, demuéstrale al mundo que de verda' tu eres, el rey del timbal. Vaya, Tito Puente, bótate ahora la ráfaga que yo te pago ¡Ahora Tito!

Inspiración: Te respetamos por tu talento.

Coro: ¡Repica tu timbal!

Inspiración: Cuando te inspiras así lo siento.

Coro: ¡Repica tu timbal!

Coro: ¡Repica tu timbal!

Inspiración: Mira que llegaste a cien.

Inspiración: Eee, repica, repica, repica, repica, repica.

Coro: ¡Repica tu timbal!

¡Tito ahí te dejo eso!

Inspiración: En tu carrera triunfal.

Coro: ¡Repica tu timbal!

Después de *El rey del mambo,* Puente estaba listo para comenzar otra serie de 100 álbumes más. En los siete años siguientes lanzó al mercado 11 adicionales (sin contar numerosos relanzamientos y recopilaciones). Ocho de ellos han estado alternándose entre los dos mayores sellos con los que él ha trabajado, Concord y RMM Tropijazz, este último distribuido por Sony Records. En muchos de sus proyectos de grabación de este período, Puente ha utilizado una variedad de conjuntos además del suyo—Conjunto Latino—y su orquesta Golden Latin Jazz All Stars.

El estudio Concord, dice haber grabado en este tiempo cuatro álbumes:

Mambo of the Times, 1992; *Royal T,* 1993; *Master Timbalero,* 1994; y *Special Delivery,* 1996; presentando a Maynard Ferguson. En el bien ejecutado y ecléctico *Mambo of the Times,* Puente utiliza nuevamente un conjunto expandido a once miembros (con él), una combinación que permitió generar, ya sea su sonido de pequeño grupo o uno más parecido al de su gran orquesta. La mezcla diversa del sonido de concierto tradicional con ideas innovadoras, hace del álbum una de sus obras más creativas. Las diversas pistas incluyen clásicos de jazz arreglados por Puente y Brian Murphy, tales como "Passion Flower", una balada de Billy Strayhorn, que aquí convirtiera en bolero y "Things To Come" de Gil Fuller y Dizzy Gillespie. El arreglo de este último presenta a los dos trompetistas, Charlie Sepúlveda y Piro Rodríguez como solistas; la improvisación de Sepúlveda es un impresionante homenaje al estilo y la técnica de tocar trompeta de Gillespie. Hay solos de Mario Rivera en ambos saxofones, el tenor y el barítono. "Japan Mambo", compuesto y arreglado por Puente, fue inspirado por su "Hong Kong Mambo" de 1958, del álbum *Dance Mania,* aunque solo en sentido indirecto. Son familiares en el, la sección rítmica del fraseo del mambo y el uso melódico de la marimba. "Baqueteo" es una típica *guaracha* instrumental arreglada por José Madera y hace uso del trabajo en el sintetizador de Brian Murphy, emulando el sonido del tradicional *tres* cubano, instrumento parecido a una guitarra. "Mambo King", es una composición contemporánea de Puente, caracterizada por una estructura progresiva y un arreglo montado sobre el ritmo ancestral del mambo. El "Mambo of the Times", es una nueva e innovadora versión del mambo que utiliza frases de jazz cantadas en inglés. Arregladas por Oscar Hernández, las voces de Tito Allen y Alexandra Taveres están organizadas en un esquema dinámico y armónicamente interesante. Tal vez uno de los arreglos más innovadores, es la versión de Puente y Murphy de "Jitter-bug Waltz" de Fats Waller, convertida de su estructura de vals original, en una métrica de 4/4 y utilizando ritmos latinos típicos y una interesante interpretación sincopada de la cabeza en el vibráfono. El recuento del álbum incluye un arreglo de Marty Sheller de "If You Could See Me Now" de Tadd Dameron y Carl Sigman; el arreglo hecho por Puente y Murphy de "The Best Is Yet to

Come" de Cy Coleman y Carolyn Leigh; y el arreglo de Gil López de su propia obra "El Titón".

En 1992, el nuevo sello Tropijazz (una afiliada de RMM y Sony), lanzó el primero de dos álbumes presentando a "Tito Puente's Golden Latin Jazz All Stars". El grupo grabó en vivo en el Village Gate en Nueva York. Reunidos por Puente y el productor musical del álbum, Jack Hooke, presentaron (además de Puente) a los siguientes maestros virtuosos del jazz latino: Mongo Santamaría, congas; Paquito D'Rivera, saxofón alto; Dave Valentín, flauta; Claudio Roditi, trompeta; Hilton Ruiz, piano; Giovanni Hidalgo, congas; Ignacio Berroa, juego de tambores; Andy González, bajo y Mario Rivera, saxofón tenor. El conjunto interpretó "Oye como va" de Puente, "New Arrival", compuesta y arreglada por Ruiz y "Milestones" de Miles Davis, arreglado por el trompetista brasileño, Roditi. El segundo álbum de los Golden Latin All Stars (1994), encabezado por Puente, fue grabado en estudio y titulado *In Session*. Es un álbum distinguido, con la presentación del invitado especial, el legendario músico de jazz James Moody, quien hizo el arreglo, cantó y tocó el saxofón tenor en su propia obra clásica "Moody's Mood for Love" que presenta también a Puente en el vibráfono. Los músicos de *In Session*, fueron los mismos de la primera grabación de Golden All Stars, menos Paquito D'Rivera y el reemplazo de Claudio Roditi por Charlie Sepúlveda. En otra selección de una de sus conferencias en la UCLA, Puente hizo los siguientes comentarios, acerca de su Golden Latin All Stars:

> Ahora estoy involucrado principalmente con el Conjunto de Jazz Latino. . . . Por la situación económica, llevar una gran banda alrededor del mundo se ha vuelto imposible. Yo creo que soy el único tipo que mantiene tres bandas hoy en día. Tengo Latin Jazz All Stars, Golden Men of Latin Jazz y una orquesta, así que debo estar loco. Ni siquiera sé como podemos alcanzar con dos bandas. Pero lo cierto es que tratamos de captar el sonido de la orquesta, con la mínima cantidad de hombres. Eso es lo que busco ahora. Si se lo cuenta a alguien en la calle, no entienden de que estamos hablando. Los promotores, lo mandan a uno a un trabajo alrededor del mundo; no saben que clase de música tocan; no saben a que público se dirigen, ni a que clase de bailes; se presentan toda clase de problemas de bilingüismo, porque, naturalmente, el jazz latino es más que todo instrumental, pero cuando se toca con la orquesta, hay vocalistas y por ello la llaman música salsa.
>
> (Con los) Golden Men, tenemos unos artistas invitados, Arturo San-

doval, trompetista; Paquito D'Rivera, gran alto; Claudio Roditi, brasileño, toca muy bien la trompeta; Mario Rivera, toca muy buen tenor, flauta y saxofón soprano; en la flauta el gran Dave Valentín, toca maravillosamente; en el piano tenemos a este chico Hilton Ruiz, buen piano, gran pianista de jazz latino. Ellos no son músicos latinos típicos; ellos tocan buen jazz: En el bajo tenemos a Andy González, quien es uno de los mejores bajistas del jazz latino; en los tambores tenemos un compañero cubano, llamado Ignacio Berroa y tocaba con la banda de Dizzy Gillespie, muy bueno con los tambores; en la conga tenemos a Mongo Santamaría, nuestro maestro *conguero;* luego tenemos a este chico Giovanni Hidalgo, gran conga, el más rápido tocando cuatro congas, rápido, no cabe duda, el más rápido. En este (el segundo) álbum mi artista invitado es James Moody. Aquí, James Moody canta "There I Go, There I Go", una vieja canción de *Moody's Mood for Love.* Antes de ir a Europa, en nuestra última gira, nos juntamos y les dije: "Todos ustedes son estrellas. No quiero que nadie me pida un adelanto. No quiero que nadie me pregunte a que horas comienza a trabajar. No quiero que nadie me pregunte que va a tocar o que va a usar. Yo soy el artista invitado". Y todos se rieron. "Yo no soy el director; soy el artista invitado. Tan sólo le ponen mi nombre a eso, pero ni siquiera es mi banda. La única razón para poner mi nombre, es que poniéndolos juntos, no tienen el nombre que yo tengo, ¿ven? Es por eso que todos ustedes están aquí". Así que estuvimos en toda Europa—grandioso. Excelente trabajo. Uno fue el álbum *In Session*, el otro el que grabamos en vivo en Village Gate, en Nueva York. (Puente 1994).

Los lanzamientos de Concord en 1993 y 1994, continuaron reflejando su referencia a ambos ritmos, bop y latino tradicional. En *Royal T* el Conjunto Latino de Puente interpreta "Donna Lee" de Charlie Parker, (arreglada por Michael Turre); "Tokyo Blues" y "Virgo" de Horace Silver (ambas arregladas por Sonny Bravo) y "Moanin' " de Charles Mingus (arreglada por el ejecutor del trombón Sam Burtis, quien también toca en el disco). Los recién llegados al grupo para esta grabación incluyen a Bobby Porcelli, en los saxofones alto y barítono, Arturo Velasco en el trombón (tocado anteriormente por Poncho Sánchez en el Conjunto de Jazz Latino) y Tony Luján en la trompeta. En *Master timbalero* (1994) de Puente, incluye arreglos de clásicos de jazz, como "Bloomdido", de Charlie Parker; "Nostalgia en Times Square" de Charles Mingus, con sonido doblado por una pista del ruido urbano de Times Square; y "Enchantment" de Horace Silver, además de un arreglo muy interesante de Paquito Pastor, de la melodía tradicional Japonesa "Sakura". El "Azu ki ki" de Puente, adaptado por José Madera, fue dedicado a la memoria del productor de música Bill Graham con las habilidades progresistas del arreglista y pianista de Puente, Sonny Bravo.

Puente procedió a grabar otro álbum ecléctico, *Tito's Idea* (1995) con el sello Tropijazz. El álbum presentaba un arreglo de Hilton Ruiz, de una presentación excepcional en la pista del título, una composición de Puente y Ruiz, además de la aparición del invitado especial, Steve Turre, quien toca el trombón y las *conchshells* (caracolas), en la composición de Puente "Asia Mood", en la cual Puente ejecuta ricamente en la marimba. En 1996, Puente grabó otro proyecto Tropijazz, que merece atención, *Jazzin'*, en el cual él colaboró con la joven neoyorquina–puertorriqueña, vocalista de hip-hop, La India, además de presentar la orquesta de Count Basie, como invitada especial, dirigida por Grover Mitchel, el ejecutor del trombón. Por la importancia del álbum, las notas para la contraportada de Alfredo Cruz, merecen aparecer como parte de este análisis músico-cultural.

Ha sido para mí, buena fortuna que en los últimos 15 años o más, haya conocido a Tito Puente. Un verdadero maestro de la música de nuestro tiempo, "El Rey". Tito es uno de los pocos pioneros de nuestra música que quedan. Cuando oí que estaba planeando grabar un disco con India y la Orquesta de Count Basie, me emocioné realmente.

Así como Duke Ellington, Count Basie; Machito, Sam Kenton, Xavier Cugat, Pérez Prado y otros, han definido y personalizado la organización de la gran banda, Tito Puente ha probado su facilidad y su poder con este estilo de música. Habiendo crecido en el Spanish Harlem en la época de mayor prosperidad e innovación de la música latina, Tito conoció desde joven los sonidos que desarrollaban el jazz y el be-bop. La influencia de esta época, le ha dado a Puente la vena creativa y la diversidad musical, que han llegado a definir su expresiva personalidad musical.

Esta nueva grabación de Tito a presentando el canto de la joven sensación, India, y la renombrada Orquesta de Count Basie (CBO), es otro testamento del legado que se desarrolla día a día del matrimonio entre la música latina y el jazz. El eslabón entre estos dos estilos ha sido su unión de toda la vida con Tito Puente. Él me comentaba que este proyecto es la realización de su sueño.

Para presentar una gran banda como artista invitado, Puente no consideró limitar el proyecto a un solo nombre. "¿Por qué no traer a toda la banda como mis invitados y no a un solo tipo?" Pensó Tito. Siempre el innovador, pensó que presentando una orquesta en su totalidad como artista(s) invitado(s), haría de esta grabación la primera en el campo latino.

Señalando la continuación de una tradición musical para Puente, aquí nos han deleitado con el sonido de la grabación CBO, el compás distintivo de Tito y las destacadas canciones de la cantante nuyoriqueña reconocida internacionalmente. Es bastante refrescante oír la voz cruda, borrascosa y apremiante de India en esta grabación. Impelida fuera del Bronx en 1992, India ha establecido su carrera como solista y como una estrella naciente internacional indiscutible. Su CD "Dicen que soy" obtuvo un triple Platino y ella recibió prestigiosos premios en Latinoamérica. El éxito de India y su popularidad en la música latina, le llega después de estar bien establecida en el campo de la música hip-hop. India forma parte de un renacimiento entre jóvenes latinos, quienes después de experimentar exitosas y promisorias carreras en muchos segmentos del escenario de la música no-latina, han "redescubierto" sus tradiciones musicales latinas. Estos artistas garantizan la continuidad de nuestras tradiciones, al mismo tiempo que atraen a toda una cosecha de fanáticos y consumidores de la música latina.

Para esta grabación, Tito dirige a India a través de su primera experiencia de novata en el jazz. Tito dijo, "Es una de las mejores vocalistas que tenemos en el campo latino . . . ¡en los dos idiomas! . . . Su sentimiento urbano y su capacidad bilingüe, le dan categoría al estilo único de India". Con la guía musical de El Maestro, en su hoja de vida, India pasa de latino-con-jazz a jazz-con-latino, en las dos combinaciones, la de los clásicos conocidos y también algunas nuevas composiciones.

La energía de Tito Puente ha inspirado e iluminado a músicos, bailarines y oyentes alrededor del mundo y por muchos años. Estoy seguro que después de escuchar esta grabación, estarán de acuerdo en que no da muestras de estar languideciendo. ¡Larga vida al Rey!

(Cruz 1996)

La pista del título y la que comienza este álbum, es un arreglo de Hilton Ruiz, de su propia composición *Jazzin'*. Una cabeza intrincada, con sabor de bop, compendia dos melodías distintas con forma de "zig-zag" a intervalos que reta, ejecutada con elocuencia y al unísono entre el vibráfono de Puente, India cantando estilo scat y Ruiz en el piano. A la edad de 73 años, Puente golpea la compleja cabeza con claro fraseo, igualado por India, dos generaciones más joven.

"Jazzin'" y otras tres pistas en el álbum, son ejecutadas por el Conjunto Latino de Puente, además de los músicos mencionados anteriormente, se incluyen a: Mitch Frohman, saxofón barítono; Ray Vega, trompeta; Ite Jerez, trompeta; John Benítez, bajo; Horacio "El afroamericano" Hernández, juego de tambores y Luisito Quintero, percusión.

La Orquesta de Count Basie, acompaña a Puente en cuatro arreglos del álbum: "Take It or Lose It", compuesto, arreglado y ejecutado por Puente (tocando los timbales); "Crazy He Calls Me", compuesto por Bob Russell y Carl Sigman y arreglado por Puente, mostrando una sección de religión afrocubana, basada en tambores *batá* y cánticos ejecutados por Milton Cardona; y "What a Difference a Day Made", compuesta por María Grever (canción en inglés por Stanley Adams) y arreglada por Marty Sheller.

La identificación del estilo

El estilo musical de Tito Puente y sus variados e innovadores cambios, contornos y cualidades, se reflejan en el análisis músicosocial que les he ofrecido en este capítulo. Sin embargo, el repertorio de Puente, cerca de 500 composiciones y 116 álbumes, podrían ocupar volúmenes de análisis y reevaluaciones. Puente ha desempeñado muchos papeles, incluyendo los de músico, compositor, director de orquesta y filósofo. Estos papeles han sido camuflados a veces con tanta multiplicidad, pero la realidad está clara. Así sea que lo oigamos ejecutar un solo de timbal, una improvisación en la marimba o una orquestación, el sonido de Puente fue, es, y seguirá siendo inconfundible para el oído que lo ha aprendido. Ésta es tal vez la cualidad esencial de todos los grandes estilistas e innovadores a través de los siglos.

Cubierta para la reedición de una combinación de dos álbumes muy exitosos de Tito Puente, *Top Percussion* y *Dance Mania.* (Cortesía de Bear Family Records)

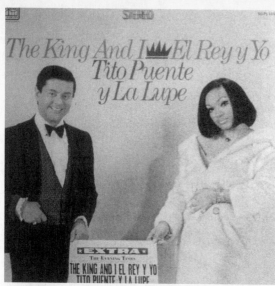

The King and I—El Rey y Yo presentaba la orquesta de Puente y a la sonera cubana La Lupe, quien grabó con Puente en muchas ocasiones en los años sesenta, además de presentarse con él. El LP se caracteriza por un juego ecléctico de composiciones y arreglos. (Cortesía de Tico Records)

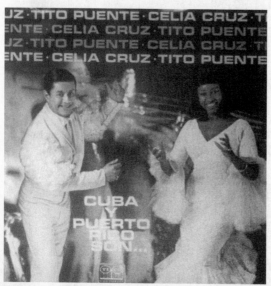

Entre las muchas grabaciones de Puente con Celia Cruz, está la muy aclamada *Cuba y Puerto Rico Son . . .* Lanzada en 1966 en el sello Tico. (Cortesía de Tico Records)

Reflejando el dinamismo y la experimentación del comienzo de los años setenta, estaba el LP de *Tito Puente and His Concert Orchestra*, un álbum muy diverso y significativo, con un juego de composiciones. Charlie Palmieri, tocaba en varios teclados y el LP sacaba por primera vez "El Rey del Timbal" que rápidamente se convirtió en otro clásico de Puente. (Cortesía de Tico Records)

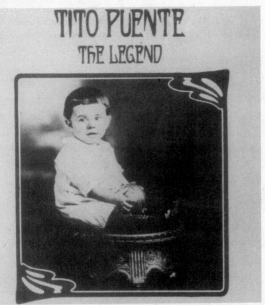

Primera nominación de Puente al premio Grammy, fue lograda por su LP de 1977 *The Legend*. El álbum representaba una transición entusiasta en la carrera de Puente, que incluía su nuevo sonido innovador de la "Fiesta a la King," además de la pista que daba el título "La leyenda," compuesta por Rubén Blades y dedicada a Puente. (Cortesía de Tico Records)

Puente recibió su primer premio Grammy por su LP *Homenaje a Beny* (Moré), lanzado en 1978, presentando soneros, como Celia Cruz, Cheo Feliciano, Santos Colón, Ismael Quintana y Adalberto Santiago. El álbum fue producido por Louie Ramírez. (Cortesía de Tico Records)

Puente continúa demostrando sus habilidades como compositor y arreglista con el álbum de 1980. *Dancemania 80's,* presentando al *sonero* Frankie Figueroa. Por este tiempo, Tito Puente mantenía su pequeño conjunto latino y su gran orquesta bailable presentada en este álbum. (Cortesía de Tico Records.)

El hito de Puente, el álbum de "El Rey" su segundo para el sello Concord lanzado en 1984. (© 1984 Concord Records, Inc. Foto de David Fisher)

Mambo Diablo, el álbum de Puente de 1985, que recibió el premio Grammy en la categoría "Latino Tropical." Fue el tercer Grammy de Puente y su segundo premio en el sello Concord. Invitado especial en el álbum, estaba el legendario pianista de jazz George Shearing, grabando su propia composición "Lullaby of Birdland" con el Conjunto Latino de Puente. (© 1985 Concord Records, Inc. Foto de Bob Shamis.)

Llamado así por la pista del título, compuesta por el grande del jazz Bud Powell, *Un poco loco* (1987), presentaba el Conjunto Latino y la Orquesta de Puente. El álbum incluía la composición de Puente como tributo a Machito, "Machito Forever." (© 1987 Concord Records, Inc. Foto por David Fisher)

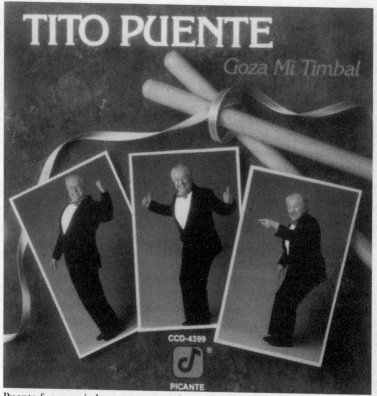

Puente fue premiado con su cuarto Grammy por *Goza Mi Timbal* 1990.
(© 1990 Concord Records, Inc. Foto de David Fisher)

El álbum número 100 de Tito Puente, *The Mambo King*, lanzado en 1991 y presentando a muchos artistas con los que Tito Puente había trabajado; fue producido por Johnny Pacheco. (Cortesía de RMM Records)

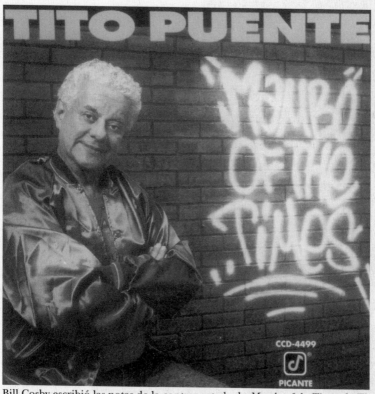

Bill Cosby escribió las notas de la contraportada de *Mambo of the Times*, de Tito Puente, lanzado en 1992. Puente y Cosby desarrollaron una amistad cercana a través de los años y colaboraron en varios proyectos musicales y de televisión. (© Concord Records, Inc. Foto de David Fisher)

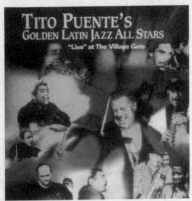

El tercer conjunto de Puente, su Golden Latin Jazz All Stars, grabó su primer álbum en 1992–93 en vivo en el Village Gate de la Ciudad de Nueva York. La grabación presentó a un número de los mejores artistas del jazz latino en el mundo. (Cortesía de RMM Records [Tropijazz])

En 1994, y a la edad de 71 años, Puente fue aún más aclamado como "el maestro." El continuó grabando con gran paso y energía y su música se mantuvo tan explosiva como siempre. En *Master Timbalero*, ejecutó los timbales, el timbalito, el vibráfono, la marimba y otros instrumentos de percusión. Max Salazar, escribió unas notas históricamente ricas para este álbum. (© 1994 Concord Records, Inc. Foto de Martín Cohen)

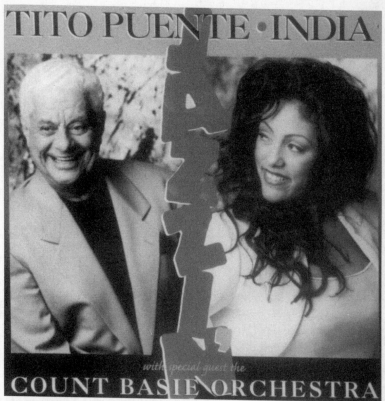

Jazzin' (1996) Reveló ambos, lo nuevo y lo viejo, presentando a la vocalista La India, además de la Orquesta de Count Basie. La pista del título fue compuesta por el pianista Hilton Ruiz; el álbum también incluye clásicos como: "Love for Sale," "Wave," "Going Out of My Head," y "What a Difference a Day Made." (Cortesía de RMM Records [Tropijazz])

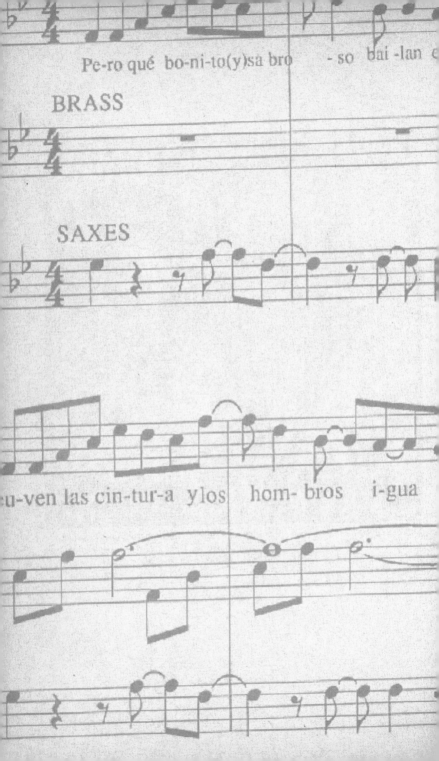

Identidad, nacionalismo y la sensibilidad estética de la música latina

En el reino de la música y de la cultura latinoamericana en general, la cuestión de nacionalismo e identidad han sido conceptos analíticos y figurativos comunes. Desde la utilización "nacionalista" de materiales folclóricos e indigenistas en la música de los compositores Heitor Villa-Lobos y Carlos Chávez, hasta el uso de la canción como metáfora poética de protesta, a través de los siglos la identidad ha sido el argumento dominante en la cultura latinoamericana y se podría decir, en la cultura mundial.

El ímpetu presente en la manifestación de la "salsa" es una expresión musical y de baile que ha sido largamente asociada con varias identidades. Éstas incluyen asociaciones basadas en gran número de interpretaciones culturales como la religión, las etnias, la política, el cambio, la innovación y el virtuosismo artístico del venerado maestro músico, bailarín o ejecutor—el sumo sacerdote de una religión artística.

La diversidad de tales interpretaciones subyacentes se extiende más allá de las más grandes bases históricas o artísticas de la música latina contemporánea, aquellas de la tradición musical afrocubana. Aunque todavía basadas con firmeza en los cimientos de la forma afrocubana, el marco expresivo de los músicos latinos ha evolucionado estilísticamente y ha variado mucho en términos de contexto, tema y sentimiento étnico o nacionalista. Esta música también se ha convertido en algo bastante universal, con grupos de salsa como la Orquesta de la Luz del Japón que ya ha llegado a ser nominada el premio Grammy. No obstante, aún entre artistas latinos quienes constituyen el enclave mayoritario de la música latina contemporánea, los muchos innovadores y estilistas han venido no sólo de Nueva York y el Noreste de los Estados Unidos, representando su población local cubana, puertorriqueña o dominicana, sino también de otros sectores de los Estados Unidos (especialmente de California y Florida) y tal vez, más significativamente en términos de precedente histórico, de varios sectores de Latinoamérica. Muchas formas afrocubanas evolucionaron en otros lugares de Latinoamérica—por ejemplo, la orquesta del cubano Pérez Prado, en México—en una esfera de contexto social y nacional, separada de aquella del Palladium de Nueva York y su ambiente neoyorquino. Artistas como Oscar D'León de Venezuela, Rubén Blades de Panamá, Lobo y Melón de México y numerosos conjuntos de Puerto Rico—como, Cortijo, Ismael Rivera, Sonora Ponceña, y El Gran Combo—han emergido como mensajeros de la salsa y la música latina, no menos importante que los artistas de Nueva York. Además los mensajes sociales del estilo han llegado hasta este terreno expandiendo geográficamente. Aunque significativamente más dirigido hacia un mercado pop, la salsa parece haber alcanzado ahora, una mayor atracción en el mundo latino, de la que nunca antes había tenido. Esto se nota en la popularidad interamericana de los artistas de la "salsa" como Marc Anthony, José Alberto, Lalo Rodríguez, Luis Enrique, Tito Nieves, Grupo Niche, Joe Arroyo, Gloria Estefan y Juan Luis Guerra (cuyo estilo actual está basado en los bailes dominicanos del *merengue* y la *bachata*), entre muchos otros. Todos estos representan varios países latinoamericanos o varios sectores latinos de los Estados Unidos. La evolución de la salsa como un desarrollo y símbolo panlatino ha sido examinada significativamente por Frances Aparicio (1998).

   A la luz de las observaciones concernientes al desarrollo de las identidades, los mercados y la sensibilidad estética de la música latina, me siento obligado a tocar en este estudio un tema que se ha vuelto punto focal para algunos estudioso contemporáneos: La "cubanización" de la cultura y la expresión musical puertorriqueña, particularmente en la ciudad de Nueva York. En su artículo "Identidad cultural y musical puertorriqueña: Apropiación creativa de recursos cubanos de la danza a la salsa", Peter Manuel confronta la "cuestión de identidad cultural" que "ha sido particularmente activa y controversial entre los puertorriqueños" (1994, 249). Manuel anota que "los intelectuales nacionalistas puertorriqueños, lo mismo que la opinión popular han abrazado hace mucho tiempo la salsa—por ejemplo, en contraposición con el rock—como una música local característica (si bien no exclusiva)". El interés de Manuel en el artículo no es dudar la "validez de la concepción, virtualmente unánime de los puertorriqueños, que dice que la salsa y la *danza* son de carácter local 'sino' explorar el proceso por lo cuál, los puertorriqueños se han apropiado y personalizado las formas musicales cubanas, como símbolos de su propia identidad cultural". No obstante, él anota una contradicción potencial referente al "hecho" histórico y los orígenes de la música: "Una calificación significativa y una contradicción histórica, yacen en el corazón del tan discutido carácter indigenista de la salsa y sus antecedentes isleños, pues en términos estilísticos, la mayoría predominante de los músicos puertorriqueños, desde la *danza* del siglo diecinueve hasta la salsa contemporánea, se han derivado originalmente en el extranjero—particularmente de Cuba" (ibid).

Yo creo, que tales puntos de vista analíticos, son problemáticos. Por una parte, muchos puertorriqueños pueden cuestionar el argumento de concentrarse en la idea "que la mayoría predominante de los músicos puertorriqueños . . . se han derivado originalmente del extranjero". Con su población modesta (comparada con mayores "naciones—estados") de poco más de seis millones en Puerto Rico y dentro de los Estados Unidos,* ¿por qué debería la gente de herencia Puertorriqueña limitarse a la cultura y la identidad de la "isla"?

Más allá, la tesis de cultura musical cubana en sí misma se puede ver como una contradicción similar. Las formas que históricamente, han constituido los estilos nacionales cubanos de hecho han migrado, se han difundido, se han adaptado desde muchos orígenes geográficos y nacionales, incluyendo a Nigeria, Ghana y Costa de Marfil, entre otras de las numerosas localidades de Africa occidental y

---

*La población puertorriqueña dentro de los Estados Unidos está reportada en 2,727,754 en el censo de E.U.A. de 1990. La población de Puerto Rico está reportada en el Almanaque Mundial y Libro de Hechos (1995), 670, en 3,522,037.

central (al igual que España y otros contextos europeos). En la literatura afrocubana, los tambores *batá* no son considerados a menudo como una contradicción nacional, cuando es un hecho que provienen directamente de los tambores *batá* nigerianos de la cultura yoruba y su contexto religioso asociado; tampoco son llamados específicamente tambores "nigerianos". La difusión de la expresión musical y de la ideología religiosa no ha representado una contradicción sobre el carácter nacionalista emergente de la música afrocubana como "cubana"; más bien, ha producido una convergencia de filosofías, bastante flexible, aunque conflictiva y diversa.

Otro punto de discusión, puede sentarse en el asunto que un lugar tan multicultural como Nigeria y su historia migratoria y cultural yoruba, puede ser atada a numerosas conexiones interculturales del pasado e identidades nacionales en varios sectores entre el norte y el occidente de Africa. Formas culturales "prestadas" y compartidas, han manifestado consistentemente la aparición de símbolos "indigenistas" y nacionalistas. En el movimiento latinoamericano de la *nueva canción*, las formas andinas se convirtieron en una de las figuras más vívidas del estilo musical, formando una asociación nacionalista, que reforzó vigorosamente el contenido verbal de la canción, aunque los cantantes del movimiento no fueran personajes que hablaran aymará o quechua. En el suroriente de México, el *son jarocho*, se desarrolló como una convergencia cultural dentro de un marco específico de tiempo de intereses indígenas, africanos y europeos. Pero últimamente el *son jarocho* se ha identificado como mexicano y recientemente ha sido asociado con numerosos artistas chicanos en los Estados Unidos, por ejemplo, con Los Lobos, Fermín Herrera y Francisco González (Loza 1992–93).

Como anota Manuel, Puerto Rico y Cuba han estado conectados histórica y culturalmente por siglos, aún antes de la colonización española. Más aún, Latinoamérica debe ser considerado una entidad cultural, tanto como otras áreas continentales, como Estados Unidos, Europa y el Este Asiático, donde las expresiones interculturales últimamente significan varias identidades y "caracteres" nacionales. Las variantes regionales de varios países latinoamericanos o hasta las mismas regiones de cada país, frecuentemente toman el carácter de Latinoamérica, como una "nación" inmensa similar a los Estados Unidos y sus sectores regionales o variantes geográficas y sus identidades resultantes. Desde antes y después de la Guerra Civil, el asunto del Norte y el Sur en los Estados Unidos ha representado más una divergencia que una convergencia de identidades y estilos nacionales.

La matriz multicultural de la música latina

Desde los primeros experimentos e innovaciones de los músicos cubanos, Arsenio Rodríguez, Machito y Mario Bauzá durante los años treinta, la música latina en los Estados Unidos se ha desarrollado como reflejo de su matriz intercultural. La exposición a y la experiencia con el jazz, que Bauzá adaptó en sus primeros arreglos con la orquesta de Machito, llegaron a ser el marco musical y cultural del que las orquestas de baile latino, jazz latino y salsa, emergerían. Los puertorriqueños, cubanos y otros latinos, comenzaron a interactuar con afroamericanos y músicos de jazz blancos, mucho más de lo que habían hecho antes en los Estados Unidos o Latinoamérica. El otro ápice de esta convergencia estaba en el complejo ambiente multicultural, humano e industrial de la ciudad de Nueva York. Las audiencias que comenzaron a formarse en el Palladium y otros salones de baile fueron como los de jazz, muy bien integradas, sin aceptar los elementos de discriminación y segregación que aún existen en gran parte de la sociedad.

Aunque, Machito y Bauzá no continuaron simplemente estilizando o desarrollando una música cubana; sí, sus conceptos musicales "cubanizaron" el jazz; pero también el jazz "jazzificó" su música en ambos contextos en los salones de baile y los conciertos. El trabajo del puertorriqueño Juan Tizol con Duke Ellington, la orquesta de Machito, bebop, Charlie Parker, Dizzy Gillespie y Chano Pozo, (contado a Gillespie por Bauzá) todos representaron no sólo una matriz multicultural y ascendente, sino una matriz cambiante de estilo y expresión, con elementos variados y fuentes ideológicas.

Este ámbito multicultural y muchas veces "transétnico" que ha caracterizado el movimiento de la música latina de los años cincuenta, claro que, no se ha mantenido como una realidad social fuerte, especialmente desde la "explosión de la salsa" de los setenta. Entonces la música comenzó a estar fuertemente identificada y socializada como expresión y movimiento panlatino, que no se separa del ambiente político corriente del momento. Siguiendo la insatisfacción civil y el movimiento de los derechos civiles de los sesenta, los latinos, a lo largo de los Estados Unidos persiguieron causas similares a aquellas que habrían iniciado los afroamericanos.

Aunque, fue en los sesenta y después que muchos géneros musicales afroamericanos y latinos convergieron en forma diversa a través de los Estados Unidos. El estilo boogaloo fue una de las síntesis tempranas de la música latina, con *Rhythm & Blues* encarnado en artistas de Nueva York como Joe Cuba, Joe Bataan y Willie Colón. En California, tal compatibilidad intercultural o "resolución" (como opuesto a "conflicto intercultural") tomó forma a través del arte de Carlos Santana; Azteca; Malo, en San Francisco; y Three Midnighters, Lil'Ray Jiménez, El Chicano y Tierra en Los Angeles.

Esta compatibilidad intercultural entre los latinos y los afroamericanos ha sido anotada y racionalizada por artistas y críticos por medio de un número de teorías. Acreditaron a Machito como mediador cultural que "respaldó la articulación de las tradiciones musicales caribeña y afroamericana". Juan Flores, nos aporta una significativa percepción analítica sobre la interacción de los puertorriqueños y afroamericanos en sus escogencias musicales y estéticas, rastreando el hip-hop contemporáneo en las dos comunidades en los años cincuenta y sesenta.

Estos años vieron el amanecer de la segunda generación de las comunidades afroamericanas y puertorriqueñas de Nueva York; era el momento en que la primera generación de las dos migraciones, muchos de ellos nacidos y criados en Nueva York, se estaban asentando en su nueva situación. Ellos abarcaban, y aún hoy abarcan, los dos grupos más grandes de no blancos de la ciudad. Ellos vienen de grandes entornos rurales sureños; vivían en las mismas vecindades, iban a los mismos colegios y juntos ocupaban el lugar más vulnerable y desventajoso en la jerarquía económica y cultural; ellos son la reserva de la reserva. Entonces, maravillosamente, los jóvenes negros y puertorriqueños comenzaron a apreciar el mismo tipo de música, los mismos bailes, jugar a los mismos juegos, vestirse y hablar de la misma forma. Su misma experiencia de exclusión racista y lejanía social les acercó aún más. En la búsqueda de un nuevo idioma, los jóvenes negros y puertorriqueños descartaron sus atavíos rurales y sus nostálgicas referencias de "allí en casa", pero reteniendo su base rítmica africana y sus cualidades de participación e improvisación de sus culturas heredadas. Al hacer esto, la gente afroamericana y caribeña comenzó a reconocer lo complementario, de lo que parecía tener diversos orígenes (1988, 34).

El análisis de Flores se presta para un mayor desarrollo. La compatibilidad intercultural de los afroamericanos, los cubanos, los puertorriqueños y otros latinos, fue forjada por medio de relaciones, tradiciones y fuerzas estéticas socioculturales. Las sociedades marginales se sensibilizan por lo que Flores llama "complementariedad". En vez de realizarse las predicciones separatistas y los miedos de muchos de los críticos sociopolíticos contemporáneos, comunidades culturales individualmente identificadas sintetizaron el arte y la ideología en varios niveles y en varios sectores. El multiculturalismo suele unificarse y en el proceso provee alimento para la creatividad—pero éste es el patrón histórico del arte y de muchas comunidades marginales alrededor del mundo.

El caso de Tito Puente

Antes aludí al ámbito multicultural de la era del Palladium, representado por tales artistas como, las orquestas de Machito, Tito Puente y Tito Rodríguez, entre muchas otras. Además de beneficiarse con la interacción de latinos y afroamericanos, la música latina para bailar en la Ciudad de Nueva York, especialmente durante los años cincuenta, atrajo grandes audiencias del público "blanco", incluyendo bailarines y aficionados italianos, judíos, irlandeses, polacos, alemanes, ingleses y de otras herencias europeas. Como Max Salazar mencionó anteriormente en el capítulo tres, el contexto social de la era del Palladium, integró las razas. Refiriéndose específicamente a Tito Puente, Salazar expresó elocuentemente el mismo punto de análisis en las notas que escribió en el programa del "Discovery Day Concert", honrando a Puente en el Lincoln Center's Avery Fisher Hall en 1977: "En los últimos 125 años, Tito Puente ha logrado más con su música en el mejoramiento de las relaciones interraciales, que ningún estudio científico. Desde 1949, él ha emocionado a los anglos con mambos, cha-cha-cha, jazz latino, pachangas, bossa-nova y guaguancós. A los no-latinos, las canciones en español les parecían irrelevantes. La música de Puente hizo la diferencia. Las casi mil tonadas en su repertorio establecieron firmemente a "TP"como el músico latino más productivo y el líder más progresista" (Salazar 1977).

Atestiguando al contexto de este ámbito multicultural, están las reflexiones del compositor de canciones Mort Schuman, quien le acredita mucho de su desarrollo creativo a la música latina en Nueva York. "La influencia puertorriqueña era muy fuerte en Nueva York. Había maravillosas bandas, como las de Tito Puente, Tito Rodríguez y el (cubano) Machito. Había un inmenso salón de baile, el Palladium, en Broadway con la 53 y cada miércoles en la noche era la noche del mambo. Tocaban dos o tres bandas en la misma cartelera. El lugar estaba a reventar con gente que trabajaba en las fábricas y las mujeres de limpieza. Era un gran crisol de fundición, donde el catalizador era la música latina. Yo iba allí cada noche que estaba abierto" (Escott 1988).

Tal vez uno de los aspectos más significativos de Puente es que se involucró con varias generaciones—los adultos, los niños y los bebés—de los años cuarenta, hasta llegar a los noventa. La raza y las relaciones interculturales, han tomado diferentes direcciones durante estos años, pero Puente ha logrado adaptarse a cada época. Puede decirse, que él ha tomado más de lo multicultural versus la dirección nacionalista, enfatizando siempre la popularidad internacional y el carisma de su música y de sí mismo. Al mismo tiempo, siempre ha participado en la solidaridad artística y política de la comunidad latina en los Estados Unidos. Sin embargo, en algunos frentes políticos particulares no se ha expresado ningún interés; por ejemplo, no ha visitado, ni tocado en Cuba desde antes de la revolución en 1959.

Al estimar la relación de Puente con y su percepción de estos asuntos de identidad, nacionalismo y ámbito multicultural, algunos de los pensamientos de los propios artistas nos ilustran sobre su filosofía. En 1981, Puente expresó los siguientes pensamientos:

Es muy difícil poner una orquesta latina en el show de Johnny Carson. Él no me necesita. Él tiene allí una orquesta de su particular. Yo no puedo llegar allí por mis propios medios. Buddy Rich se presenta allí. Lo hace por su cuenta, pero eso es jazz; ellos pueden entrar. Count Basie—yo mismo lo he visto tocar (en el show)—pero nunca verá a un artista latino ir por sí mismo. No se puede, porque ellos no saben tocar nuestra música, no saben interpretarla. Son grandes músicos naturalmente, pero no se puede tocar un *guaguancó* en el show de Johnny Carson, porque su público no sabe que es un *guaguancó*, ni que es una tonada latina típica, así que allí habría que llegar con algo semicomercial. Tal vez algo como "Oye como va", la podrían entender, o "Tico tico" o algo brasileño o "Chin chin chi"—el tipo de música de Cugat y esa no es mi música realmente, así que es un reto. Uno está en medio y luego uno no sabe que hacer. . . . Así que nosotros somos y no somos latinos. Seguimos yendo a tocar música comercial para las masas (en shows como el de) Johnny Carson. Entonces nuestro público latino nos abandona por tocar esa clase de música, así que seguimos en medio de las dos secuencias. Y cuando se acerca a las masas nunca sabe en que dirección va. Podría tener suerte o no. Uno debe saber en que dirección va y eso es muy difícil. Pero yo siempre he tenido un gran publico de habla inglesa y siempre he "plantao bandera" en cualquier lugar que vaya, yo más o menos represento a la gente de Puerto Rico. . . . A donde voy, (a donde) viajo, me preguntan, "¿Usted qué es?" Yo contesto "Yo soy puertorriqueño", bam, bam, bam, hablo. Pero también soy internacional. Yo toco para toda clase de gente y ellos bailan mi música y tengo todo tipo de seguidores; así que no quiero etiquetarme . . . pero cuando me preguntan quién soy, yo represento a Puerto Rico. En festivales . . . como en Venezuela, "El festival de la canción", yo represento a Puerto Rico. . . . El Departamento de Estado nunca me ha enviado a Sudamérica y . . . hay embajadas que representan a los Estados Unidos. Pero sí mandaron a Woody Herman a que tocara en las embajadas latinas de allá y yo escribí seis de los arreglos y grabé un álbum con Woody Herman. También enviaron a Dizzy Gillespie . . . y a Herbie Mann; el *Departamento de Estado* para los *latinos* de allá. Nunca han enviado allí a un latino. . . . He estado en México con mi orquesta, tocando allí mismo y fui a oír el concierto del Departamento de Estado, para oír a Sarah Vaughn cantando ¡allí! En México. Todos son mexicanos. Y ella era jazz, preciosa y me reconoció porque ella es mi amiga, sin embargo ella está en el Latin State Departament Centuries Band. Hasta ahora, no ha habido ninguna banda latina que haya podido hacerlo. Las bandas americanas son las que lo hacen. Así que tenemos todos estos problemas, realmente y hay mucho de que hablar. Y nuestra representación no está bien hecha todavía. Ahora bien, tocar en la Casa Blanca, como yo lo hice (muestra que) hay puertas que se están abriendo. Creo que las cosas mejorarán durante la década. Tendré que tomarme otra década para lograrlo. Espero estar por aquí para terminarlo, pero lo estoy comenzando y siento que estaré aquí. Lo vamos a lograr (Puente 1981).

Ciertamente las palabras de Puente se pueden considerar proféticas. Desde estas palabras, grabadas en 1981, Tito Puente continuaba tocando para cada presidente de los Estados Unidos y recibió mayores honores y reconocimientos nacionales e internacionales. Durante la misma entrevista del año 1981 Puente comentó muchas cosas sobre el estado de la música latina en la industria, como un negocio.

Tenemos un gran problema al no tener ejecutivos latinos en nuestros negocios—gente estudiada. En otras palabras, encontrará que los dueños de compañías latinas son de otras razas distintas a las latinas. La gente que está ganando el dinero con la música latina, no es latina. Son gente de otras nacionalidades. Las personas que están involucradas en la televisión—no tenemos ningún gran productor latino ni un gran director latino. No tenemos grandes arreglistas. Quiero decir que tenemos unos pocos arreglistas suramericanos, pero en este país no tenemos un Quincy Jones ni a gente de esa categoría—o un Henry Mancini. Claro que tenemos a Lalo Schifrin, pero él llego por Dizzy Gillespie y tenía conexiones con Argentina. Él está allá afuera.

Lo que necesitamos es gente tipo ejecutivo en nuestras relaciones públicas, ejecutivos en nuestras compañías de grabación, ejecutivos en las revistas y desplegarnos en los medios, radio y radiodifusión. Necesitamos ejecutivos, ejecutivos latinos, que conozcan nuestra música, nuestra cultura, que puedan salir y hacer presentaciones. Yo estoy en el grupo de jueces para los premios Grammy, ¿y por qué me tienen allí? Me tienen allí porque represento la categoría latina, digamos que podrían enviarme a Nashville, Tennessee, allí me reconocerán, mientras que si mandan a otra persona latina a hablar allí, a categorizar nuestra música . . . ellos me escucharían a mí porque soy Tito Puente. Soy un director reconocido, un artista. Pero si envían a cualquier otro que tal vez sepa más sobre como presentar su música, no lo aceptarán. Así que, es por esto que necesitamos que nuestra gente joven vaya a la escuela, que continúen con su educación, que no abandonen el colegio, que no se decepcionen; que no se sientan mal, desilusionados, porque sé que hay tiempos malos y que el negocio de la música es un negocio duro. Hay gente que me pregunta, "¿Lo volvería a hacer si pudiera?" Sí, yo lo haría de nuevo porque Dios me puso en este mundo para hacer esto, y esto es lo que haré, él me hizo creativo. Yo no vengo de una familia musical, así que cualquier talento que tenga yo diría que él me lo dio a mí personalmente. Fue su deseo, y yo se lo agradezco sobremanera. Puede haber muchos jóvenes aquí, de nuestra gente, que sean muy talentosos también, pero eso debe desarrollarse. Tienen que ir al colegio, tienen que estudiar, los libros y deben ir al conservatorio a aprender a tocar los instrumentos. Y luego cuando salgan, porque todos se gradúan a la vez y todos tienen los mismos libros . . . médicos, odontólogos, todos tienen la misma educación, luego se extienden, se van a su propio campo y desarrollan un seguimiento y un negocio en sus profesiones. Pasa lo mismo en el campo de la música. Uno se desarrolla, se vuelve creativo, se vuelve arreglista, se vuelve ejecutivo y entra al mercadeo o lo que sea. El negocio de la música es un negocio muy, muy, muy grande, un negocio multimillonario, uno entra a las grabaciones, entra a los medios, entra a los videos, porque estamos entrando a la era futura de los videos, grabación digital. Y los productores, pues necesitamos buena gente latina, que pueda evolucionar para producir buenas grabaciones digitales, buenos videos, que editen bien los espectáculos, las coreografías. Esto también va para los bailarines. Ballet, cantantes, cantantes de ópera, todo lo que involucra la música.

Así que nuestra gente joven debe estudiar y en el futuro encontrarán que de pronto el reconocimiento les llega. Como a José Ferrer—está allí, un puertorriqueño. Es uno de los artistas de éxito. ¿Cuántos José Ferrer tenemos? Tenemos muchísima gente joven llegando, pero esto va paso a paso, como Miriam Colón, se desarrollará. . . .

Tenemos muchos hispanos en este país y lo que necesitamos es la gente, la vanguardia. Lo que están haciendo en el escenario político—han elegido muchos hispanos—ya hay congresistas por todo el país. Están en California, en Sacramento. Tenemos muchos mexicanos que ocupan buenos puestos políticos, reconocidos. Tuvimos uno que quiso ser alcalde de Nueva York no hace mucho. Así que tenemos mucha gente grande. Grande en ese campo. Así que, ¿por qué no en el campo de la música? Y lo mejor es—para que podamos poner nuestra música en un lugar en el que sea reconocida en todo el mundo. Ése es mi objetivo—obtener reconocimiento para nuestra música latinoamericana a través de todo el mundo, para que la gente que hable de música en Europa la pueda comparar con la música latina. Cuando hablen de ella en el Japón, la música latina esté allí a su nivel. Cualquier clase de música que se discuta, la música latina debería estar a su nivel. Y para lograrlo necesitamos la educación y la experiencia y la creatividad de nuestros jóvenes, los que viven para hacer lo suyo en esta década actual. Si no, vamos a perder todo lo que tenemos (Puente 1981).

Desde estas transcripciones de 1981 muchas de las preocupaciones de Puente se han resuelto de una manera creativa y productiva; otras han permanecido problemáticas. Una de las cuestiones que Puente planteó, fue la falta de ejecutivos latinos de grabación. En 1981 Jerry Masucci, un italianoamericano, había logrado gran éxito en la grabación y el mercadeo de la música estilo latino salsa, bajo el sello de Fania. Martín Cohen no solo fue jefe ejecutivo de Percusión Latina Inc., sino que inició y crió el Conjunto de Jazz Latino de Puente que eventualmente se convertiría en el proyecto musical más importante y muy exitoso del director, a través de los años ochenta y noventa. El mercado para las grabaciones de Puente en su período de jazz latino fue Concord Records, propiedad de Carl Jefferson.

No obstante, hacia los noventa, Puente estaba grabando también con otros dos sellos, RMM y Tropijazz ambos manejados y pertenecientes a Ralph Mercado, gerente de negocios de Puente durante muchos años. Las grabaciones eran distribuidas a través de Sony Records (entonces llamado Columbia Records) una de las compañías internacionales mas prestigiosas, con copropiedad japonesa. El surgimiento de las empresas de Mercado a mediados de los noventa representó un nuevo y significativo cambio en la industria de la música latina, especialmente para la que estaba asociada con la salsa y los músicos de jazz latino. En este período Sergio George, quien había sido el arreglista predominante y productor para muchas de las producciones de Mercado (incluyendo su trabajo en el álbum numero 100 de Puente) había formado una compañía de producción y grabación, convirtiéndose en actor competitivo en este mercado nuevo y cambiante. Simultáneamente, las divisiones latinas de la Sony y de EMI Records continuaron expandiéndose internacionalmente, primero en el área del pop que por este tiempo estaba incorporando una mayor influencia de los artistas de la nueva "salsa erótica" tales como Luis Enrique, Eddie Santiago, Tito Nieves y La India.

A medida que se extendió la comercialización de la música latina, la música se adaptó y cambió marcadamente. Otro asunto emergió que hace eco a la transcripción de 1981 de Puente: muchos de los aficionados de la música latina protestaron lo que percibían como un mayor compromiso artístico y una baja en la calidad de la música. La respuesta de Puente a ésa situación de cambio, ha sido franca aunque moderada. Promovió y grabó a una de las más jóvenes figuras, Millie P., quien tocó en sus conjuntos por algunos años a finales de los ochenta. También ha sido bastante crítico con mucha de la nueva salsa, haciendo notar que su falta de espontaneidad, improvisación, dinámica y estructura tradicional. Al mismo tiempo, Puente ha parecido apreciar y aplaudir la aparición y el crecimiento de los ejecutivos y productores latinos, pues ha trabajado con muchos de ellos en la producción de grabaciones y presentaciones.

El énfasis de Puente en la importancia de la educación formal, es aparente en la entrevista de 1981 con Patricia Wilson Cryer. Fue durante ese período que me lo encontré y comencé a trabajar en proyectos suyos. En esa época yo era un estudiante de doctorado en

música en la UCLA y siempre sentí que Tito le prestaba especial atención y respeto a este aspecto de mi trabajo. Era verdaderamente una
de sus mayores premisas, mas apasionadas y la primera con la que
mira el destino de la cultura latina dentro de la sociedad de los Estados Unidos.

Desde este punto de vista también puede ser significativo citar
el aparente interés de Puente en el movimiento panlatino que se ha
desarrollado en un aspecto diverso, especialmente al finalizar los
sesenta. Con estas referencias la solidaridad creciente de los políticos,
artistas y otros profesionales latinos a lo largo de los Estados Unidos,
Puente ha emergido como uno de los líderes que aboga por la unidad
latina del país. Aunque no de una manera tan directa como Rubén
Blades en sus canciones, Puente pudo enfocarse en los asuntos políticos en varios puntos y lugares críticos. Su papel en proyectos
de educación es tal vez su mayor activismo en esta área, por ejemplo
con su fondo de becas, sus doctorados honoríficos y sus continuos
seminarios y talleres, en varios colegios y universidades alrededor del
mundo.

Ciertamente una de las prioridades de Puente, como aparece
en la transcripción de 1981, fue el desarrollo y el reconocimiento de
la música latina como una de las grandes expresiones artísticas del
mundo. Puente facilitó su transmisión a nivel mundial, como ejecutor
de música latina (como se concibe en este libro), había viajado a más
lugares en el mundo que cualquier otro artista hasta hoy y se había
convertido en una institución internacional.

También es importante reflexionar sobre los comentarios de
Puente acerca de la falta de latinos en los medios, especialmente en la
televisión. Ésta es un área que ha permanecido extremadamente
problemática. Un estudio a nivel nacional, publicado en 1996, reveló
que tan solo el tres por ciento de los personajes que aparecieron en la
televisión en los años cincuenta, fueron de herencia latina, esto ha de-
crecido a un uno por ciento a mediados de los noventa (Center for
Media and Public Affairs 1996, 6). Éstas estadísticas son muy contro-
vertidas y molestas para la comunidad latina en los Estados Unidos, se
estima que ésta constituye el 11 por ciento de la población total (Ybarra,
Frausto y Gutiérrez 1997). Y para 1996, el tema continuaba fomen-
tando mucha controversia y acción política en la industria de las artes
en general. La historia de la portada de la revista semanal *People* en su
edición del 18 de marzo de 1996, era la controversia sobre el hecho
que un solo afroamericano había sido nominado en 1995 para los pre-

mios de los Oscares (en 166 categorías mayores). La revista *People* se refirió a la situación como el "Hollywood Black Out" y a una "Desgracia Nacional". El reverendo Jessie Jackson procedió a movilizar grupos minoritarios nacionalmente, protestando el estado de la industria fílmica, citando especialmente la falta de afroamericanos y otras minorías étnicas en puestos ejecutivos. El *Los Angeles Times* publicó el siguiente extracto, como parte de su primera página al día siguiente de la entrega de los Academy Awards, televisados al mundo entero, desde en Music Center del condado de Los Angeles: "Las protestas estaban siendo proyectadas, como plataforma de lanzamiento de una campaña de ataque a Jackson y su coalición multicolor, para luchar por lo que él llama 'exclusión racial y violencia cultural' dentro de la industria fílmica. Él dice que Hollywood continúa resistiéndose a emplear gente de color en puestos de influencia y donde se tomen decisiones y que lo esconde bajo los términos de 'creatividad y licencia artística' para evitar la diversidad" (*Los Angeles Times*, el 26 de mar. de 1996, p. 21).

Un buen ejemplo sobre la inflexibilidad de The Motion Picture Academy (Academia Fílmica) fue expresado por Frank Berry en un artículo para *People* citando la eliminación de una canción de Los Lobos de la banda sonora de una película nominada para el Oscar:

La ausencia de una adecuada representación hispana, se nota tal vez por su más reciente disparate. Lo que sucedió fue que "La canción del Mariachi", una balada en guitarra de Los Lobos para la película *Desperado,* casi fue considerada inelegible para ser considerada como mejor banda sonora, porque se juzgó que sus versos en español eran "ininteligibles", por la rama de música de la Academia. (La Academia dijo después que era un "error de copista" para el fallo). Frank Lieberman, el portavoz de la Academia, dice que la estadística demográfica racial, "no es una información que guardemos", pero "no hay votación (por) color en la Academia" (Berry 1996, 51).

Mucho de esto refleja la perspectiva crítica de Tito Puente en las citas previas de sus pensamientos, sobre la industria de la música y la dificultad que enfrentaban los músicos latinos, en sus intentos de entrar a la corriente principal para mercadear su producto. Reflejándose en la postura de Puente, frente al problema de los premios Grammy, hay un argumento expuesto por el artista latino Willie Colón, por medio de un correo electrónico:

Ganarse un Grammy no tiene que nada ver con el talento . . . ni siquiera tiene algo que ver con la ventas o la radiodifusión. Es a-cerca del dinero y del reconocimiento del nombre. Es acerca de las compañías disqueras, comprando cientos de membresías generales y votando en bloque por la candidatura de sus artistas. . . . Hay artistas que han logrado fama y fortuna, como estrellas pop de las ligas menores que han encontrado el secreto de cómo garantizarse un Grammy para sí. ¡Grabar un álbum "tropical"! De esa manera, pueden usar el reconocimiento de sus nombre como artistas pop, en los miembros votantes generales de la Academia y así "robarse" un Grammy. . . . Hoy, todos los "músicos latinos" desde Julio Iglesias a Milton Nascimento y Lil' Joe y Tito Puente y Gloria Estefan, deben competir por tres puestos. La música gospel tiene ocho. Yo (he) continuado presionando por más categorías o por más Grammy latinos por separado, por lo cual un oficial de NARAS, bufó frente a los miembros una noche diciendo, "Todo el mundo en latinoamérica se acuesta con alguien. Nosotros debemos saber, donde está cada uno de ellos cuando se apagan las luces". [Yo fui] posteriormente, retirado por votación de mi puesto en la Junta (Board of Governors of the New York Chapter of NARAS). Yo era una de las pocas personas, que se sentaba en esa junta sin ser pa-gado por ello. Los otros trabajaban en diferentes compañías y aso-ciaciones de mercadeo y venían a las reuniones en las horas de trabajo de sus compañías. Éstas son las personas que tomaban las decisiones.

Realmente no me puedo alegrar por Linda Ronstadt, Gloria Estefan, David Byrne o Paul Simon, cuando son nominados en nuestra cate-goría, porque eso casi siempre quiere decir que algún artista como yo, el Gran Combo o Celia Cruz, que han vivido para esta música, serán pasados por alto y probablemente perderán la oportunidad de una vez en la vida, por culpa de una pequeña incursión musical de alguien. . . . Es muy tarde para que muchos puedan logar lo debido, pero las palabras deben difundirse para que cada vez sea más difícil y a la larga se vuelva imposible para NARAS continuar con ese fraude arrogante. Nosotros merecemos algo mejor ("La decepción del Grammy" de William Anthony Colón, enviado el 29 de febrero de 1996, por correo electrónico).

Claro que hay puntos de vista opuestos sobre el tema. Al-gunos apuntan al hecho, que artistas como Estefan han incluido a im-portantes artista latinos como Tito Puente, Cachao y muchos otros en sus álbumes tropicales ganadores de Grammy, promoviendo y dando el reconocimiento merecido a estos grandes artistas. De la misma forma Ronstadt, incluyó al director de músicos latinos y arreglista Ray Santos en su álbum Frenesí, ganador de un premio Grammy. Además de lograr que se sumara a los premios Grammy de 1996, la categoría de jazz latino, NARAS ha iniciado también un plan mayor para conseguir unos premios Grammy latinoamericanos específicos.* Sin embargo, los argumentos de Colón representan los sentimientos de muchos músicos, artistas, productores, críticos y aficionados latinos.

Los desafíos multiculturales, propuestos por la industria musical mundial en constante diversificación y por el mercado, demandan una apreciación seria y crítica de las necesidades de las "culturas" individuales, versus la frecuente (y ahora predominante) sociedad mayoritaria. Jacques Maquet, (1979) ha sugerido que la cultura se basa en la sociedad, aunque no pueda argüir lo contrario. Pero Maquet, observa una grieta básica en mucho del pensamiento y análisis contemporáneo: la "interpretación multicultural", que la mayoría de las veces se enfoca en los temas de la diversidad y la diferencia, en lugar de la condición de la interacción humana, por ejemplo la industria musical o la sociedad. Maquet no reclama por el igualitarismo de la sociedad; él habla tan sólo de su manipulación y dominio expansivo en el mundo que a la larga es inevitable.

El emplazamiento estético de la música latina

Reflexionando sobre el arte desde una perspectiva antropológica, Maquet define un "emplazamiento estético" así: "No parece que una sociedad mantiene un interés estético, igualmente intenso en todas las cosas que se hacen dentro de sus límites. Hay ciertos cambios privilegiados, donde la conciencia y la ejecución son mayores, donde convergen las esperanzas y los esfuerzos. La clase o clases de objetos que se localizan en estas áreas de conocimiento de estética elevada, constituyen el emplazamiento estético de una cultura" (Maquet 1879, 30).

Es a través de marcos conceptuales, tales como los de Maquet,

---

*Después de escribir este libro, The Recording Academy anunció la primera edición anual del premio Grammy latino, transmitido por primera vez el 13 de septiembre del año 2000. Tito ganó uno de los premios por 'Best Tropical Performance.'

que podemos tratar de entender el arte y el emplazamiento estético de Tito Puente y su lugar en la música latina y en la comunidad mundial. Desde sus primeros días como artista profesional, Puente ha creado y trabajado dentro de una matriz de dialéctica constante: la tensión entre su propio trabajo y estilo y las fuerzas externas en el trabajo—nombrándolas como, el público y la industria de la música. Puente manipuló esta dialéctica de muchas maneras. También se puede interpretar el otro lado de esta ecuación, el lado en el que el público y la industria lo manipulan a él.

Pero el vigor en la manipulación de Puente ha manejado la ecuación. Aunque él consistentemente detectó las necesidades y los deseos del público y las técnicas y las estrategias de la industria, Puente fue capaz de integrar los elementos de otra de las interpretaciones de Maquet, aquella de una trivalencia societaria, productiva e ideacional. De los ámbitos societarios del Palladium y los efectos internacionales de su música a la contradicción productiva de los asuntos de la industria de la grabación, como los premios Grammy y la falta de representación latina, hasta la incorporación ideacional de temas religiosos y música afrocubana, en álbumes como *Cuban Carnival* y *Percusión Máxima,* Puente ha manipulado estas matriz interactiva de una forma muy creativa.

Otra opinion sobre tales análisis, es la de Johannes Wilbert, quien sugiere, que la vida expresada a través de la cultura, se puede examinar a tres niveles específicos, el cósmico, el cultural y el terrenal. A través de la forma física, material de la *expresión cultural,* los conceptos de *forma cósmica* (aquellos de filosofía espiritual o religiosa) y la *forma terrenal* (la que abarca el medio ambiente, la flora, las estaciones y el ciclo de la vida) convergen en un concepto más amplio del significado, propósito y de la interrelación de las tan nombradas categorías de vida, que incluyen la expresión, la cultura y el cosmos.

Así con la trivalencia de Maquet y el modelo de tres partes de Wilbert, se puede iluminar el caso interactivo de Tito Puente, quien ha negociado los tres niveles de Wilbert a través de su producción cultural. Trabajando predominantemente en un contexto urbano e industrial, su entorno terrenal y en parte cultural, Puente ha utilizado las formas físicas y culturales de la música, el baile y el canto, para tramar una matriz de objetivos, que incluyen la realización estética, el sustento financiero, la producción económica, la motivación espiri-

tual y los parámetros morales y sociales entre otras conceptualiza-
ciones posibles.

Varios eruditos, como Duane Champagne (1989) y María
Williams (1996), han sido críticos de una tendencia dominante en las
ciencias sociales y las humanidades, esto de "compartimentalizar" los
factores y las funciones de una cultura. Para Champagne, Williams y
otros, la cultura y su expresión colectiva está compuesta por significados y funciones inseparables e interactivas, donde el espíritu no es separado del cuerpo o del universo. También puedo aludir a la tendencia
de las escuelas de perspectiva positivista o materialista, para separar lo
intelectual de lo intuitivo. El arte de Puente ha personificado la unión
de estas variadas áreas de significado, acción y propósito. Sus mani-
festaciones musicales no pueden "compartimentalizarse" social, ideológica o productivamente, aunque no niego la utilidad de varios
acercamientos para *valorar* su trabajo en tales bases de análisis. Pero
no podemos permitir que el análisis se convierta en el significado.
Como Albert Murray observó elocuentemente en *The Hero and the
Blues* es el "artista, no el ingeniero social o político, ni siquiera el filósofo, el primero en darse cuenta cuando que el tiempo está fuera de
circunstancia. Es el que determina la extensión y la gravedad del
predicamento humano actual, es quien en efecto descubre y describe
el elemento escondido en la destrucción, suena la alarma, y más . . .
designa los blancos" (Murray 1973, 11).

En el análisis final, el emplazamiento estético de Tito Puente
es grande—verdaderamente, mundial—y es una matriz integrada e interactiva de ideación, sociedad y producción. Es una conjunción de
los cósmico, lo cultural y lo terrenal. Cultura que se une a través de las
otras categorías de estos marcos conceptuales. Puente fue capaz de *a-
cceder* no sólo a un "lenguaje" universal sino a un arte e ideología uni-
versales y a un alma universal.

Y así el alma nos retorna a la unión entre lo intuitivo y lo intelectual, conduciéndonos a la idea de Benedeto Croce de el "supre-
mamente real" dominio de lo metafísico. Además de Croce,
numerosos filósofos del siglo 20 y artistas que incluyen a José Vascon-
celos, Teilhard de Chardin, Deepak Chopra, John Coltrane y Carlos
Santana, últimamente han detectado la conexión entre al arte, el universo y la unidad de todo lo viviente en un cuerpo místico, metafísico.
Las células orgánicas interactivas de la música de Puente, reflejan y expresan esta forma evolucionada, unificada.

La reivindicación de la cultura

En trabajos anteriores he aplicado el concepto de "reivindicación" estética y cultural a través de un modelo cíclico conceptual, dando vueltas como una rueda interactiva de la tradición, reinterpretación e innovación (Loza 1992, 1993, 1994a). La innovación de Tito Puente y su música ciertamente puede ser comprendida como un producto de su compromiso con la tradición y su reinterpretación de ella. Pero la innovación no es necesariamente el resultado de la reinterpretación que haga el artista de la tradición. Mientras que Puente experimentó extensamente, cuando todavía podía alimentar un apetito por lo tradicional, otros seguían sus recetas sin cambios. El aspecto notable de Puente, ha sido su habilidad para mantener esta integración del ciclo de tradición, reinterpretación e innovación.

Como ejemplo específico de este proceso, podemos observar el uso que hace Puente de las formas musicales cubanas. Como se criticó anteriormente en este capítulo, la conceptualización de Manuel, de mucha de la música puertorriqueña (en Nueva York y Puerto Rico) como representante de una "apropiación creativa" de la música cubana, implica en parte que los motivos nacionalistas, inspiraron la identidad musical puertorriqueña.

Los primeros años de culturización de Tito Puente en el Spanish Harlem fueron menos perfilados por una identidad exclusivamente puertorriqueña, que por el ámbito bilingüe, multicultural y su exposición a muchos valores y conceptos culturales. Se nota que Puente en muchas de sus declaraciones—documentadas en este libro—había expresado su interés en reafirmar su herencia puertorriqueña. Al mismo tiempo ha personificado a través de su expresión musical y su empuje a los temas de una estética panlatina e internacional. Él no participó en la escogencia de la música cubana por un motivo nacionalista o por su correspondencia religiosa, como la *santería.* Puente, abierta y consistentemente a lo largo de su carrera, decía que él "toca música cubana" y ha luchado a brazo partido contra el término *salsa,* lo mismo que contra conceptos como "crossover", (atravesar barreras musicales) porque se ha dado cuenta de la imposibilidad histórica de tal fusión e intercambio cultural. Además de trabajar con las formas musicales puertorriqueñas y cubanas, Puente ha gravitado sensiblemente hacia el jazz, la música clásica europea, las formas mexicanas y suramericanas, entre otras. Aún más, apoyando mi referencia previa a los orígenes africanos de la música cubana, Puente siempre se ha referido a la "Madre Africa" como la fuente primaria de su música, una perspectiva que aleja teorías nacionalistas provinciales. Puente bien puede estar de acuerdo, con un interesante comentario hecho por un compositor cubano que ha residido en los Estados Unidos desde finales de los años cincuenta, Aurelio de la Vega:

> Para mí, el verdadero nacionalismo musical es el de Vivaldi, o Beethoven, o Debussy, o Crumb, por ejemplo—compositores, que sin citar melodías folclóricas o sin agitar banderas, han atraído la atención, la admiración y el respeto del mundo por los países (mejor debería decir "comunidades humanas") donde su poderoso arte se desarrolló . . . todos ellos crearon sus piezas maestras increíblemente personales, que aunque se expanden mas allá de las fronteras nacionales, expresan ideas y sonidos con sus propios vocabularios, entregando sus trabajos, sin ideas preconcebidas sobre barreras políticas o geográficas (Erin 1984, 3).

Hay otra dimensión para la reivindicación estética y cultural de Puente, aquella de su constante evolución en el estilo musical que rota en la rueda cíclica conceptual de la tradición, reinterpretación e innovación. Puente ha hecho una práctica de reciclaje de conceptos pasados a los que reestiliza, revitaliza y les da nuevo sentido, mientras reafirma su significado original. Una lista de ejemplos, incluirían su manejo de la tradición a través de arreglos musicales como "Picadillo", su original "mish-mash", composición que fue grabada en 1949. Luego la reinterpretó con arreglos o composiciones más modernos en el LP *Un poco loco* (1987), donde se distingue la tonada, nuevamente titulada como "Chang" de un modo progresivo e innovador. En el LP que ganó de nuevo el premio Grammy, *Goza Mi Timbal*, Puente, directamente interpretó de nuevo su arreglo clásico, llamándolo "Picadillo a la Puente".

Pero las reinterpretaciones de Puente de su propia música y de la de otros, no era una idea tardía de su carrera durante los ochenta y los noventa. Fue en los años cincuenta, cuando Puente experimentó por primera vez con los tambores tradicionales afrocubanos como contenido exclusivo de su LP *Puente in Percussion* (1956) y *Top Percussion* (1958). Otros ejemplos de la convergencia de tradiciones religiosas y populares, incluyen arreglos o composiciones tales como "Elegua Changó" en su LP *Cuban Carnival* (1956), un experimento muy innovador, que también fue un éxito en las pistas de baile. Estaba en su muy aclamado álbum *Dance Mania*, donde Puente adaptó por primera vez la marimba, un instrumento originario de Africa y con orígenes centroamericanos y del sur de México, donde el lo adquirió y lo trajo a Nueva York. En este álbum, así como en el de *Hong Kong Mambo*, el reinterpretó el papel de la marimba, usando un tema asociado con el Lejano Oriente (él interpretaría de nuevo este tema básico en 1992 titulándolo "Japan Mambo"). De sus primeros años a ahora, el experimento multicultural de Puente continuó revitalizando y renovando la energía y la imaginación de bailarines, músicos y ejecutivos de sellos disqueros.

En su importante LP, *Tito Puente and His Concert Orchestra* (1973) el reafirma el papel de su virtuosismo en el timbal, conduciendo una rumba y yuxtaponiéndola con una forma de conceptos orquestales y de experimentación instrumental. El álbum, *The Legend* (1977) verdaderamente fue un homenaje a la tradición y las innovaciones de Puente, a través del texto y la música de Rubén Blades. Otro vehículo en ese álbum que atestigua la constante innovación de Puente, fue su "Fiesta a la King", una composición que sorprendió a muchos tradicionalistas de la música latina y revigorizó a muchos otros.

Las nuevas interpretaciones de Puente de sus piezas clásicas, desde el jazz hasta la latina y sus combinaciones, constituyen otro producto notable de su habilidad conceptual como arreglista interpretativo e innovador. Su composición "Machito por siempre" dedicada a su mentor, representa la utilización de Puente de marcos musicales tradicionales latinos, construidos con nuevas y progresistas experimentaciones armónicas, melódicas y rítmicas. Tales experimentos, aunque nuevos y diferentes, emulaban el espíritu experimental de Machito, tanto como lo hacían con el uso de ritmos y estructuras tradicionales latinas. En su tributo contemporáneo "Oda a Cachao", Puente invoca la textura de la charanga tradicional y el formato del cha-cha-cha con ecos musicales de ambos, el "Chanchullo" de Cachao y su propio "Oye como va", dos composiciones relacionadas histórica y musicalmente. De nuevo, el arreglo tradicional, aunque moderno— o lo que algunos llamarían hoy postmoderno, pues incorpora no sólo un mosaico del pasado y el presente, sino también, más importante, las mutuas contradicciones y relaciones de ambos. En la recomposición de Puente de sus clásicos "Oye como va" y "Pa' los rumberos" él incorpora readaptaciones de los experimentos que hizo Santana con las obras. En uno de sus álbumes más recientes, *Jazzin'*, Puente, con su cantante La India, reinterpreta los clásicos latinoamericanos y de jazz, que incluyen "Cuando vuelva a tu lado" (What a Difference a Day Makes) de María Grever; "Wave" de Antonio Carlos Jobim; y "Love for Sale" de Cole Porter. En otra escala de innovación, Puente ha sido permanentemente creativo en sus adaptaciones del repertorio de los gigantes del jazz, incluyendo música de Fats Waller, Charlie Parker, Dizzy Gillespie, Thelonious Monk, Miles Davis, y John Coltrane. Metamorfoseó, por ejemplo, el "Equinoccio" de Coltrane en una interpretación 6/8 afrocubana o su "Pasos de gigante" en un paso acelerado en clave, lo que es un acercamiento sin precedentes de Puente y su habilidad para innovar sobre lo innovador.

La lista de ejemplos podría seguir al infinito. A lo largo de sus más de cincuenta años en la música, Tito Puente siempre permitió que su pasión por la tradición y la innovación engendrara una forma de arte que continúe cambiando, mientras retenía su integridad como vehículo intercultural de la expresión humana. Puente había descubierto una cantidad de formas para sus reinterpretaciones de una forma artística y sus múltiples significados—significados que también han permanecido sin cambio.

Los límites de la palabra

A lo largo de este capítulo, he intenado dirigir los temas de identidad, nacionalismo y estética y su importancia en el arte de Tito Puente. Tal análisis, basado en datos históricos e ingenio creativo, puede pretender llegar tan sólo a una fracción de entendimiento y debe ser comprendido como un criterio selectivo de juicio; aún este juicio puede llegar a tener muchos significados. En el análisis final, las palabras no alcanzarán a ser suficientes para la infinidad de realidades físicas y metafísicas que pueden ser arbitrariamente atribuidas a la expresión humana—en este caso, el arte de la música y el cuestionamiento de su significado. En ambos el maestro Puente y yo después de importantes discusiones, estábamos de acuerdo. Las palabras tienen un límite. Sin embargo, no negamos el reto de estas palabras, como parte de nuestro arte y el aprendizaje de él. Ofrecemos las siguientes palabras de Michel Foucault de su *Archeology of Knowledge*, quien nosotros creemos, logró un punto valioso.

Esta rareza de enunciados, la forma incompleta y fragmentada del campo enunciativo, el hecho, que pocas cosas entre muchas puedan expresarse, explican que los enunciados no son, como el aire que respiramos, una transferencia infinita. Pero, las cosas que son transmitidas y preservadas, que tienen valor y las que uno quisiera asimilar; que son repetidas, reproducidas y transformadas. Éstas son diferentes a las que se adapta el sistema preestablecido y a las que se les ofrece una posición en la institución; cosas que se duplican, no sólo por la copia o la traducción, sino por la exégesis, el comentario y la proliferación interna de significado. Por ello los enunciados son raros, son reunidos en totalidades unificadoras y los significados que se deben encontrar en ellos son multiplicados (Foucault 1993, 119–20).

8

El Rey y yo

Tito Puente y su sociedad universal

Al evaluar la vida y obra de Tito Puente, me parece
muy acertado observar las consecuencias de una de
sus presentaciones típicas, como analogía hacia sus
alcances en el mundo. En mayo de 1996, después que
Tito leyó un borrador de este libro, nos encontramos
para discutir algunas de sus ideas para el proyecto y
los problemas asociados con él. Me invitó a asistir a su
concierto en la House of Blues en Hollywood ésa
misma semana. Era un evento del Cinco de Mayo y el
club estaba atiborrado. La analogía yace en el contexto y la experiencia de la presentación. Puente dirigió su banda de quince miembros a través de
composiciones musicales que databan desde sus
comienzos hasta el presente, incluyendo arreglos
como "Pa' los rumberos" (con la que comenzó);
"Cayuco", de su época de *Dance Mania*; "All Blues" de
Miles Davis; "Nica's Tempo" (presentando a Bobby
Porcelli, saxofón alto) del reciente álbum *Tito's Idea*
(durante la presentación él comentó el problema del
Grammy); lo que mas complacía a la multitud "Oye
como va;" "Bamboleo"(de The Gipsy Kings); y el
éxito pre y post-mortem de Selena "Amor prohibido"
(Los últimos dos cantados por Yolanda Duque). El espectáculo de apertura había presentado el conjunto
de tambores de Francisco Aguabella, tocando rumbas y música religiosa afrocubana.

Pero esta amalgama de cultura popular latinoamericana interpretada en rumbas, mambos, cha-cha-chás, guaracha y boleros sobrepasó todo ámbito específico de etnia, clase económica, género, edad, religión, sexualidad, moda, tipología física o ideológica sociopolítica. El salón, acogiendo más de mil personas incluyendo mujeres, hombres, latinos, afroamericanos, americanos blancos, asiáticos, africanos, europeos, arabes, católicos, judíos, protestantes, musulmanes, budistas, solteros, parejas casadas, parejas no casadas, homosexuales y lesbianas solos o en parejas, gente de veintiuno a setenta y cinco años, bailarines, oyentes, músicos, conserjes, abogados, reporteros, criadas, médicos, cantineros y peleadores. Como había hecho en muchas presentaciones como ésta, Puente comentó como todo el ambiente le recordaba sus comienzos en el Palladium de Nueva York.

En *La ciudad de Dios,* San Agustín formuló un concepto relevante para la imagen que yo les presento aquí. Agustín hace una analogía entre el bien y el mal con dos ciudades: una de espíritus devotos a la verdad divina y a la bondad—la ciudad de Dios—y otra de hombres malvados y ángeles que menospreciaron a Dios, una ciudad de pocos valores, terrenal y materialista. Discutiendo este punto, Vernon Bourke ha señalado nuestro mundo, donde, "Toda historia y cultura humanas puede ser vista como la interacción de los valores que compiten entre esos dos amores y entre esas dos ciudades" (Bourke 1958, 10).

En el debate que crece hoy en día, entre la meta de una "cultura mundial" y el "pueblo global", en yuxtaposición con los conceptos contradictorios de "primermundistas" y las "tercermundistas" la sociedad parece estar hablando de dos ciudades. Pero éstas nos son las dos ciudades de San Agustín. Éstas son los conceptos contemporáneos dialécticos y hegemónicos del pensamiento materialista, ideología y valores. El ideal de Agustín de una sociedad noble y universal me inspira, pero irónicamente, mientras observo un programa de actualidad en televisión, oí al anterior presentador Newt Gingrich discutiendo su miedo a la inmigración ilegal, la amenaza que el inglés pueda ser suplantado como lengua principal en Estados Unidos y otros puntos de vista de ideas étnicas, unas opiniones y unas campañas que suenan a fascismo.

Para mí, esa noche en la House of Blues evocó no sólo a la "Ciudad de Dios" de San Agustín sino la de Tito Puente: un pueblo global, un sitio donde todos podamos vivir en paz, que San Agustín definía como "*La comunión armoniosa* y perfectamente ordenada de aquéllos que encuentran su regocijo en Dios y los unos en los otros en Dios"(Bourke 1958, 13; con énfasis). La filosofía de San Agustín, que las dos ciudades tenían personas de muchas religiones y valores metafísicos, evoca el espíritu y el idealismo de un pueblo global y una cultura mundial en crecimiento—una *sociedad universal*. Etienne Gilson aclara aún más la posición de San Agustín:

> En su consciencia de una sociedad religiosa universal, hay que buscar el origen de ése ideal de una sociedad mundial que persigue las maneras de pensar de tantos hoy en día. . . .
> Nuestros contemporáneos aspiran que después de la completa unidad de todas las gentes: un mundo. Ellos están bastante bien. La sociedad universal que ellos están tratando de formar, aspira a ser una sociedad política y temporal. Viéndolo así, también aciertan. Tal vez su error mas serio es imaginar que una sociedad humana, universal y puramente natural sea posible sin una sociedad religiosa universal, que uniría a los hombres en su aceptación de la misma verdad sobrenatural y en el amor del mismo bien sobrenatural (en Bourke 1958, 13).

Si uno considera que la música de Tito Puente es religiosa, como yo lo hago, entonces las ideas de San Agustín se vuelven aún mas claras. Qué ha atraído a tantas y tan diversas filosofías a sitios como el Palladium y la House of Blues, ha sido una filosofía común no basada en el ritmo y en los tonos, sino más bien en el espíritu y lo espiritual. La música de Puente se parece a Dios como a la ciudad de San Agustín y Puente y su sociedad son religiosos, como lo es la sociedad universal de San Agustín. Aún más como Agustín, Puente era literalmente, religiosamente activo: era católico, practicaba la *santería* afrocubana y creía en las religiones del mundo. Como los blues son todavía música religiosa, por lo tanto hay poder espiritual y mágico en la rumba, el cha-cha-chá y el mambo, todos descienden de una tradición religiosa.*

¿Adónde maestro?

Tito Puente continuaba rigiendo como rey de la música latina, hasta despúes de su muerte en mayo de 2000. En 1996 él cele-

---

* He presentado mis puntos de vista sobre la música y la fe más completos en Loza 1994.

bró su quincuagenario en la industria de la música latina, todavía tocando en diferentes lugares en todo el mundo, desde las casas reple-
tas en la House of Blues de Hollywood, a Madison Square Garden de
Nueva York, en los clubes Blue Note, Jazz de Tokio y Greenwich Village. Sus grabaciones continúan vendiendo en todo el mundo, ambos,
sus proyectos recientes y sus relanzamientos. El catálogo de grabaciones de Puente, representa una antología histórica casi comprensiva
de los últimos cincuenta años de la música latina.

La última vez que vi y hablé con Tito, su esposa Margie y muchos de sus amigos fue el 6 de abril de 2000, en la Yale University. El
muy estimado profesor Robert Farris Thompson había invitado a Tito
para que recibiera el prestigioso Chubb Fellowship, entregado anual-
mente por Yale, a personalidades mundialmente reconocidas, escogi-
das desde jefes de estado hasta filósofos y escritores. Yo también fui
invitado por el profesor Thompson como orador en el simposio que
fue organizado como parte del evento. También hablando de la vida
de Tito Puente, se presentaron Marta Vega, René López, Andrew Jer-
ric y el profesor Thompson.

Con propiedad, Tito terminó el simposio y las festividades del
día con otro vigoroso concierto, dirigiendo su banda para los entu-
siastas estudiantes de Yale, que bailaban, con el auditorio a reventar,
en Woulsey Hall Auditorium.

Pocos meses antes de los eventos de Yale, Tito había ganado
su quinto Premio Grammy en Los Angeles por su álbum *Mambo Birdland*. Antes de esto, en mayo del 1999, yo había invitado a Tito a la
UCLA, para presentarse con el World Jazz Ensemble que yo dirigía
allí, con el Profesor Jihad Racy. El concierto hacía parte de un simposio sobre las culturas musicales de Latinoamérica que yo había organizado en la UCLA. También se presentaban con el conjunto de los
estudiantes, como un homenaje a Tito, dos legendarios artistas: Francisco Aguabella, colega musical de Tito por muchos años y Jenny Burrell, directora del programa de estudios de jazz en la UCLA. Durante
el simposio se organizaron varios eventos, donde Tito y yo también firmamos copias de la versión original en inglés de este libro, que
acababa de ser entregado al público por la Imprenta de la Universidad
de Illinois.

Así pues, Tito se sintió orgulloso el último año de su vida, no
sólo porque estaba recibiendo premios prestigiosos, ya que él había
recibido estos reconocimientos durante toda su carrera, sino porque
había algo diferente ahora. Pude ver en sus ojos que se daba cuenta

del impacto que su arte y sus creencias habían tenido y aún tenían en el mundo. Creo que Tito presentía que nos iba a dejar más pronto de lo que nosotros creíamos. Nos estaba preparando.

La última presentación de Tito fue en San Juan de Puerto Rico, con la Orquesta Sinfónica Puertorriqueña. Enfermó después del concierto y se regresó a Nueva York, donde murió a los 77 años de edad en el University Medical Center de Nueva York. Aunque el mundo lamentó su muerte, también celebró su vida. Hablar de la muerte de Tito Puente realmente no tiene sentido, pues su música y su espíritu no morirán jamás. Joe Conzo, su amigo de toda la vida lo expresó muy bien el día siguiente de su muerte, diciéndole a la prensa que "Dios decidió que era el momento para que Tito subiera al cielo, pues ellos también necesitaban su música en el paraíso".

Mi propia relación profesional y amistad personal con el rey fue especial y remuneradora. Conocí a Tito de manera muy especial—como músico, como compañero artista y como joven protegido—y lo llegué a ver en sus mejores momentos, lo mismo que en sus peores (que fueron pocos). Como todos los miembros de la raza humana, Tito tuvo que enfrentar el reto de su propia inconsistencia, de sus propias contradicciones y de su vulnerabilidad—parte de lo que llamamos la condición humana. Pero por otro lado, la parte fuerte, positiva y creativa, es la que Tito personificó a través de su arte, lo que dejó como legado a la sociedad. Así como ha proclamado su amigo de toda la vida Josie Powell, "Él le ha dado al mundo su música".

Por muchos años, he escuchado y ejecutado la música de Tito Puente, y he tocado junto a él en los escenarios. Hasta que comencé a escribir este libro y empecé la tarea de escuchar cientos de sus grabaciones desde una perspectiva histórica, analítica y musical, no entendí realmente la extensa dimensión que había atravesado este individuo y los logros alcanzados por su habilidad artística y su diligencia. Lo que quiero decir es que la magnitud de su trabajo es verdaderamente sobrecogedor. Sí, está claro que Tito Puente está al mismo nivel de los Ellingstones y los Beethovens—estos tres artistas, están a la par.

Entonces, ¿adónde vamos? Sé algo que Tito me dijo poco antes de morir: "Tenemos que mantener nuestra música viva". Sé que tenemos que llegar allí.

También tuve una relación con Tito a nivel cultural y espiritual. Yo soy, como Tito lo fue, americano multicultural. Ambos pensamos en inglés pero cantamos en español. Como él lo fue, soy americano del norte, del centro y del sur, y me siento cercano a los afroamericanos y a los nativos americanos. Más allá de esto, creo que también llegamos a representar a todo el mundo, a través de una música que no conoce fronteras, ni límites, ni prejuicios; y sentimos la belleza y la esperanza de lo sobrenatural—nosotros supimos que la vida definitivamente va *más* allá del momento presente. Es grande, *muy* grande.

Entonces, ¿quién reinará después de Tito? No sé si alguna vez existirá otro rey. Pero puedo decir, que ha sido algo realmente especial escribir algunos de los sentimientos, inspiraciones e ideales que fueron compartidos por "El Rey y yo".

¡Gracias Maestro!

Índice discográfico

Esta discografía fue compilada por Joe Conzo en su elaboración con Max Salazar, Steven Loza y Francisco Crespo. Se incluyen aquí álbumes LP (de larga duración) y CDs de conjuntos y proyectos grabados con Tito Puente en la dirección y por ellos bajo su nombre. No se han incluido muchas recopilaciones de estos discos o las grabaciones de otros artistas en las que él ha tocado o colaborado (como arreglista, compositor o productor) o los numerosos discos de corta duración de 78—y 45—rpm que él lanzó al comienzo de su carrera de grabación. Un índice discográfico más detallado se está compilando actualmente por Joe Conzo.

TÍTULO	SELLO/No.	FECHA
1. Tito Puente and Friends	Tropical 5138	1950
2. Mambos	Tico 101–vol 1	1952
3. Mambos	Tico 103	1952
4. Mambos	Tico 107	1952
5. Mambos	Tico 114	1952
6. Mambos	Tico 116	1952
7. Mambos	Tico 120	1952
8. Mambos	Tico 124	1952
9. Cha Cha	Tico 128	1954
10. Cha Cha	Tico 130	1954
11. Mambos	Tico 131	1954
12. Cha Cha	Tico 134	1955
13. Mamborama	Tico 1001	1956
14. Mambo with Me	Tico 1003	1956
15. Cha Cha for Lovers	Tico 1005	1956
16. Dance the Cha Cha	Tico 1010	1956
17. Puente in Percussion	Tico 1011	1956
18. Cha Cha at El Morocco	Tico 1025	1956
19. Cuban Carnival	RCA 1251	1956
20. Puente Goes Jazz	RCA 1312	1956

21. Mambo on Broadway	RCA 1354	1956
22. Let's Cha Cha with Puente	RCA 1392	1956
23. Night Beat	RCA 1447	1957
24. Mucho Puente	RCA 1479	1957
25. Be Mine Tonight, presenta a Abbe Lane	RCA 1554	1957
26. Puente Swings, Vicentico Sings	Tico 1049	1957
27. Puente in Love	Tico 1058	1957
28. Woody Herman's Heat Puente's Beat	Everest 5010	1958
29. Top Percussion	RCA 1617	1958
30. Dance Mania	RCA 1692	1958
31. Dancing Under Latin Skies	RCA 1874	1959
32. Mucho Cha Cha	RCA 2113	1959
33. Puente at Grossingers	RCA 2187	1959
34. Tambo	RCA 2257	1960
35. Pachanga in New York, with Rolando La Serie	Gemma 1145	1961
36. Pachanga con Puente	Tico 1083	1961
37. The Exciting Tito Puente in Hollywood	GNP 70	1961
38. Vaya Puente	Tico 1058	1962
39. El rey bravo	Tico 1086	1962
40. Y parece bobo	Alegre 842	1962
41. Bossa Nova by Puente	Roulette 25193	1962
42. The Perfect Combination, with Gilberto Monroig	Alegre 853	1963
43. Revolving Bandstand	RCA 2299	1963
44. More Dancemania	RCA 7147	1963
45. Tito Puente in Puerto Rico	Tico 1088	1963
46. Tito Puente bailables	Tico 1093	1963
47. Excitante ritmo de Tito Puente	Tico 1106	1963
48. The World of Tito Puente	Tico 1109	1963
49. Mucho mucho Puente	Tico 1115	1964
50. De mí para ti	Tico 1116	1964
51. The Best of Gilberto Monroig and Tito Puente	Tico 1117	1964
52. My Fair Lady Goes Latin	Roulette 25276	1965
53. Puente Swings La Lupe	Tico 1121	1965
54. Tú y Yo: Tito Puente and La Lupe	Tico 1125	1965
55. Carnival in Harlem	Tico 1127	1965
56. Cuba y Puerto Rico son..., con Celia Cruz	Tico 1130	1966
57. Homenaje a Rafael Hernández, con La Lupe	Tico 1131	1966
58. Stop and Listen, featuring Santos Colón	Tico 1147	1967

59. 20th Anniversary of Tito Puente	Tico 1151	1967
60. El rey y Yo, con La Lupe	Tico 1154	1967
61. What Now My Love, featuring Shawn Elliot	Tico 1156	1967
62. Eras, featuring Manny Román	Decca 4879	1967
63. Invitation to Love, featuring Bobby Capó	Musicor 4035	1968
64. El Rey Tito Puente	Tico 1172	1968
65. Puente on the Bridge	Tico 1191	1969
66. Quimbo, Quimbumbia, con Celia Cruz	Tico 1193	1969
67. Con Orgullo, con Sophy	Tico 1198b	1969
68. El fantástico, featuring El Lupo	Cotique 1028	1969
69. Etc., Etc., Etc., con Celia Cruz	Tico 1207	1970
70. Santitos, featuring Santos Colón	Fania 387	1970
71. El sol brilla para todos, featuring La Lloroncita	Tico 1206	1970
72. Imágenes, featuring Santos Colón	Tico 1213	1971
73. Palante	Tico 1214	1971
74. Alma con alma, featuring Celia Cruz	Tico 1221	1971
75. Te reto, featuring Sophy	Tico 1222	1971
76. La bárbara del mundo latino, featuring Noraida	Tico 1223	1971
77. Me voy a desquitar, presentando a Noraida	Tico 1226	1971
78. Celia Cruz and Tito Puente in Spain	Tico 1227	1971
79. Pa' los rumberos	Tico 1301	1972
80. Algo especial para recordar, con Celia Cruz	Tico 1304	1972
81. The Many Modos of Tito Puente	RCA 3012	1972
82. Meñique, featuring Meñique	Cotique 1068	1972
83. Tito Puente and His Concert Orchestra	Tico 1308	1973
84. Tito Puente Unlimited	Tico 1322	1974
85. The Legend	Tico 1413	1978
86. Homenaje a Beny	Tico 1425	1978
87. La pareja: T. P. y La Lupe	Tico 1430	1978
88. Homenaje a Beny, vol. 2	Tico 1436	1979
89. Dancemania 80's	Tico 1439	1980
90. C'est Magnifique, con Azuquita	Tico 1440	1981
91. On Broadway	Concord 207	1983
92. El Rey	Concord 250	1984
93. Homenaje a Beny Moré, vol. 3, con Celia Cruz	Tico/Vaya 105	1985
94. Mambo diablo	Concord 283	1985
95. Sensación	Concord 301	1986

96. Un poco loco	Concord 329	1987
97. Salsa Meets Jazz	Concord 354	1988
98. Goza Mi Timbal	Concord 399	1989
99. Tito Puente Presents Millie P.	RMM 80375	1990
100. The Mambo King (el número 100)	RMM/Sony 80680	1991
101. Out of This World	Concord 448	1991
102. Mambo of the Times	Concord 4499	1992
103. Live at the Village Gate	Tropijazz/RMM 80879	1992
104. Royal T	Concord 4553	1993
105. Master Timbalero	Concord 4594	1994
106. In Session	Tropijazz/RMM 81208	1994
107. Tito's Idea	Tropijazz/RMM 81571	1995
108. Jazzin': Tito Puente and India plus The Count Basie Orchestra	RMM 82032	1966
109. Special Delivery: Tito Puente and Maynard Ferguson	Concord CCD-4732	1996
110. 50 Years of Swing	RMM 82050	1997
111. En su momento, con Celio González	Teca LLS 555	n. a.
112. Otro descubrimiento de Tito Puente, con Noraida Millie	Latino 1050	n. a.
113. Una tarde de Julio: Fabricio y Tito Puente	Rhino 501	n. a.
114. Llamado de amor: Tito Puente y Los Hispanos	Musicor 3137	n. a.
115. Brasilia nueve	Decca 74910	n. a.
116. Dancemania '99: Live at Birdland	RMD-82270	1998
117. Mambo Birdland	RMD-284-0472 (27)	1999
118. Masterpiece: Obra Maestra	RMD-284-0332 (27)	2000

Referencias citadas

Aparicio Frances. 1998. *Listening to Salsa: Gender, Latin Popular Music, and Puerto Rican Cultures*. Hanover, N.H.: Published by the University Press of New England for Wesleyan University Press.

Berry, Frank. 1966. "Hollywood Blackout." *People Weekly* 45, no. 11:42–52.

Boggs, Vernon W. ed. 1992. *Salsiology: Afro-Cuban Music and the Evolution of Salsa in New York City*. New York: Excelsior.

Bourke, Vernon J., ed. 1958. *Saint Augustine: The City of God*. New York: Doubleday.

Bradshaw, Paul. 1996. "Nu Yorican Soul: Music is the Message." *Straight No Chaser: The Magazine of World Jazz Jive* 39 (Winter): 20–27.

Center for Media and Public Affairs(for the National Council of La Raza).1996. "Don't Blink:HispanicsinTelevisionEntertainment."PreparedbyRobertLichtnerand Daniel R. Amundson. Washington, D.C.: Center for Media and Public Affairs.

Champagne, Duane. 1989. *American Indian Societies: Strategies and Conditions of Political and Cultural Survival*. Cultural Survival Report no. 32. Cambridge, Mass.: Cultural Survival.

Collier, James Lincoln. 1983. *Louis Armstrong: An American Genius*. New York: Oxford University Press.

Cooper, Carol. 1997. Liner notes to Kenny González and Louis Vega, *Nuyorican Soul. Cutting edge CTCR–13084*.

Cruz, Alfredo. 1996. Liner notes to Puente's *Jazzin'*. RMM 82032.

Duanny, Jorge. 1982. "Latin jazz Institution: An Interview with Tito Puente." *Esencia*, May–June, pp. 6–7.

――――――. 1984. "Popular Music in Puerto Rico: Toward an Antropology of Salsa." *Latin American Music Review* 5, no. 2:187–216.

Ebert, Roger. 1996. *Roger Ebert's Video Companion*. Kansas City, Mo.: Andrews and McMeel.

Echavarria, Domingo G., and Harry Sepúlveda. 1985. Liner notes to Puente, *Dance Mania*. RCA 1962.

Erin, Ronald. 1984. "Cuban Elements in the Music of Aurelio de la Vega."*Latin American Music Review* 5, no. 1:1–32.

Escott, Colin. 1988. Liner notes to *The Drifters 1959–1965: All-Time Greatest Hits and More*. Atlantic 7–81931–2.

Fernández, Enrique. 1986. Liner notes to Puente, *Sensación*. Concord 301.

Flores, Juan. 1988. "Rappin',Writin', and Breakin'."*Centro de estudios puertorriqueños bulletin* 2, no. 3:34–41.

Foucault, Michel. 1993. *The Archeology of Knowledge and the Discourse of Language*.Trans. A. M. Sheridan Smith. New York: Barnes and Noble.

Glasser, Ruth. 1995. *My Music is My Flag: Puerto Rican Musicians and their New York Communities, 1917–1940.* Berkeley University of California Press.

Glazer, Nathan, and Daniel Moynihan. 1963. *Beyond the Melting Pot: The Afroamericanos, Puerto Ricans, Jews, Italians, and Irish of New York City.* Cambridge, Mass.: MIT Press.

Guzmán, Pablo. 1983. Liner notes to Puente, *On Broadway.* Concord 207.

Kalbacher, Gene. 1993. Liner notes to *Tito Puente Goes Jazz.* RCA 66/48–4(BMG); reissue of 1956 LP.

Lipsitz, George. 1994. *Dangerous Crossroads: Popular Music, Postmodernism, and the Poetics of Place.* London: Verso.

Lopetegui, Enrique. 1993. "Was the Salsa Too Hot for Bowl Crowd?" *Los Angeles Times,* Sept. 16, pp. FI,FII.

Loza, Steven. 1992. "From Veracruz to Los Angeles: The Reinterpretation of the Son Jarocho." *Latin American Music Review* 13, no. 2:179–94.

——————. 1993. *Barri Rithm: Mexican American Music in Los Angeles.* Urbana: University of Illinois Press.

——————. 1994a. "Identity, Nacionalism; and Aesthetics among Chicano/Mexicano Musicians in Los Angeles." *Selected Reports in Ethnomusicology: Musical Aesthetics and Multiculturalism in Los Angeles* 10:51–58.

——————. 1994b. "Fantasmas enmascarados: pensamientos sobre nuestra investigación y lo académico en etnomusicología." *Heterofonía* 109-10:4–16.

——————. 1998. "Latin American Popular Music in Japan and the Issue of International Aesthetics." In Tôru Mitsui, ed., *Popular Music: Intercultural Interpretations.* Proceedings of the Ninth Conference of the International Association for the Study of the Popular Music. Kanazawa, Japan: Graduate Program in Music.

Maquet, Jaques. 1979. *Introduction to Aesthetic Antropology.* Malibu, Calif.: Undena.

Manuel, Peter. 1994. "Puerto Rican Music and Cultural Identity: Creative Appropriation of Cuban Sources from Danza to Salsa." *Ethnomusicology* 38, no. 2:249–80.

Morrow, Buddy, and Tito Puente. 1993. Liner notes to Morrow and Puente, *Revolving Bandstand. Sessions.* BMG Music (RCA), Tropical Series, 74321–17448–2.

Murray, Albert. 1973. *The Hero and The Blues.* New York: Vintage.

Puente, Tito. 1981. Recorded Interview with Patricia L. Wilson Cryer for the Latin Music Museum of the Boys Harbor School of Performing Arts, New York, Jan. 28.

——————. 1984. Recorded lecture. UCLA, May.

——————. 1992. Liner notes to *Mambo Macoco: Tito Puente and His Orchestra.* Tumbao Cuban Classics TCD–018 (Camarillo Music).

——————. 1994. Videotaped lecture/workshop series, Departament of Ethnomusicology, UCLA, Schoenberg Hall, Apr. 4-6.

Roberts, John Storm. 1979. *The Latin Tinge: The Impact of the Latin American Music on the United States.* New York: Oxford University Press.

Salazar, Max. 1977a. "Tito Puente: The Living Legend." *Latin Times* 3:15–18.

——————. 1977b. "*Latin Times Magazine* Honors Tito Puente at Tower Suite." *Latin Times* I, no. 4:26–29.

——————. 1977c. Program notes. Discovery Day concert honoring Tito Puente, Avery Fisher Hall, Nov. 13.

——————. 1993 "Vicentico Valdés: Salsa Hitman." *Latin Beat* 3, no. 5:28–29.

_____. 1994. "Tito Puente: The Early Years." *Latin Beat* 4, no. 1–14–20.

_____. 1998. "Jimmy Frisaura (1924-1998): The Father of the Tito Puente Orchestra." *Latin Beat* 8, no. 5:24–27.

Sanabria, Bobby, and Ben Socolov.1990. "Tito Puente: Long Live The King." *Hip: Highlights in Percussion for the Percussion Enthusiasts* 5 (Spring/Summer): 1–7, 22–23.

Sandoval, Arturo. 1998. Liner notes to Sandoval, *Hot House*. N2K–10023.

Schillinger, Joseph. 1940. *Kaleidophone*. New York: Chas. Colin.

Smith, Arnold Jay. 1977. "Mongo Santamaría: Cuban King of Congas." *Downbeat* 44, no. 8.

Wilbert, Johannes. 1987. *Tobacco and Shamanism in South America*. New Haven, Conn.: Yale University Press.

Williams, María del Pilar. 1996. "Alaska Native Music and Dance: The Spirit of Survival." Ph.D. diss., University of California at Los Angeles.

Wyatt, Hugh. 1984. Liner notes to Puente, *El rey*. Concord 250.

_____. 1989. Liner notes to Puente, *Goza Mi Timbal*. Concord 399.

Ybarra-Frausto, Tomás, and Ana Sol Gutiérrez. 1997. *Towards a Shared Vision: U.S. Latinos and the Smithsonian Institution*. Final report of the Latino Oversight Committee. Washington, D.C.: The Smithsonian Institution

el sen-ti - do del   rit - mo

pa - ra bai-lar y go - za

on   el sen-ti - do del   rit - mo

pa - ra bai-lar y go - za